Luisa Neubauer

Christian Endt Ole Häntzschel

Der Klima-Atlas

80 Karten für die Welt von morgen

Rowohlt

Für die Produktion dieses Buches wurden ausschließlich mineralölfreie Druckfarben eingesetzt. Aus ökologischen Gründen wird bei diesem Buch auf den Einsatz von Präge- und Einschweißfolie verzichtet.

3. Auflage Oktober 2024
Originalausgabe
Veröffentlicht im Rowohlt Verlag GmbH, September 2024

Covergestaltung und -abbildung Ole Häntzschel, Berlin
Satz und Herstellung bei Rowohlt, Daniel Sauthoff
Druck und Bindung Mohn Media GmbH, Gütersloh
ISBN 978-3-498-00705-8

FSC
www.fsc.org
MIX
Papier | Fördert gute Waldnutzung
FSC® C011124

Inhalt

Einleitung

Man könnte meinen, es sei alles gesagt. Die Klimakrise sei auserzählt oder, viel schlimmer noch, zu einem Thema geworden, das nur noch polarisiert, das so aufgeladen ist, dass keine ehrliche Debatte mehr möglich ist. Mit diesem Atlas schlagen wir eine andere Interpretation der Lage vor.

Was wäre, wenn die ökologische Katastrophe die wohl größte Geschichte der Menschheit ist, und wir gerade erst anfangen, sie zu erzählen? Was wäre, wenn wir nicht am Ende, sondern am Anfang der großen Debatten stehen? Und was wäre, wenn immer mehr Informationen über das Klima gar nicht zu mehr Wissen führen – sondern gleichzeitig mehr Verwirrung, Verdrehungen und Mythen mit sich bringen?

Unter solchen Umständen wäre es naiv, davon auszugehen, dass das Sprechen über das Klima allein mit Informationen und ohne Kreativität auskommen könnte. Es wäre gleichermaßen naiv zu meinen, dass Zahlen reichen, um die Welt zu begreifen. Oder, dass es nicht auch eine neue Sprache braucht, um zu beschreiben, was es noch nie gegeben hat.

Deshalb also ein Atlas. Der Versuch, die größte und komplexeste Krise unserer Zeit zu übersetzen, in neue Formen, Farben, Begriffe und insbesondere: in neue Bilder.

Für gewöhnlich zeigt ein Atlas, was ist. Er bildet die Welt in einem bestimmten Zustand ab, statisch, eingefroren. Normalerweise steht die Welt in einem Atlas still. Zumindest für den einen Moment, die eine Seite, die eine Karte.

Dieser Atlas möchte es anders machen, denn dieser Atlas ist ein Atlas des Wandels. In 80 Karten und Grafiken zeigen wir, wie sich die Welt verändert hat, bis zum heutigen Augenblick. Wir zeigen, welche Kräfte die größte aller Krisen durch ihr Zusammenwirken verursacht haben. Zugleich zeichnen wir nach, wo Auswege verlaufen und wie die Welt von morgen im besten Fall aussehen kann. Die Zukunft lässt sich nicht berechnen. Beeindruckend lang ist die Liste fehlgeschlagener Prognosen. Das allein ist eine hoffnungsvolle Botschaft, denn es bedeutet: Alles geht. Die Zukunft ist offen und somit formbar. Ein paar Ideen skizzieren, wie eine klimaneutrale, gerechte, lebenswerte, zukünftige Welt sein kann – auch das versuchen wir in diesem Atlas des Wandels.

Leider hat die Sache einen Haken: Menschen neigen dazu, großen Wandel für unmöglich zu halten, solange er noch nicht da ist. Wenn der Wandel dann wiederum eingetreten ist, können wir uns bald nicht mehr vorstellen, dass es jemals anders gewesen sein könnte. Weshalb wir künftige Veränderungen wiederum als unmöglich erachten. Man könnte dieses Phänomen als utopische Lücke bezeichnen: Wandel ist abwegig, bis er zur Normalität geworden ist – und dann fängt das Ganze wieder von vorne an, und jeder weitere Wandel wird als Ding der Unmöglichkeit gehandelt.

Die Geschichte lehrt uns, wie unwahrscheinliche Erfindungen unwahrscheinlichen Wandel und ebenso unwahrscheinliche Krisen hervorgebracht haben. All diese großen und kleinen Veränderungen nehmen wir als selbstverständlichen Teil unserer Vergangenheit hin. Wer aber nach vorne blickt und großen, radikalen Wandel imaginiert, wer von den disruptiven Kräften neuer und alter Erfindungen träumt, wer sich ausmalt, dass in kurzer Zeit viel Gutes passieren kann – der wird mit großer Wahrscheinlichkeit als Naivling abgestempelt. Dabei hat diese Person nichts anderes getan, als aus der Vergangenheit zu lernen. Diese Person hat verstanden, dass die Welt in dauerhafter Veränderung ist, dass nicht Statik, sondern Bewegung ihr normaler Aggregatzustand ist. Und dass Wandel in den allermeisten Fällen nicht vom Himmel fällt, sondern gemacht wird.

Deshalb zeigt dieser Atlas nicht nur eine Welt, die geworden und weiterhin in der Mache ist. Dieser Atlas zeigt auch, wer diese Welt macht, durch welche Maschinen, Mächte, Mechanismen und Methoden sie verändert wird und werden kann, zum Schlechten wie zum Guten.

Wir nehmen uns heraus, einen untypischen Atlas zu präsentieren, der sich einer großen Bandbreite an Darstellungsformen bedient. Manche Seiten sind todernst, mitunter sogar im Wortsinn, andere Seiten probieren sich in Gedankenspielen, kommen mit einem Augenzwinkern daher, verstehen sich als illustrative Spielplätze.

«Der Klima-Atlas» ist ein diskurskritisches Buch, gerade weil so oft übersehen wird, dass auch dort Welt gemacht wird, wo Welt beschrieben wird.

Wer beispielsweise ausschließlich die fossilen Erfindungen der Vergangenheit für bemerkenswert und mächtig hält, der wird es schwerer haben, eine Zukunft auf der Grundlage erneuerbarer Energien zu beschreiben. Wer Aktivismus nur dort sieht, wo Sekundenkleber im Spiel ist, der wird es schwer haben, das Potenzial der vielen Wirkungsstätten einer aktiven Zivilgesellschaft zu sehen. Insofern ist dieses Buch nicht nur der Spiegel einer Welt im Wandel, sondern auch einer Gesellschaft – der auch wir Autor:innen angehören –, die überall Weltuntergänge sieht, außer dort, wo tatsächlich einer passiert. Die lieber dort Verbrechen sieht, wo Welt beschützt wird, statt dort, wo Welt zerstört wird. Gerade während einer neuen Welle an Anti-Klima-Populismus über die Gesellschaft rollt, wagt dieser Atlas es, der Evidenz und den wissenschaftlichen Tatsachen Platz zu machen. Er hält uns allen den Spiegel vor, obwohl es so einfach wäre, in den Trümmern einer zerstörten Ökologie die Augen vor den blühenden Weiten zu verschließen.

Es ist ein Leichtes, in der Klimakrise die Hoffnung zu verlieren. Schließlich ist die Krise so groß und wir Menschen sind so klein. Was kann der oder die Einzelne schon ausrichten, wenn es doch um alles geht? Und als würden sich die Menschen nicht schon klein genug fühlen angesichts dieser großen Krise, hat man zu allem Überfluss auch noch angefangen, ihre Handlungsoptionen sukzessive kleinzureden. So weit, dass man meinen könnte, die Möglichkeiten, sich einzubringen, gingen nicht über Tofu, Radfahren und Recycling hinaus.

Befragt man Menschen, ob sie gern in die Vergangenheit reisen würden, sprechen viele über die Angst, durch eine kleine Tat den Lauf der Geschichte zu verändern. Man könnte ja eine schicksalhafte Begegnung historischer Figuren verhindern, im Weg stehen, wo ein Streit besiegelt werden sollte, oder jemanden ins Gespräch verwickeln, der doch eigentlich gerade eine bahnbrechende Erfindung in die Welt setzen sollte. Dieselben Menschen, die sich bei einer Zeitreise in die Vergangenheit für ziemlich wirkungsmächtig halten, halten sich mit Blick auf die Zukunft jedoch für ziemlich machtlos: Sie würden in den seltensten Fällen behaupten, dass sie in der heutigen Zeit durch ihr Handeln den Lauf der Geschichte verändern können.

Dabei müsste man nur die Augen aufmachen, genau hingucken und ab und zu hinhören, um festzustellen, dass das Gegenteil der Fall ist: Wir sind klein, aber unsere Möglichkeiten sind endlos, und in dem Augenblick, in dem sich Menschen zusammentun, werden die unwahrscheinlichen Veränderungen greifbar. Um das anzuerkennen, muss man weder Aktivist:in sein noch Optimist:in, da genügt ein Blick auf unsere Geschichte oder wahlweise ein Blick in die Sozialforschung – oder auch: ein Kinobesuch.

Dieser Atlas versteht sich nicht als erschöpfend, viel eher als Diskussionsgrundlage. Als Anlass, sich selbst zu befragen, nachzudenken und auch mal zu schmunzeln. In diesem Buch wollen wir die Dinge auf den Punkt bringen, in Zeiten, in denen immer mehr gesagt, aber scheinbar immer weniger verstanden wird. Wir wollen zeigen, dass manchmal weniger mehr ist, dass eine Grafik im Zweifel mehr sagt, als tausend Worte es können. Wir möchten den Blick weiten, für all das, was sich kulturell, technologisch, gesellschaftlich, politisch und wirtschaftlich gerade verändert – von der Energiegewinnung über die Gesetzgebung bis hin zu unserer Sprache und unseren Zukunftsträumen. Die Welt ist im Wandel, und das ist eine gute Nachricht.

1 Die Lage

Wie beschreibt man, was Menschen noch nie erlebt haben? Die Klimakrise sprengt den Erfahrungsschatz der Menschheit. Die Situation ist so umfassend neu, es scheint naiv, mit alten Wörtern, alten Sprachen und Bildern skizzieren zu wollen, was nicht von dieser Welt ist, weil der Klimawandel einer neuen, grundlegend anderen Welt entstammt, die wir als Menschheit gerade erst erschaffen. Die Erde hat zwar schon heißere und kältere Phasen erlebt, doch frühere Temperaturveränderungen liefen meist ungleich langsamer ab, Ökosysteme hatten Zeit zur Anpassung. Zudem lagen frühere Heißphasen lange vor Beginn der menschlichen Zivilisation.

Der Planet hat schon vieles erlebt, er hat vor allem schon viele Spezies kommen und gehen sehen. Zu Risiken und Nebenwirkungen fragen Sie einen beliebigen Dinosaurier. Wir Menschen leben nicht «auf» der Erde, wir leben vielmehr «von» ihr und «mit» ihr. Wenn die Welt weiterhin aus den Fugen gerät, haben wir keinen anderen Ort, kein anderes Zuhause, zu dem wir gehen können. Gesunde und stabile Gesellschaften kann es nur mit einem stabilen Klima, mit gesunden Lebensgrundlagen geben. Mit der geballten Kraft der vielen produzieren Millionen Tier- und Pflanzenarten unser Essen. Sie filtern die Luft, die wir atmen, liefern Wirkstoffe für Arzneimittel und ermöglichen der Art *Homo sapiens* damit erst das Überleben.

Die Welt braucht nicht uns, aber wir brauchen die Welt. Selbst Klimaveränderungen, die direkt vor den eigenen Augen stattfinden, lassen sich gut verdrängen – ein stabiles Klima klingelt schließlich nicht an der Tür und verabschiedet sich. Das Gehen von stabilen Verhältnissen und das Kommen von einem neuen Klimaregime, einer neuen Heißzeit, ist ein wirrer und chaotischer Prozess.

Und gerade weil die Welt und ihre Klimakrise so viel ist, so voll und in Teilen so überwältigend, geht es in diesem Kapitel um Klarheit. Eines haben die Klimadiskussionen der letzten 50 Jahre gezeigt: Am Ende des Tages kommt es gar nicht darauf an, dass alle Menschen jedes letzte Molekül der Klimakrise beziffern können. Sondern darum, dass sie sich ausmalen können, vorstellen können, was unter dem Strich mit uns und der Welt passiert. Dieses Kapitel zeigt einige Facetten dieser neuen Welt-Werdung. Ein Kapitel zur Lage des Planeten.

Wann kommst du geschneit?

«Früher konnten wir Weihnachten Schlitten fahren.» Weiße Weihnachten werden nicht nur gefühlt, sondern real immer seltener, wie hier gezeigt in München.

Schnee am 24. Dezember

Kein Schnee am 24. Dezember, aber am 25. oder 26.

Gar kein Schnee

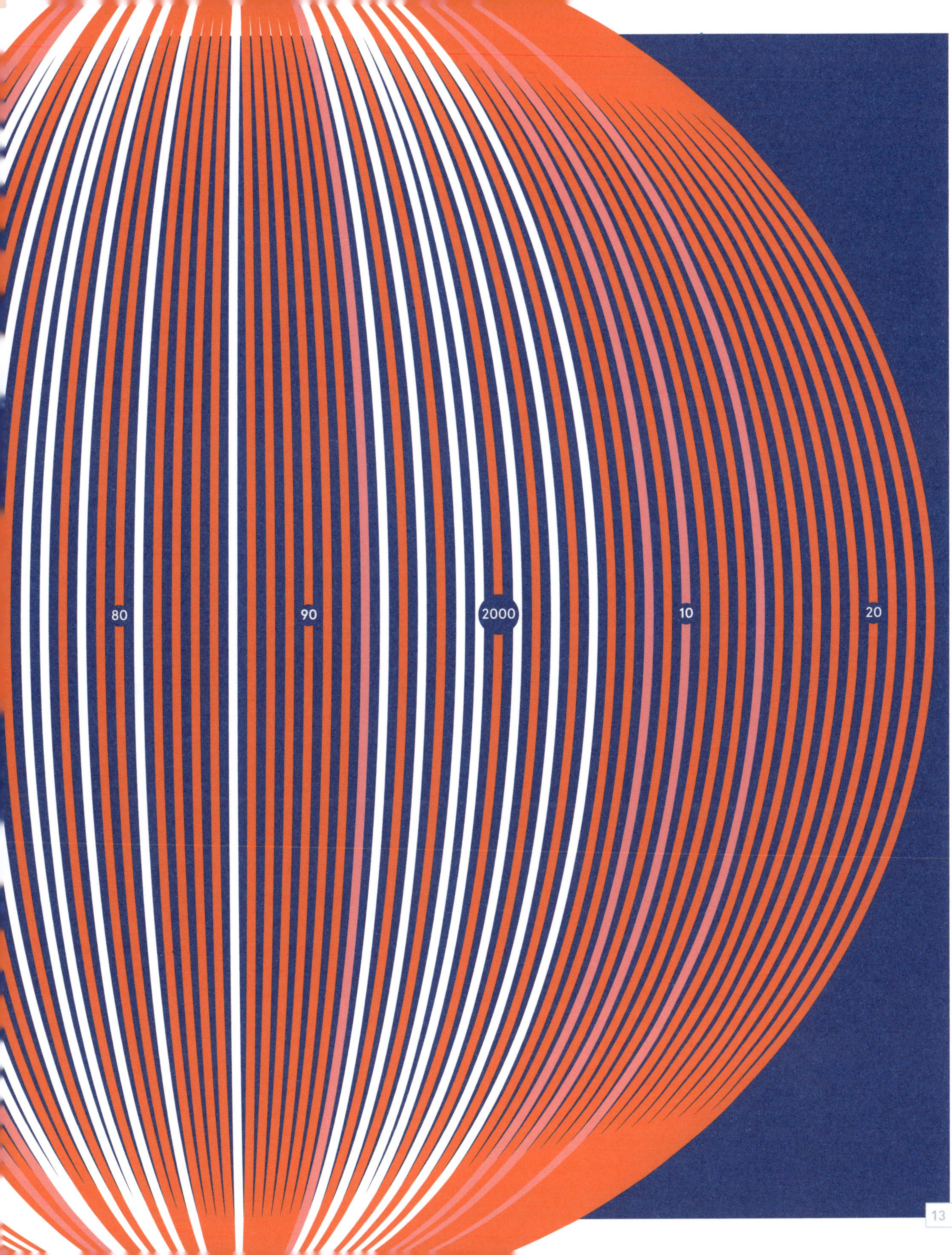
80
90
2000
10
20

Klimaverwirrtes Frühlingserwachen

Seit Jahrhunderten notiert man in Japan das Datum der Sakura, der Kirschblüte. Aufzeichnungen aus der alten Hauptstadt Kyoto liegen seit dem Jahr 812 vor. Bis ins 20. Jahrhundert blühten die Kirschen stets etwa zur gleichen Zeit – seither immer früher.

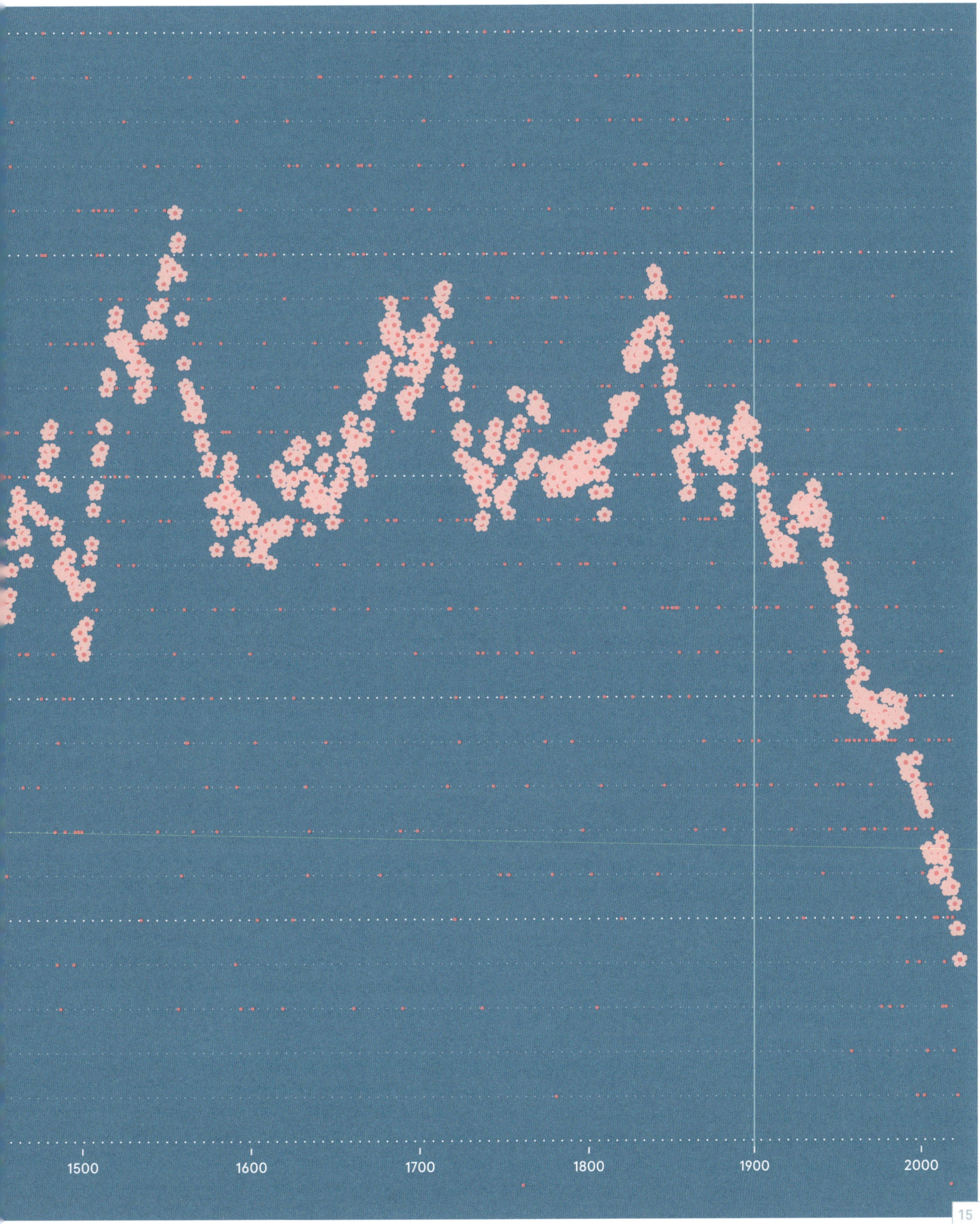
1500
1600
1700
1800
1900
2000

CO_2 geht steil

In den letzten 10 000 Jahren war die CO_2-Konzentration in der Atmosphäre überwiegend stabil. Dennoch gab es Klimaveränderungen. Diese waren meist regional sowie nur von relativ kurzer Dauer – und hatten dennoch gravierende Folgen für frühere Gesellschaften, Politik und Wirtschaft. Seit 300 Jahren geht CO_2 nun steil und katapultiert die Menschheit in Klimaverhältnisse, die man so noch nie erlebt hat.

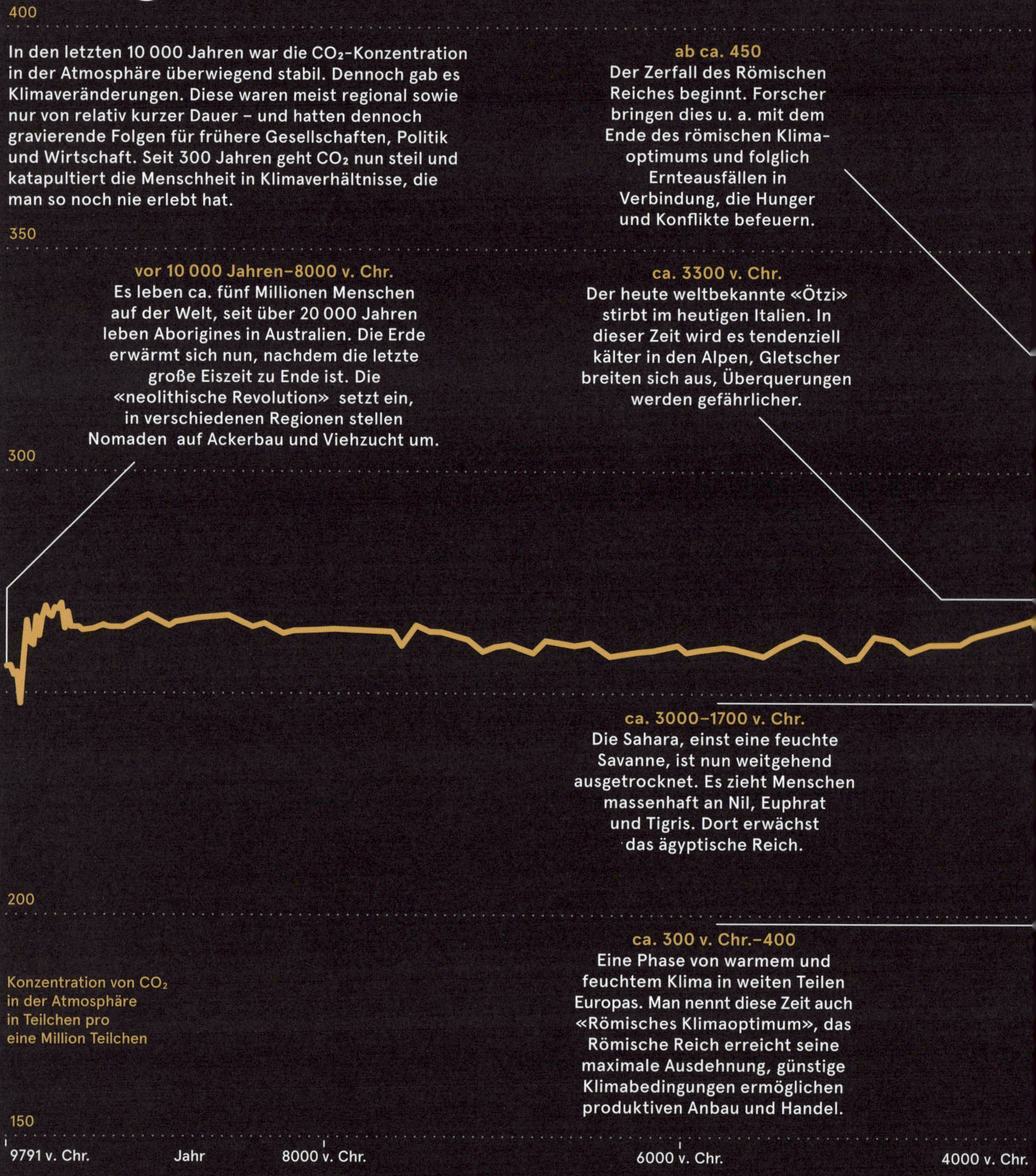

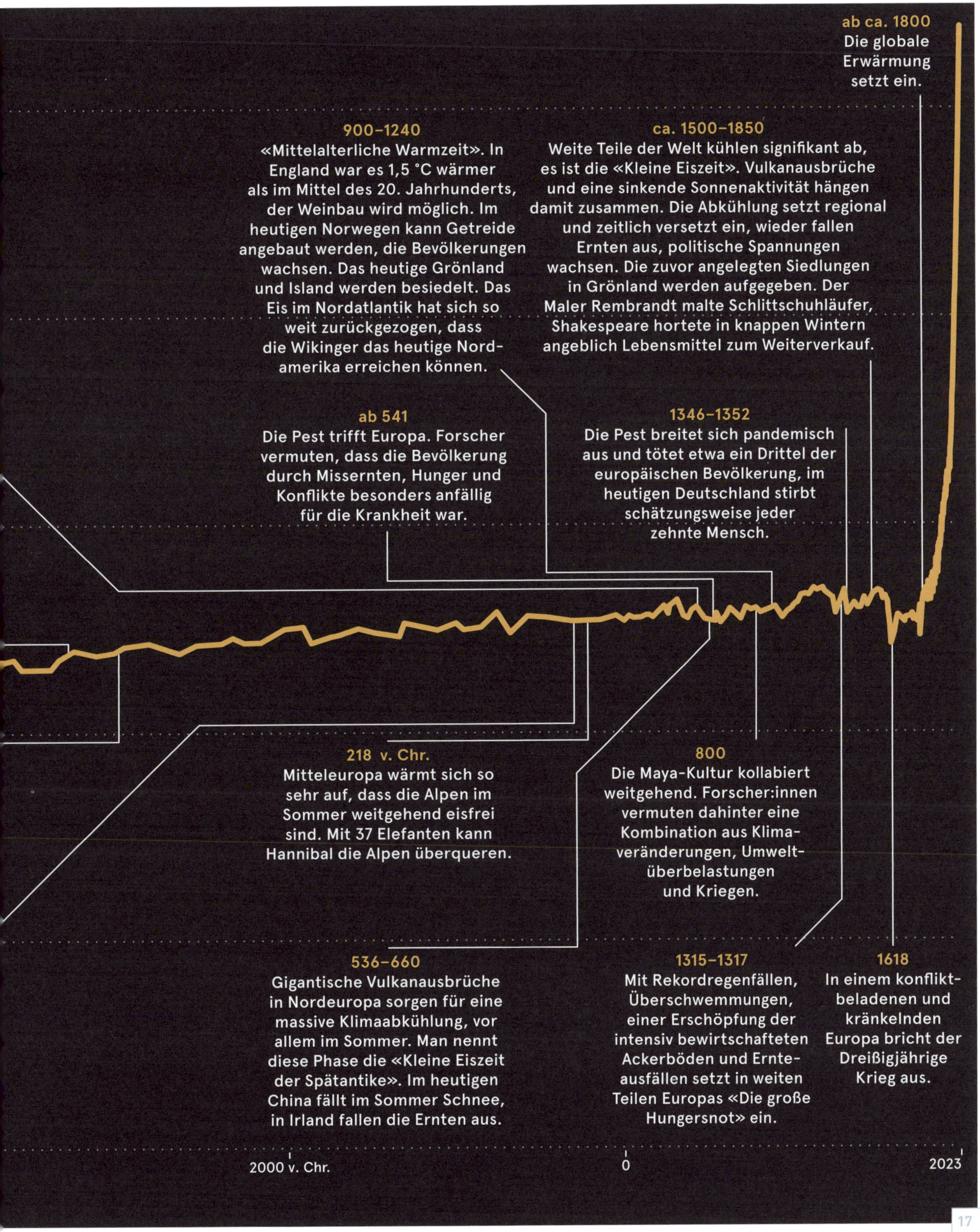
ab ca. 1800
Die globale Erwärmung setzt ein.
900–1240
«Mittelalterliche Warmzeit». In England war es 1,5 °C wärmer als im Mittel des 20. Jahrhunderts, der Weinbau wird möglich. Im heutigen Norwegen kann Getreide angebaut werden, die Bevölkerungen wachsen. Das heutige Grönland und Island werden besiedelt. Das Eis im Nordatlantik hat sich so weit zurückgezogen, dass die Wikinger das heutige Nordamerika erreichen können.
ca. 1500–1850
Weite Teile der Welt kühlen signifikant ab, es ist die «Kleine Eiszeit». Vulkanausbrüche und eine sinkende Sonnenaktivität hängen damit zusammen. Die Abkühlung setzt regional und zeitlich versetzt ein, wieder fallen Ernten aus, politische Spannungen wachsen. Die zuvor angelegten Siedlungen in Grönland werden aufgegeben. Der Maler Rembrandt malte Schlittschuhläufer, Shakespeare hortete in knappen Wintern angeblich Lebensmittel zum Weiterverkauf.
ab 541
Die Pest trifft Europa. Forscher vermuten, dass die Bevölkerung durch Missernten, Hunger und Konflikte besonders anfällig für die Krankheit war.
1346–1352
Die Pest breitet sich pandemisch aus und tötet etwa ein Drittel der europäischen Bevölkerung, im heutigen Deutschland stirbt schätzungsweise jeder zehnte Mensch.
218 v. Chr.
Mitteleuropa wärmt sich so sehr auf, dass die Alpen im Sommer weitgehend eisfrei sind. Mit 37 Elefanten kann Hannibal die Alpen überqueren.
800
Die Maya-Kultur kollabiert weitgehend. Forscher:innen vermuten dahinter eine Kombination aus Klimaveränderungen, Umweltüberbelastungen und Kriegen.
536–660
Gigantische Vulkanausbrüche in Nordeuropa sorgen für eine massive Klimaabkühlung, vor allem im Sommer. Man nennt diese Phase die «Kleine Eiszeit der Spätantike». Im heutigen China fällt im Sommer Schnee, in Irland fallen die Ernten aus.
1315–1317
Mit Rekordregenfällen, Überschwemmungen, einer Erschöpfung der intensiv bewirtschafteten Ackerböden und Ernteausfällen setzt in weiten Teilen Europas «Die große Hungersnot» ein.
1618
In einem konfliktbeladenen und kränkelnden Europa bricht der Dreißigjährige Krieg aus.
2000 v. Chr.
0
2023

Die letzten 300 Jahre im Zoom

In den letzten 300 Jahren ist die CO_2-Konzentration in der Atmosphäre schlagartig angestiegen. In diesem Zeitraum wurden in hohem Tempo fossile Erfindungen in die Welt gesetzt, die Teil einer CO_2-intensiven Fortschrittserzählung wurden. Paradoxerweise erkannten Forscher:innen bereits zur selben Zeit, wie gefährlich ebenjene Entwicklungen für das Weltklima werden würden.

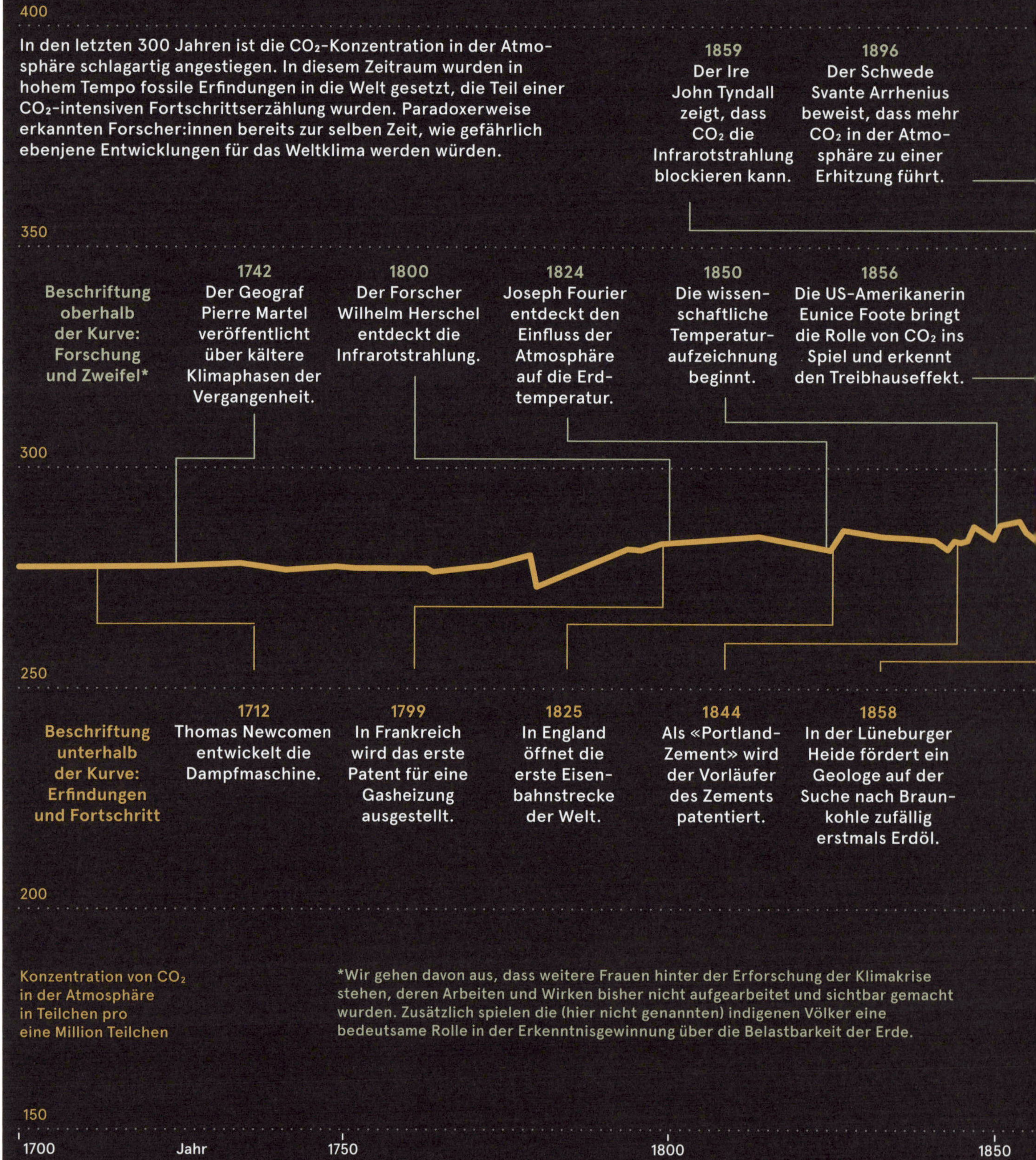

*Wir gehen davon aus, dass weitere Frauen hinter der Erforschung der Klimakrise stehen, deren Arbeiten und Wirken bisher nicht aufgearbeitet und sichtbar gemacht wurden. Zusätzlich spielen die (hier nicht genannten) indigenen Völker eine bedeutsame Rolle in der Erkenntnisgewinnung über die Belastbarkeit der Erde.

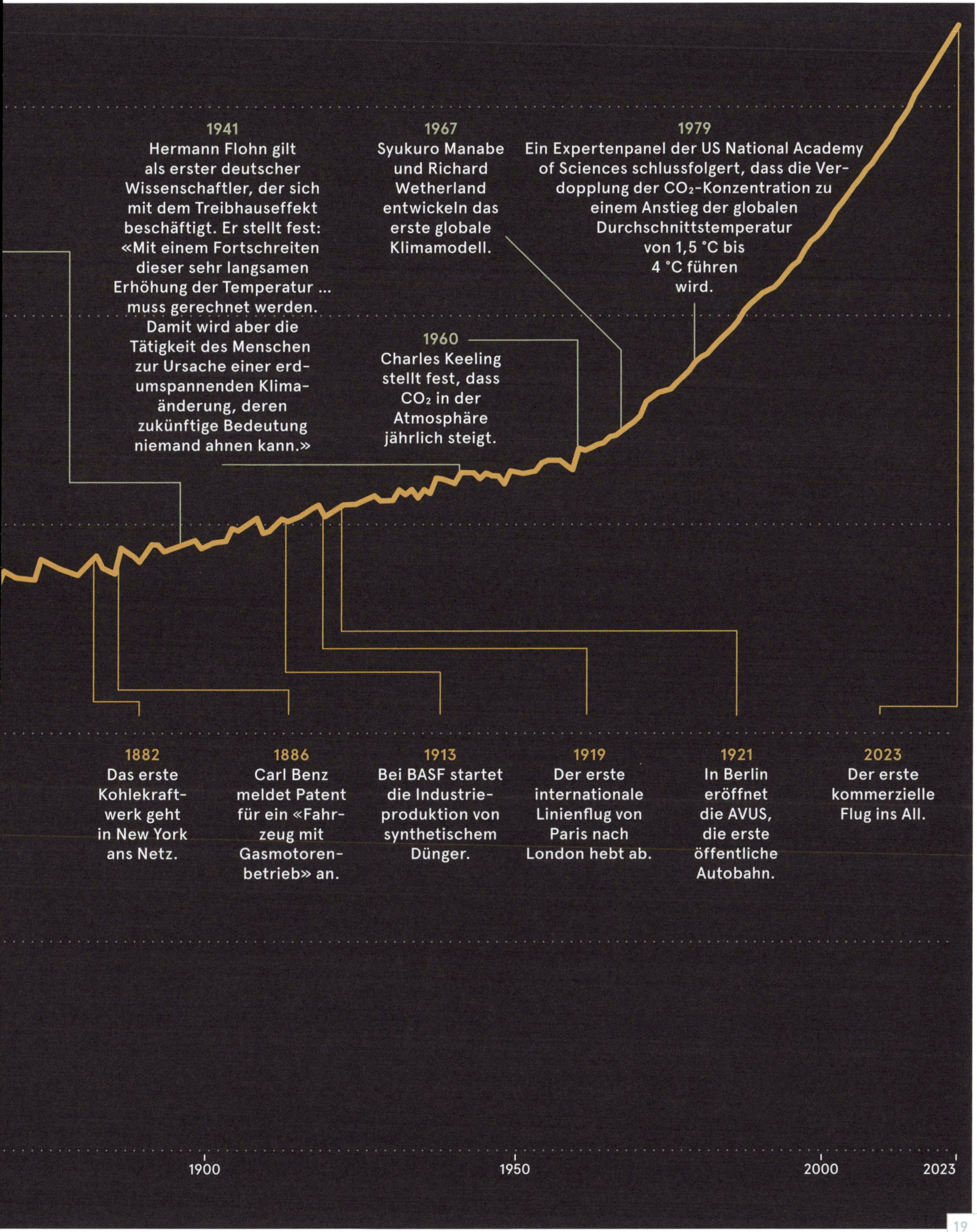
1941
Hermann Flohn gilt als erster deutscher Wissenschaftler, der sich mit dem Treibhauseffekt beschäftigt. Er stellt fest: «Mit einem Fortschreiten dieser sehr langsamen Erhöhung der Temperatur … muss gerechnet werden. Damit wird aber die Tätigkeit des Menschen zur Ursache einer erdumspannenden Klimaänderung, deren zukünftige Bedeutung niemand ahnen kann.»
1967
Syukuro Manabe und Richard Wetherland entwickeln das erste globale Klimamodell.
1979
Ein Expertenpanel der US National Academy of Sciences schlussfolgert, dass die Verdopplung der CO_2-Konzentration zu einem Anstieg der globalen Durchschnittstemperatur von 1,5 °C bis 4 °C führen wird.
1960
Charles Keeling stellt fest, dass CO_2 in der Atmosphäre jährlich steigt.
1882
Das erste Kohlekraftwerk geht in New York ans Netz.
1886
Carl Benz meldet Patent für ein «Fahrzeug mit Gasmotorenbetrieb» an.
1913
Bei BASF startet die Industrieproduktion von synthetischem Dünger.
1919
Der erste internationale Linienflug von Paris nach London hebt ab.
1921
In Berlin eröffnet die AVUS, die erste öffentliche Autobahn.
2023
Der erste kommerzielle Flug ins All.
1900
1950
2000
2023

2023 war es so heiß wie nie

Im Jahresverlauf war 2023 das heißeste jemals gemessene Jahr – mit deutlichem Abstand. Zumindest kurzzeitig hat der Planet die 1,5-°C-Marke bereits überschritten.

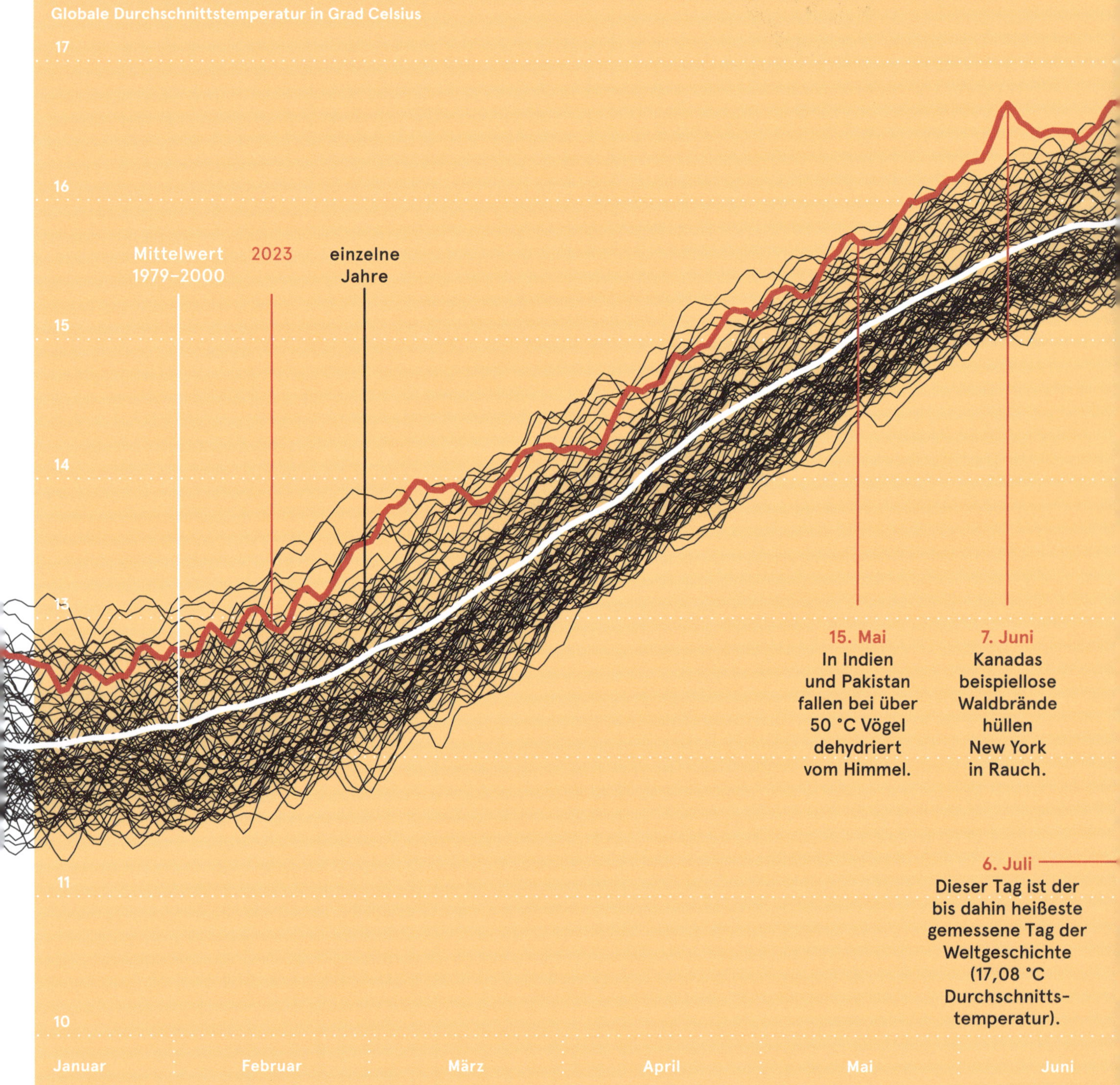

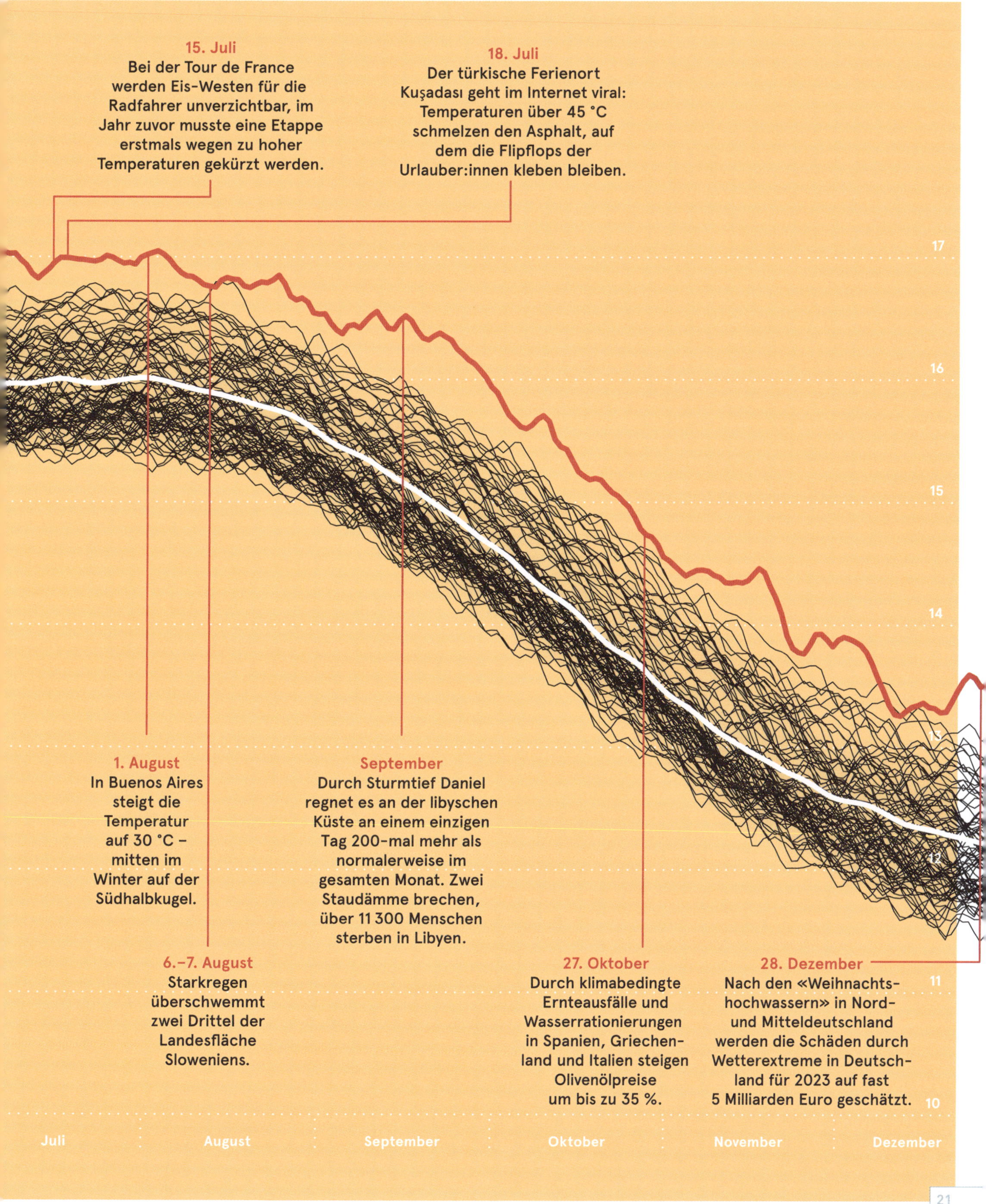
15. Juli
Bei der Tour de France werden Eis-Westen für die Radfahrer unverzichtbar, im Jahr zuvor musste eine Etappe erstmals wegen zu hoher Temperaturen gekürzt werden.
18. Juli
Der türkische Ferienort Kuşadası geht im Internet viral: Temperaturen über 45 °C schmelzen den Asphalt, auf dem die Flipflops der Urlauber:innen kleben bleiben.
17
16
15
14
13
12
11
10
1. August
In Buenos Aires steigt die Temperatur auf 30 °C – mitten im Winter auf der Südhalbkugel.
September
Durch Sturmtief Daniel regnet es an der libyschen Küste an einem einzigen Tag 200-mal mehr als normalerweise im gesamten Monat. Zwei Staudämme brechen, über 11 300 Menschen sterben in Libyen.
6.–7. August
Starkregen überschwemmt zwei Drittel der Landesfläche Sloweniens.
27. Oktober
Durch klimabedingte Ernteausfälle und Wasserrationierungen in Spanien, Griechenland und Italien steigen Olivenölpreise um bis zu 35 %.
28. Dezember
Nach den «Weihnachtshochwassern» in Nord- und Mitteldeutschland werden die Schäden durch Wetterextreme in Deutschland für 2023 auf fast 5 Milliarden Euro geschätzt.
Juli
August
September
Oktober
November
Dezember

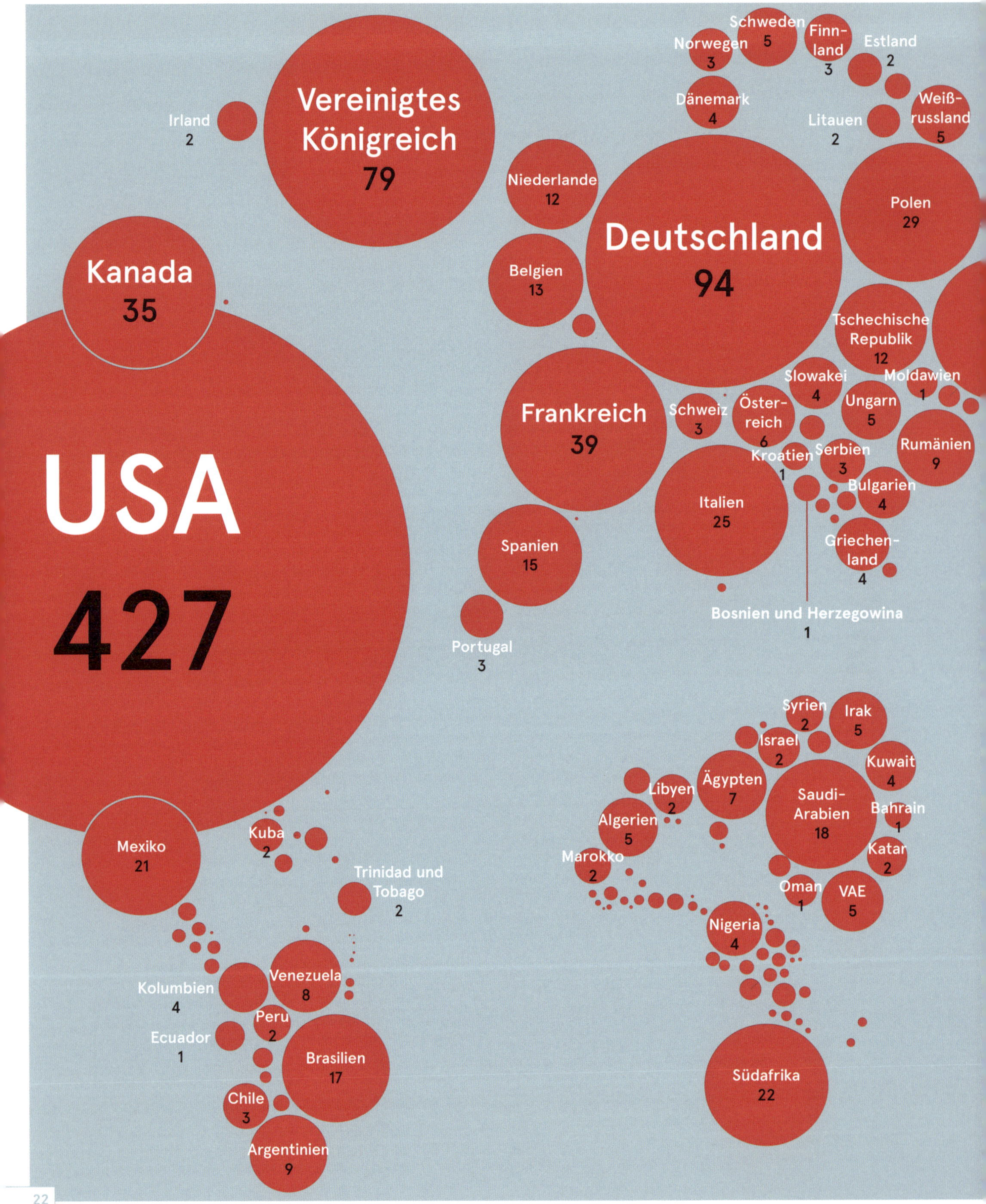
USA
427
Kanada
35
Vereinigtes Königreich
79
Irland
2
Niederlande
12
Belgien
13
Deutschland
94
Frankreich
39
Spanien
15
Portugal
3
Schweden
5
Norwegen
3
Finnland
3
Estland
2
Dänemark
4
Litauen
2
Weißrussland
5
Polen
29
Tschechische Republik
12
Slowakei
4
Moldawien
1
Schweiz
3
Österreich
6
Ungarn
5
Kroatien
1
Serbien
3
Rumänien
9
Italien
25
Bulgarien
4
Griechenland
4
Bosnien und Herzegowina
1
Syrien
2
Irak
5
Israel
2
Kuwait
4
Ägypten
7
Libyen
2
Saudi-Arabien
18
Algerien
5
Bahrain
1
Marokko
2
Katar
2
Oman
1
VAE
5
Nigeria
4
Südafrika
22
Mexiko
21
Kuba
2
Trinidad und Tobago
2
Venezuela
8
Kolumbien
4
Peru
2
Ecuador
1
Brasilien
17
Chile
3
Argentinien
9

Aber Deutschland verursacht nur 2 Prozent der weltweiten Emissionen

Na ja. Wie katastrophal die Klimakrise wird, entscheidet sich durch die angestaute Menge an CO_2 in der Atmosphäre. Etwa 150 Jahre bleiben die Emissionen dort und verursachen durch den Treibhauseffekt eine globale Erhitzung. Verantwortung für die Klimakrise bemisst sich also weniger durch aktuelle Emissionen als vielmehr durch die über die Jahre angehäuften historischen Emissionen. Wenige Länder haben zusammengenommen so viel emittiert wie Deutschland.

Keep it underground!

Weltweit planen fossile Konzerne den Bau von Hunderten neuen Kohle-, Öl- und Gasprojekten. Allein die hier gezeigten 97 Projekte reichen aus, um das verbleibende CO_2-Budget der Menschheit aufzubrauchen. Werden sie alle umgesetzt, lassen sich die weltweiten Klimaversprechen unmöglich einhalten. Bei vielen Projekten laufen bislang nur erste Vorerkundungen, noch können sie gestoppt werden.

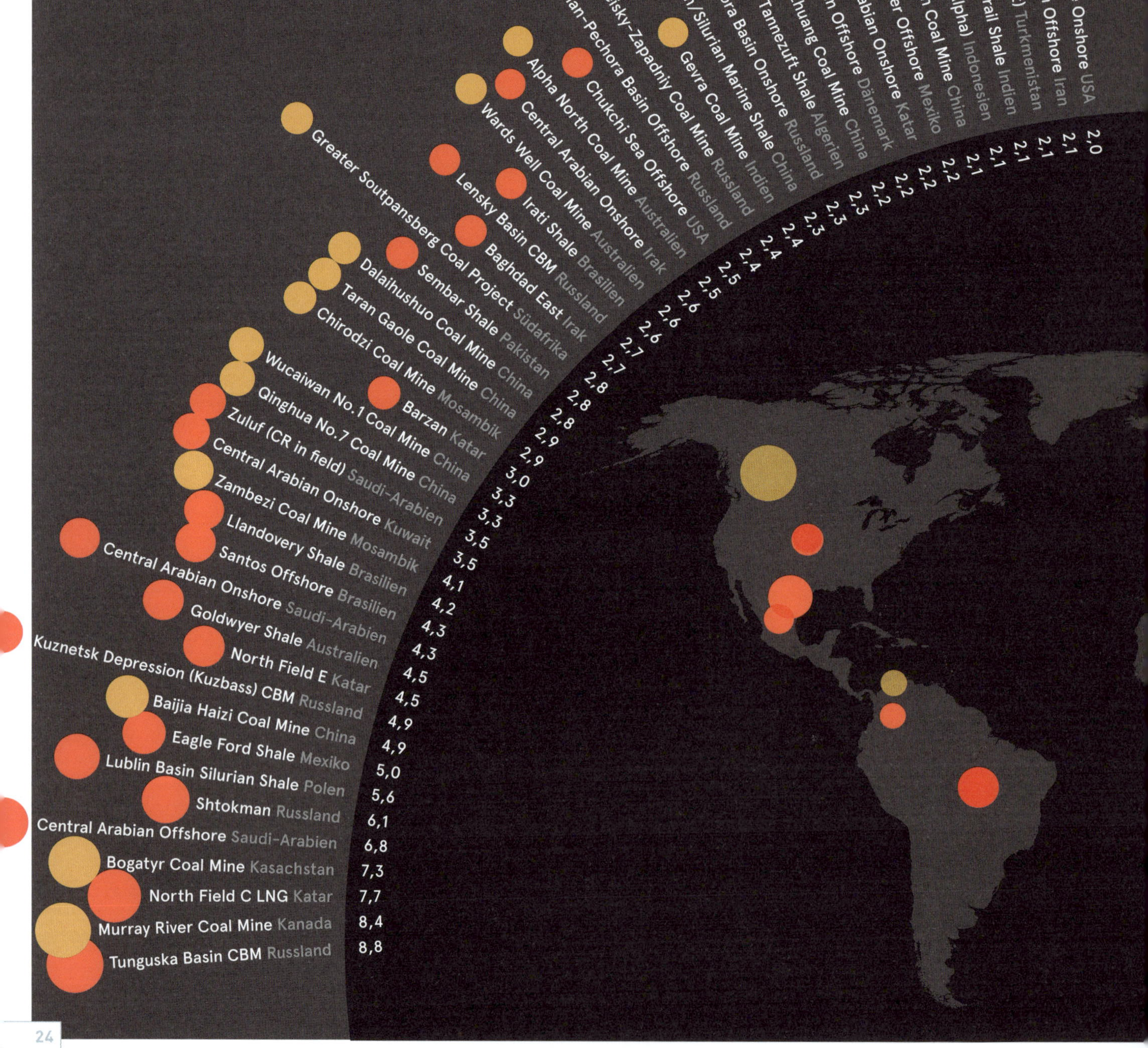

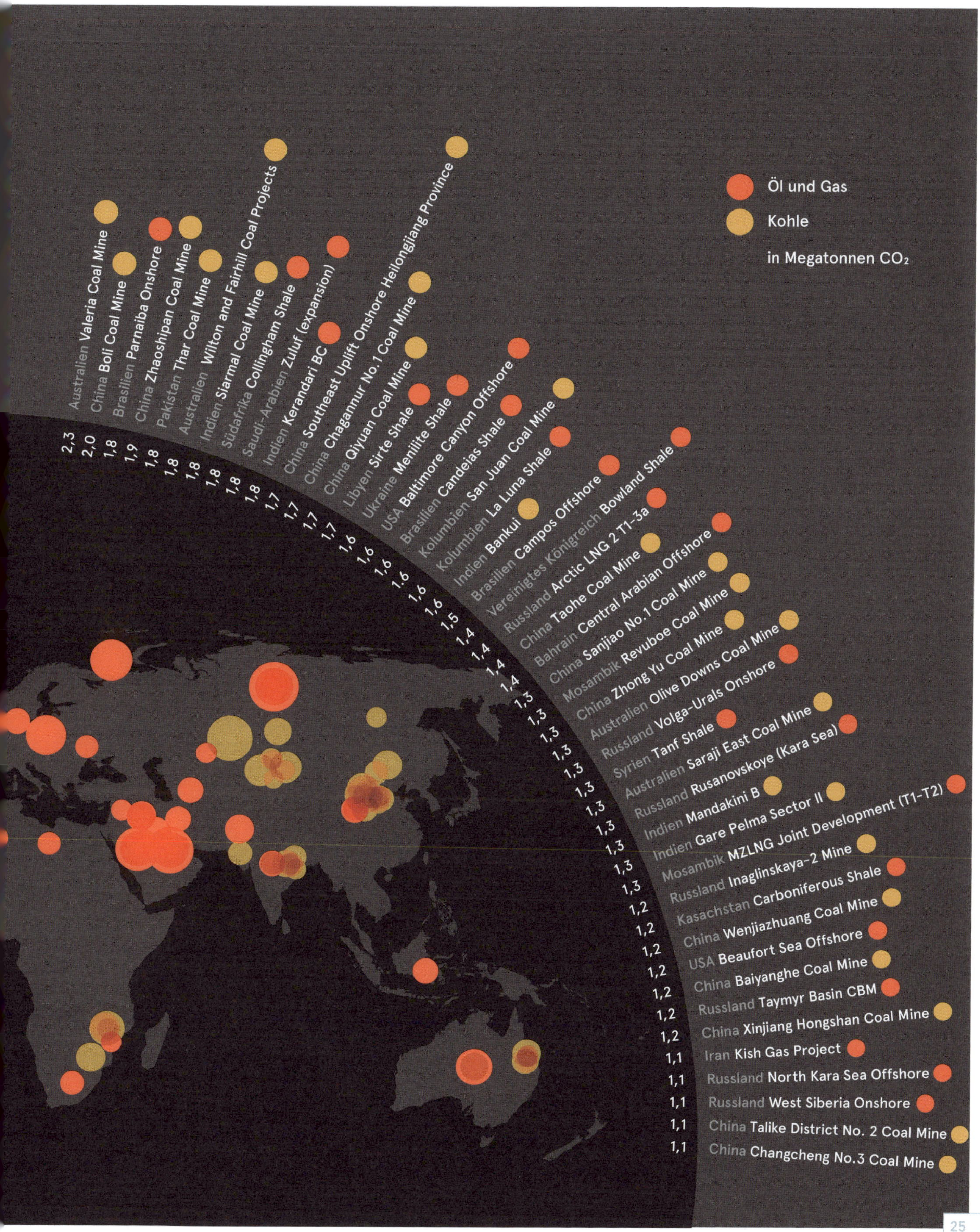

Öl und Gas
Kohle
in Megatonnen CO_2
2,3 Australien Valeria Coal Mine
2,0 China Boli Coal Mine
1,8 Brasilien Parnaíba Onshore
1,9 China Zhaoshipan Coal Mine
1,8 Pakistan Thar Coal Mine
1,8 Australien Wilton and Fairhill Coal Projects
1,8 Indien Siarmal Coal Mine
1,8 Südafrika Collingham Shale
1,8 Saudi-Arabien Zuluf (expansion)
1,8 Indien Kerandari BC
1,7 China Southeast Uplift Onshore Heilongjiang Province
1,7 China Chagannur No.1 Coal Mine
1,7 China Qiyuan Coal Mine
1,7 Libyen Sirte Shale
1,6 Ukraine Menilite Shale
1,6 USA Baltimore Canyon Offshore
1,6 Brasilien Candeias Shale
1,6 Kolumbien San Juan Coal Mine
1,6 Kolumbien La Luna Shale
1,6 Indien Bankui
1,5 Brasilien Campos Offshore
1,4 Vereinigtes Königreich Bowland Shale
1,4 Russland Arctic LNG 2 T1-3a
1,4 China Taohe Coal Mine
1,4 Bahrain Central Arabian Offshore
1,3 China Sanjiao No.1 Coal Mine
1,3 Mosambik Revuboe Coal Mine
1,3 China Zhong Yu Coal Mine
1,3 Australien Olive Downs Coal Mine
1,3 Russland Volga-Urals Onshore
1,3 Syrien Tanf Shale
1,3 Australien Saraji East Coal Mine
1,3 Russland Rusanovskoye (Kara Sea)
1,3 Indien Mandakini B
1,3 Indien Gare Pelma Sector II
1,3 Mosambik MZLNG Joint Development (T1-T2)
1,2 Russland Inaglinskaya-2 Mine
1,2 Kasachstan Carboniferous Shale
1,2 China Wenjiazhuang Coal Mine
1,2 USA Beaufort Sea Offshore
1,2 China Baiyanghe Coal Mine
1,2 Russland Taymyr Basin CBM
1,2 China Xinjiang Hongshan Coal Mine
1,1 Iran Kish Gas Project
1,1 Russland North Kara Sea Offshore
1,1 Russland West Siberia Onshore
1,1 China Talike District No. 2 Coal Mine
1,1 China Changcheng No.3 Coal Mine

Offenes Ende

Ob wir einen 1,5-°C-Pfad einschlagen oder nicht, ist noch nicht entschieden. Zwar klafft zwischen Wunsch und Realität eine große Lücke – aber die internationale Klimapolitik hat schon einiges erreicht. Das zeigt: Die Zukunft lässt sich gestalten.

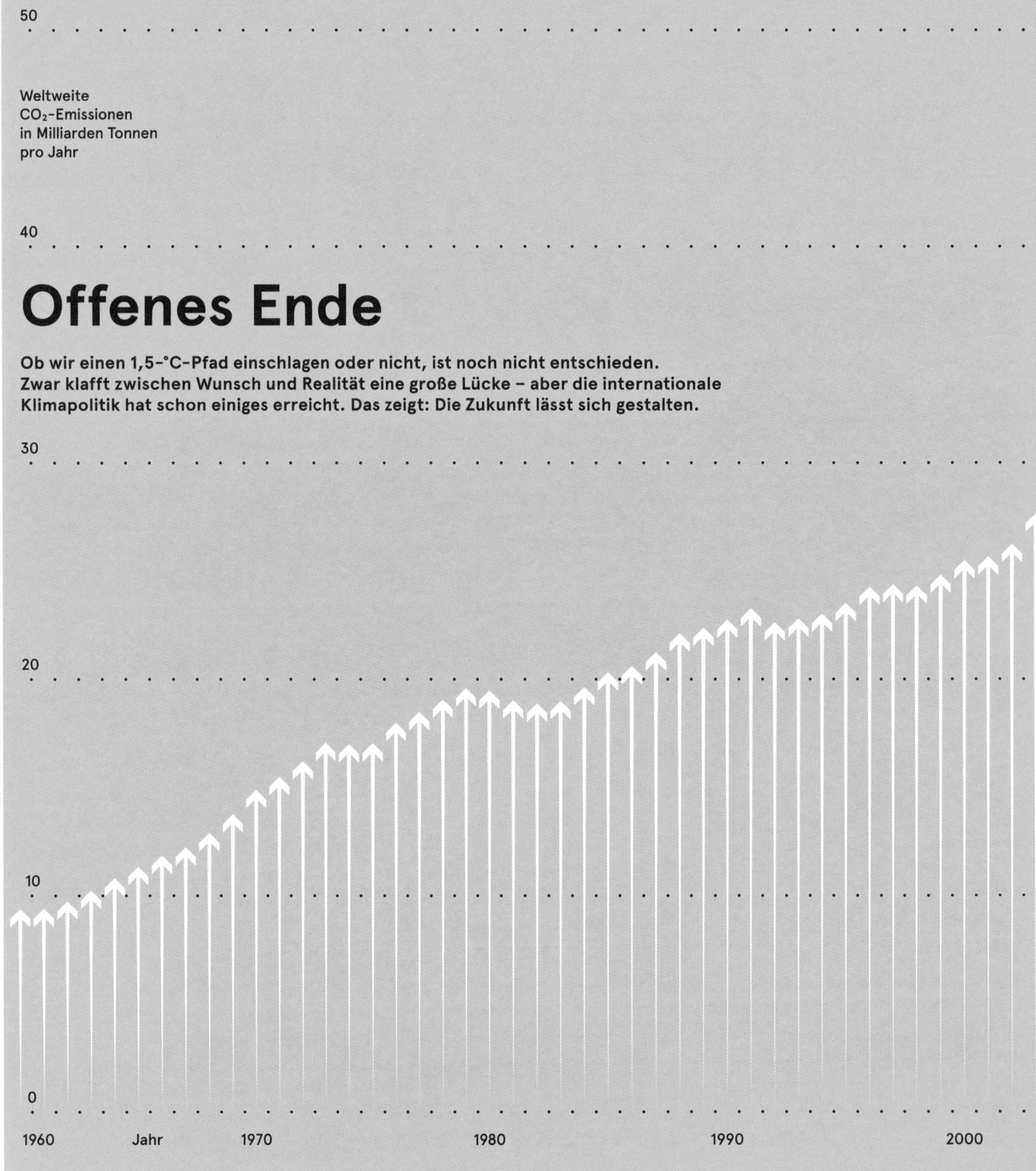

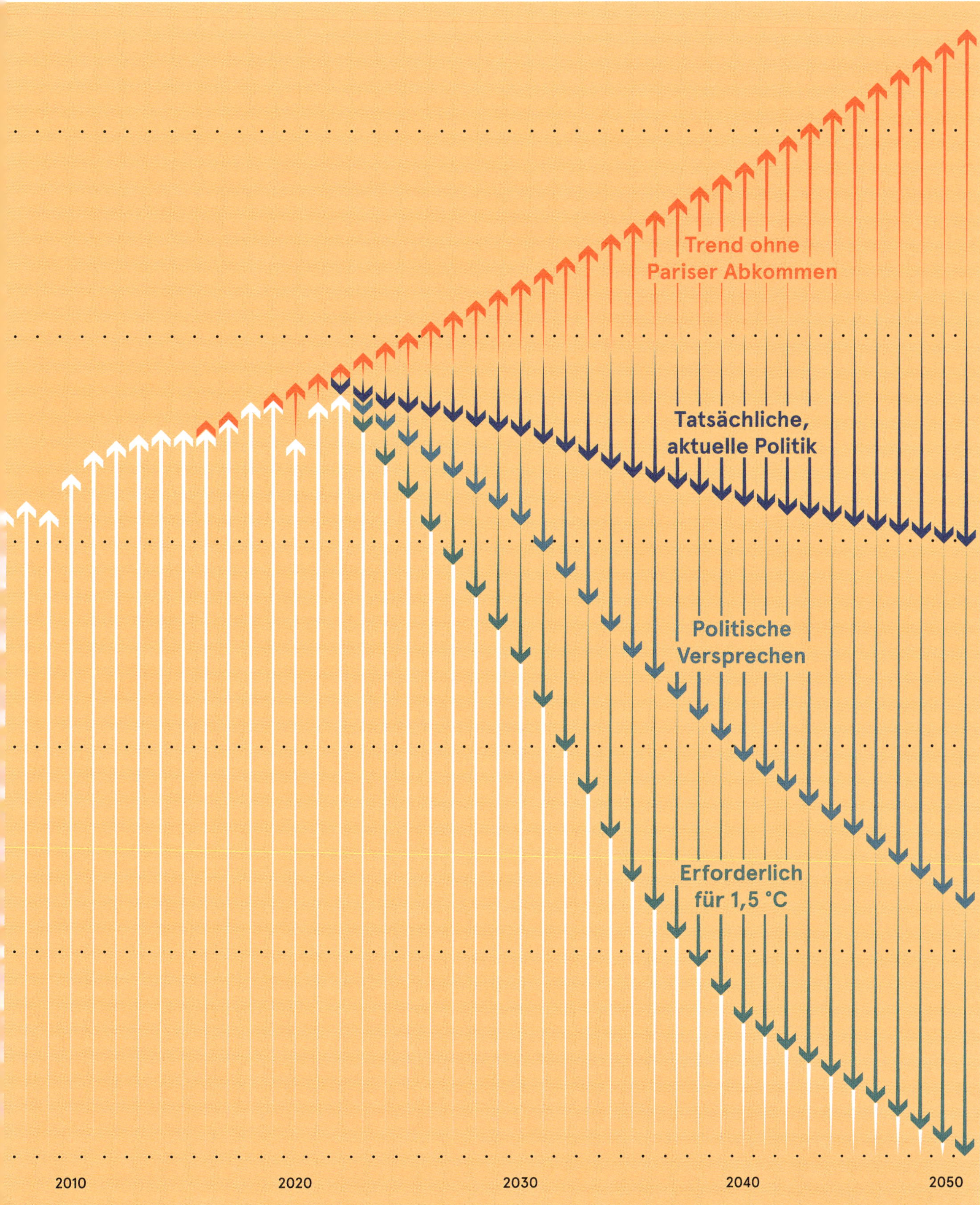

Trend ohne
Pariser Abkommen
Tatsächliche,
aktuelle Politik
Politische
Versprechen
Erforderlich
für 1,5 °C
2010
2020
2030
2040
2050

2 Geografischer Wandel

Geografie ist die Kunst, den Raum zu sehen. Ob es große Räume (die Welt), kleine Räume (eine Stadt) oder ganz kleine Räume (eine Fußgängerzone) sind. Alles hängt zusammen. Und: Alles ist im Wandel. Die Geografie lebt im Vierdimensionalen, Raum und Zeit werden zusammengebracht und zusammen gedacht. Damit zwingt die Geografie uns in eine gewisse Ehrlichkeit. Wie gern nämlich wird beim Besprechen der Klimakrise das Detail ausgelassen, dass das Klima gar nicht auf uns wartet – auch wenn wir gerade wirklich viel um die Ohren haben? Oder, dass es in anderen Regionen der Welt schon heute Menschen gibt, die jeden Tag mit der Langlebigkeit unserer Emissionen konfrontiert sind?

Dieses Kapitel öffnet ein paar dieser geografischen Räume, einige von ihnen sind mit guten, andere mit weniger guten Nachrichten verbunden. Wer ist eigentlich von der Klimakrise betroffen? Und wer nicht (Seite 30/31)? Wir befürchten, dass es bis heute Menschen gibt, die die Antwort überrascht.

Die Klimakrise lässt sich als eine Art Verwirrung geografischer Verhältnisse begreifen. Durch die Folgen der Erderhitzung bleibt nichts, wie es war – wer sein Leben lang in München gewohnt hat, wacht durch die Klimakrise im Zweifel in Mailand auf (Seite 32/33). Die geografische Perspektive auf die Klimakrise ist es auch, die unseren blauen Planeten als gar nicht so blau entlarvt. Denn während der Meeresspiegel steigt, sinken die Pegel vieler Trinkwasserreserven (Seite 44–47).

Zoomt man etwas heran, lässt sich eine gewisse Verwirrung der Räume auch im Kleinen erleben. Etwa in der Art und Weise, wie der Platz in Städten verteilt wird (Seite 34/35) oder wie durch Raser:innen, Verkehrslärm und Straßenbau weit mehr als «nur» Klimaprobleme entstehen. Man könnte meinen, mehr Platz für Menschen statt für Autos wäre auch ganz ohne Klimakrise eine sinnvolle Maßnahme.

Und das ist, neben vielem anderen, das Spannende an der Geografie: Sie sucht nach Lösungen, die das große Ganze im Blick haben und meist weit mehr als ein Klimaproblem lösen. In Städten sind diese Multifunktionslösungen besonders gut greifbar: Sie zeigen, dass es nicht immer nur in hohem Tempo schlimmer, sondern auch in hohem Tempo besser, sicherer und nachhaltiger werden kann.

Und nach all den Problemen und Lösungen stellt dieses Kapitel – natürlich – die Frage der Fragen: Wenn die Klimakrise so schlimm ist und es so furchtbar aufwendig ist, noch Schlimmeres zu verhindern, ziehen wir dann vielleicht doch lieber auf den Mars (Seite 48/49)?

Hier rot markiert: alle Länder, die nicht vom Klimawandel betroffen sind

Kontinentalverschiebung

Ob die Erde nun eineinhalb, zwei oder gar drei Grad wärmer wird: Vorstellen kann man sich unter diesen Zahlen wenig. Ein Team um den französischen Wissenschaftler Jean-François Bastin veranschaulicht den Klimawandel über Städtepaare. London bei zwei Grad Erwärmung wäre demnach so wie heute Barcelona. Oder wie Andreas Möller sagen würde: München oder Hamburg, Hauptsache Italien.

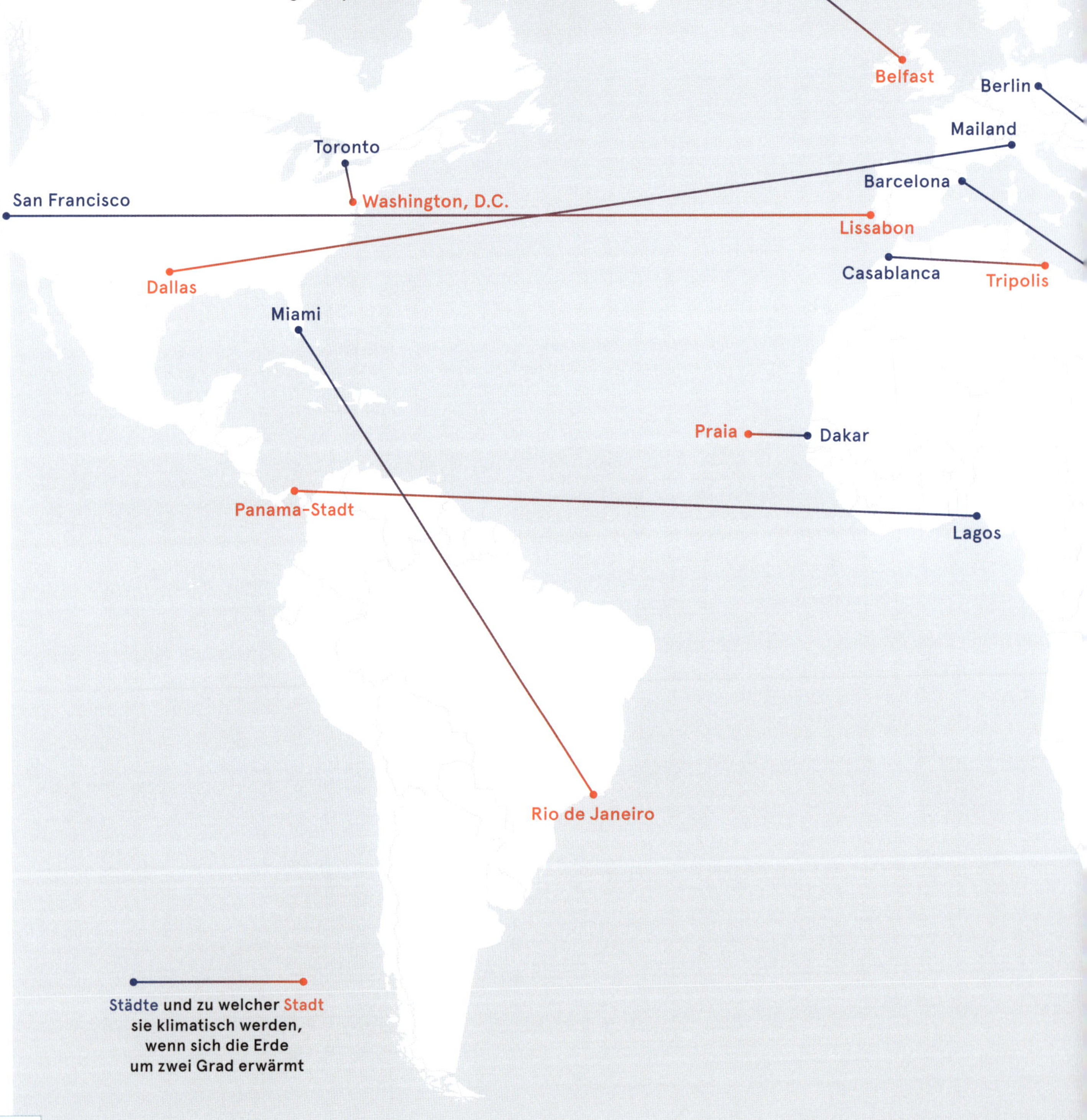

Städte und zu welcher Stadt sie klimatisch werden, wenn sich die Erde um zwei Grad erwärmt

Ankara
Taschkent
Tokio
Neu-Delhi
Kanpur
Changsha
Chennai
Bangkok
Oslo
Stockholm
St. Petersburg
Riga
Belfast
Hamburg
Amsterdam
London
Köln
Cardiff
Paris
München
Wien
Budapest
Brastis-
lava
Mailand
Marseille
San Marino
Sofia
Barcelona
Rom
Sydney
Adelaide
Canberra
Auckland
Athen
Adana
Algier
Fez

Die Autohauptstadt

Nur ein Viertel ihrer Wege legen die Berliner mit dem Auto zurück – dafür gehen aber drei Viertel der Verkehrsfläche drauf. Einziger Trost für die Hauptstadt: In vielen anderen deutschen Großstädten sieht es vermutlich nicht besser aus. Die haben aber nicht mal Zahlen dazu.

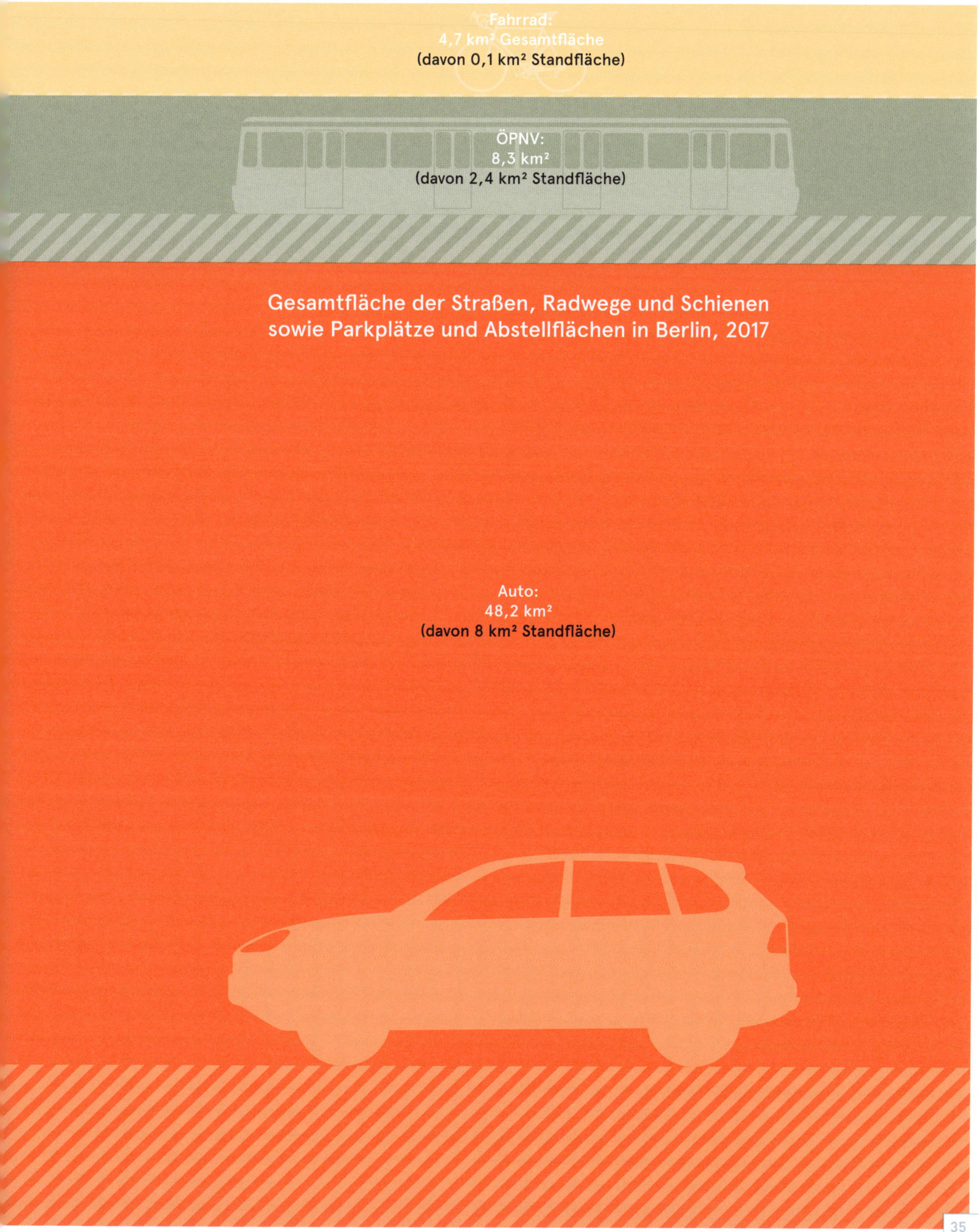
Fahrrad:
4,7 km² Gesamtfläche
(davon 0,1 km² Standfläche)
ÖPNV:
8,3 km²
(davon 2,4 km² Standfläche)
Gesamtfläche der Straßen, Radwege und Schienen sowie Parkplätze und Abstellflächen in Berlin, 2017
Auto:
48,2 km²
(davon 8 km² Standfläche)

Eine Frage des Angebots

Ohne Auto geht es nicht? Häufig stimmt das sicherlich. Dennoch zeigen diese Daten ein klares Muster: Dort, wo mehr Busse und Bahnen fahren, haben weniger Leute ein Auto. Das gilt für kleinere genauso wie für größere Städte. Auch für die ländlichen Räume gibt es Konzepte, mit denen zumindest einige Bewohner:innen vom Auto unabhängig werden. Sammeltaxis, Car-Sharing, Elektro-Lastenräder. Sicher keine Lösung für alle, aber für viele.

Stadt

Zahl der täglichen ÖPNV-Abfahrten je bebautem Quadratkilometer | Pkw pro 1000 Einwohner

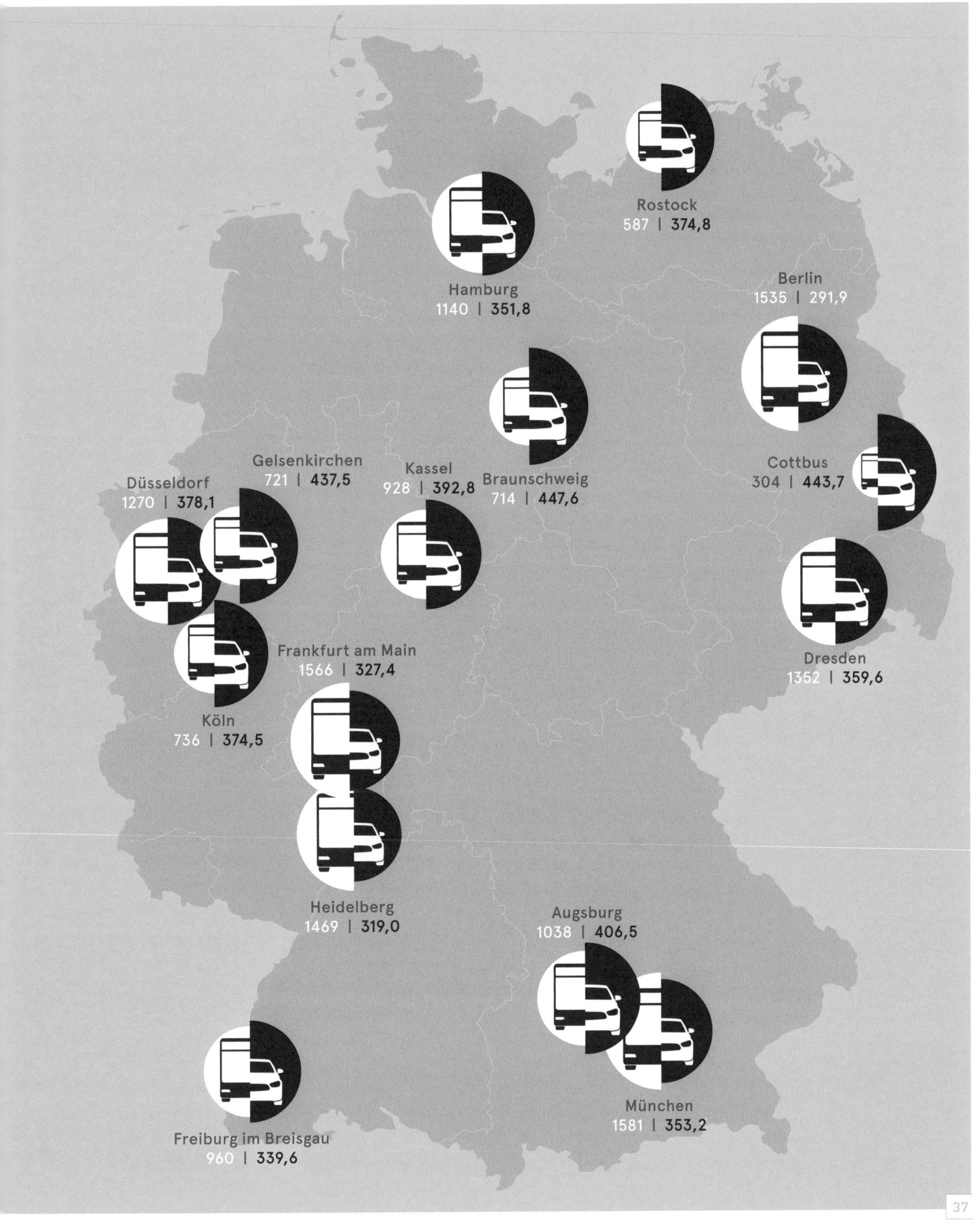
Rostock
587 | 374,8
Hamburg
1140 | 351,8
Berlin
1535 | 291,9
Braunschweig
714 | 447,6
Cottbus
304 | 443,7
Gelsenkirchen
721 | 437,5
Kassel
928 | 392,8
Düsseldorf
1270 | 378,1
Dresden
1352 | 359,6
Frankfurt am Main
1566 | 327,4
Köln
736 | 374,5
Heidelberg
1469 | 319,0
Augsburg
1038 | 406,5
München
1581 | 353,2
Freiburg im Breisgau
960 | 339,6

Die kranke Stadt

Die Klimakrise in der Stadt ist längst nicht nur ein Klima-Problem. Sie ist gleichzeitig eine Gesundheitskrise, eine Sicherheitskrise, eine Kinderkrise und eine Naturkrise.

Mehr Hitze: mehr Tote.
Die Zahl der Hitzetoten ist in den letzten 20 Jahren um 30 Prozent gestiegen. Besonders stark in Städten, die in Hitzewellen besonders heiß werden.

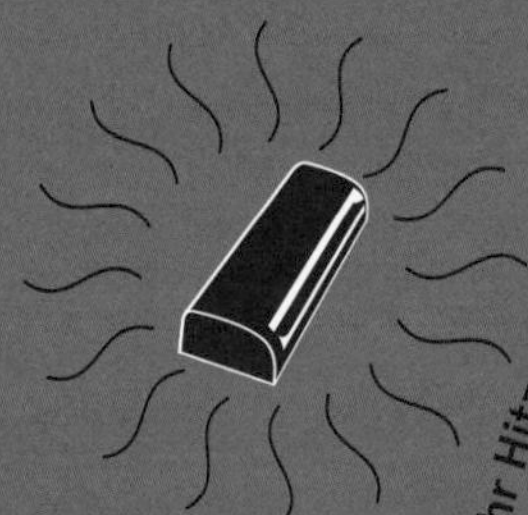

Mehr Hitze: mehr Hitze durch Klimaanlagen.
Der Anteil an Klimaanlagen im Stromverbrauch hat sich seit 1990 mehr als verdoppelt. Der Einsatz von Klimaanlagen kann das städtische Klima allerdings um 2 bis 3 Grad erhöhen.

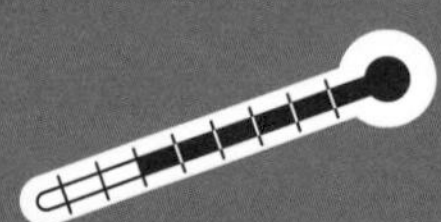

Mehr Versiegelung und Klimakrise:
mehr Hitze.
Mehr Versiegelung mehr Erderwärmung und Hitzeinseleffekt –
Versiegeln den urbanen Zentren um
befeuern in urbaner es wird 10 Grad heißer als im Umland.

Mehr Verkehr: mehr Asthma.
Nähe zu vollen Straßen und große Verkehrsaufkommen führt zu einem signifikanten Zuwachs von Asthma-erkrankungen bei Kindern.

Mehr Verkehr: noch mehr Verkehr. Wenn Busse häufiger im Stau stehen, werden sie unpünktlich und brauchen länger. Dadurch verlieren Leute die Lust, den Bus zu nehmen, und fahren selbst – der Verkehr wächst weiter.

Mehr Lärm: mehr Krankheit. Ständiger Verkehrslärm kann psychisch krank machen: Zehn Dezibel mehr Straßenverkehrslärm erhöhen die Gefahr, depressiv zu werden, um drei bis vier Prozent. Das ergab eine Studie des Umweltbundesamts. Auch Angststörungen werden wahrscheinlicher.

Mehr Straßen: mehr Verkehr. Mehr neue Straßen steigern das Verkehrsaufkommen proportional, verdoppelt man die Straßendichte, verdoppelt sich das Verkehrsaufkommen.

Mehr Stau: mehr Kosten. Über 420 000 Stunden stehen die Deutschen pro Jahr im Stau. Wenn das Verkehrsaufkommen weiter wächst, werden die gesellschaftlichen Staukosten in Deutschland im Jahr 2030 über 33 Milliarden betragen.

Die schöne neue Stadt

Die meisten Klimaschutzmaßnahmen wären ganz ohne Klimakrise sinnvoll. Wie das aussehen kann, zeigen Städte, in denen einzelne Lösungen gleich mehreren Problemen entgegenwirken.

Verkehrsberuhigung rund um Schulen schafft Sicherheit für Kinder. Und: Kinder, die zu Fuß zur Schule laufen, können sich in den ersten vier Stunden besser konzentrieren.

Städtische Gärten schaffen Gemeinschaftsraum, Naherholung und produzieren Essen. Der Stadtgarten «Himmelbeet» in Berlin stiftet laut Studie einen gesellschaftlichen Nutzen von 1,5 Millionen Euro pro Jahr.

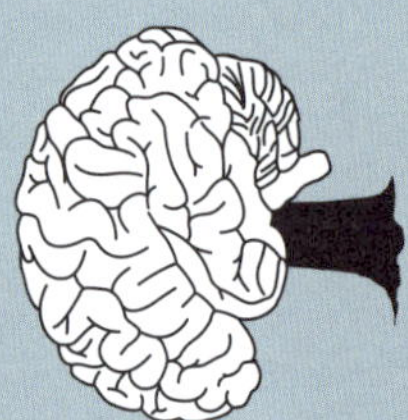

Forscher:innen konnten nachweisen, dass Menschen psychisch stabiler und weniger depressiv sind, wenn Bäume in der Nähe ihrer Wohnung wachsen.

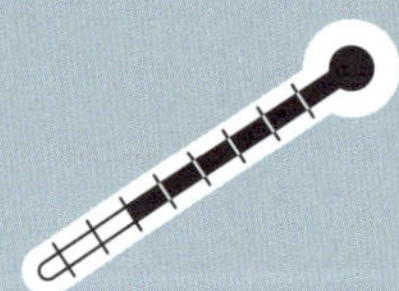

Städte könnten um 0,4 Grad abkühlen, wenn man die Baumbedeckung auf 30 Prozent erhöht.

Investitionen in den öffentlichen Verkehr schaffen 25 Prozent mehr Arbeitsplätze als die gleichen Investitionen in Straßen oder Autobahnen. In der EU sind über 2 Millionen Menschen im öffentlichen Nahverkehr angestellt.

200 %

Das Errichten sicherer Radwege führt zu bis zu 200 % mehr Radverkehr auf den betroffenen Strecken.

Verkehrsberuhigung, bessere Bedingungen für Radfahrer:innen und Fußgänger:innen in Innenstädten schaffen Arbeitsplätze und Wirtschaftswachstum, zeigt eine Untersuchung aus Wien.

Wenn Tempo 30 statt 50 gilt, sinkt der Schallpegel um rund 3 Dezibel und die Schlafqualität von Anwohner:innen steigt signifikant, fanden Forscher:innen aus der Schweiz heraus.

Tempo-30-Zonen können die Zahl der Verkehrsunfälle und der verletzten Personen um 20 bis 30 Prozent senken, Fahrradfahrer:innen und Fußgänger:innen haben höhere Überlebenschancen.

Menschen, die den öffentlichen Nahverkehr nutzen, sind schlanker, fitter und bewegen sich drei- bis viermal mehr als Autofahrer, zeigt eine Studie aus den USA.

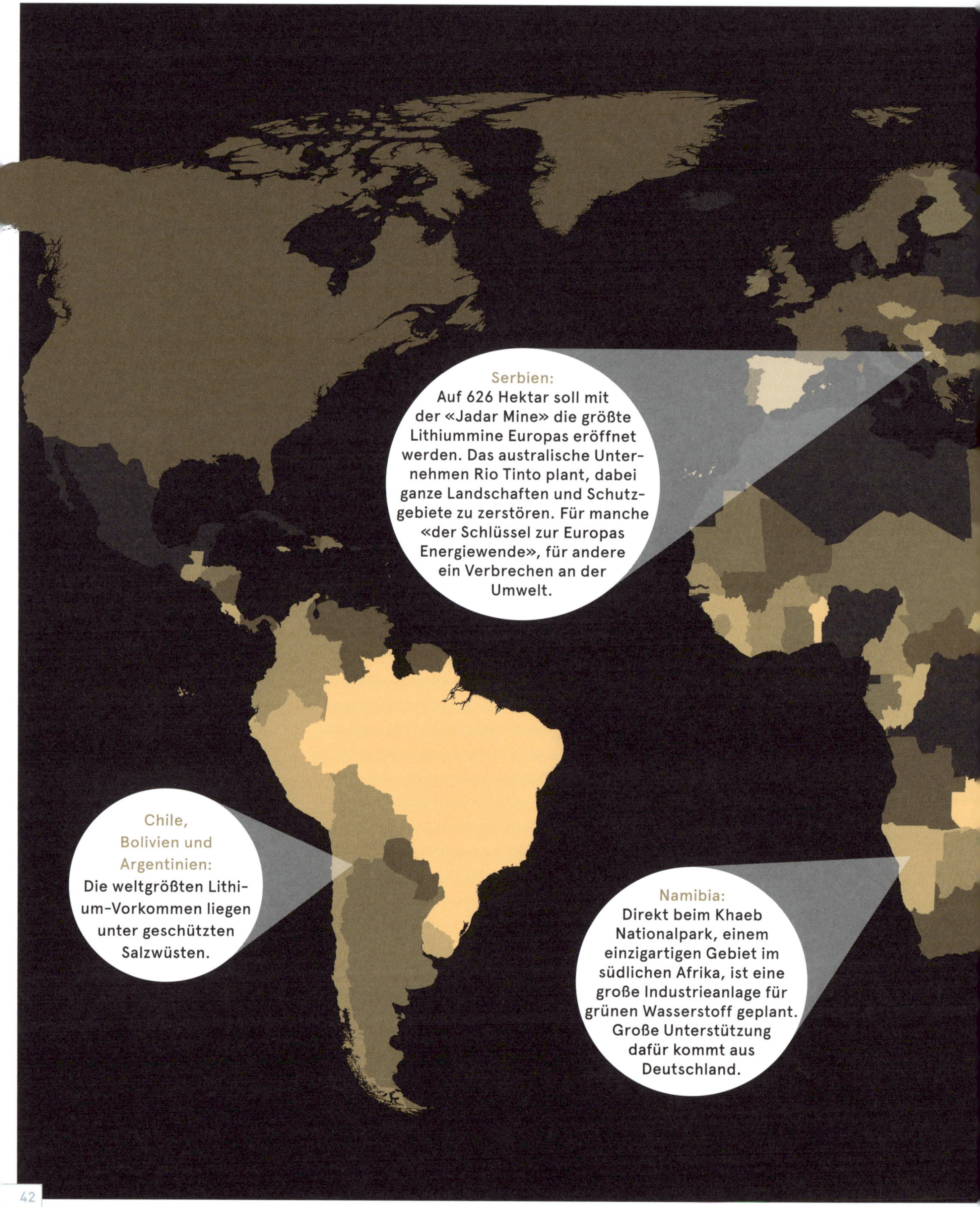
Serbien:
Auf 626 Hektar soll mit der «Jadar Mine» die größte Lithiummine Europas eröffnet werden. Das australische Unternehmen Rio Tinto plant, dabei ganze Landschaften und Schutzgebiete zu zerstören. Für manche «der Schlüssel zur Europas Energiewende», für andere ein Verbrechen an der Umwelt.
Chile, Bolivien und Argentinien:
Die weltgrößten Lithium-Vorkommen liegen unter geschützten Salzwüsten.
Namibia:
Direkt beim Khaeb Nationalpark, einem einzigartigen Gebiet im südlichen Afrika, ist eine große Industrieanlage für grünen Wasserstoff geplant. Große Unterstützung dafür kommt aus Deutschland.

Ausbeuterische Zukunft

80 Prozent der Orte, an denen eine besondere und schützenswerte Artenvielfalt zu finden ist, wurden bereits durch Infrastrukturprojekte beschädigt. Ob durch Straßen, Ölpipelines oder Kraftwerke, an diesen «Key Biodiversity Areas» ist bereits eine Geschichte der Zerstörung geschrieben worden. Mit Blick auf die Zukunft sieht es dabei schlecht aus: Die Karte zeigt artenreiche Regionen, in denen neue Infrastrukturprojekte geplant sind. Absehbar werden also noch deutlich mehr biodiverse Gebiete bedroht werden. Die Zahl der schützenswerten Gebiete, in denen Minen eröffnet werden sollen, wird etwa um 292 Prozent zunehmen. Bei einem Drittel der neuen Minen geht es um Mineralien, die für die Energiewende gebraucht werden. Der größte Anteil an Minen allerdings dreht sich weiterhin um fossile Energien. Die meisten neuen Projekte in artenreichen Gebieten sollen im globalen Süden gebaut werden. In vielen Fällen werden durch die Eröffnung von Minen auch die Lebensräume von indigenen Menschen bedroht.

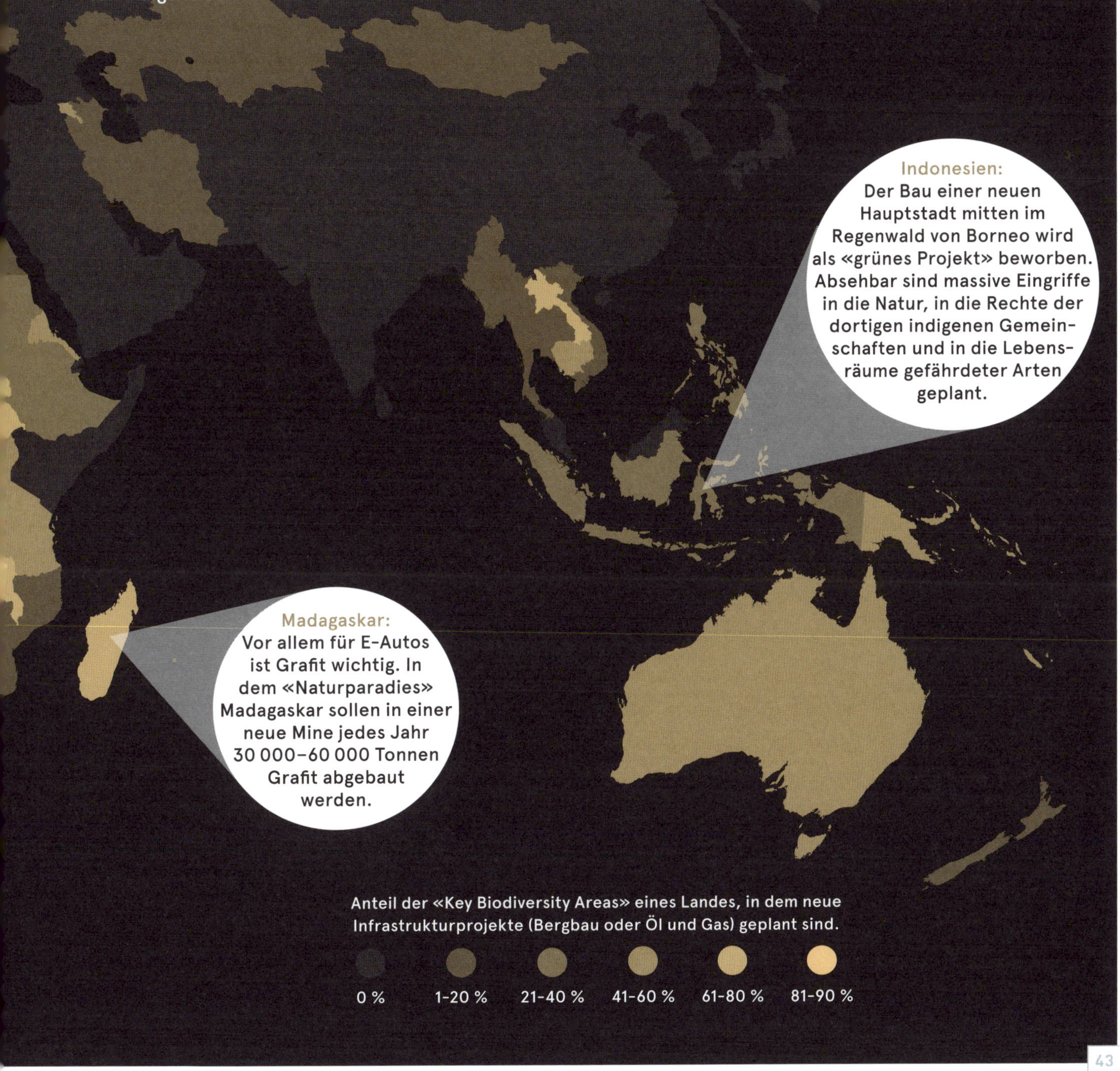

Eine salzige Suppe

«Der blaue Planet» wird die Erde gern genannt, besteht ihre Oberfläche doch zu rund zwei Dritteln aus Wasser. Nur leider befindet sich der allergrößte Teil davon in den Meeren, ist also salzig und ohne extrem kosten- und energieintensive Entsalzungsverfahren nicht trinkbar. Selbst der kleine Süßwasser-Anteil lässt sich kaum nutzen, weil er dauerhaft gefroren ist oder als Grundwasser so tief in der Erde liegt, dass niemand herankommt. Wasser ist auf der Erde somit allgegenwärtig und doch sehr, sehr kostbar.

Salzwasser
97,5 %

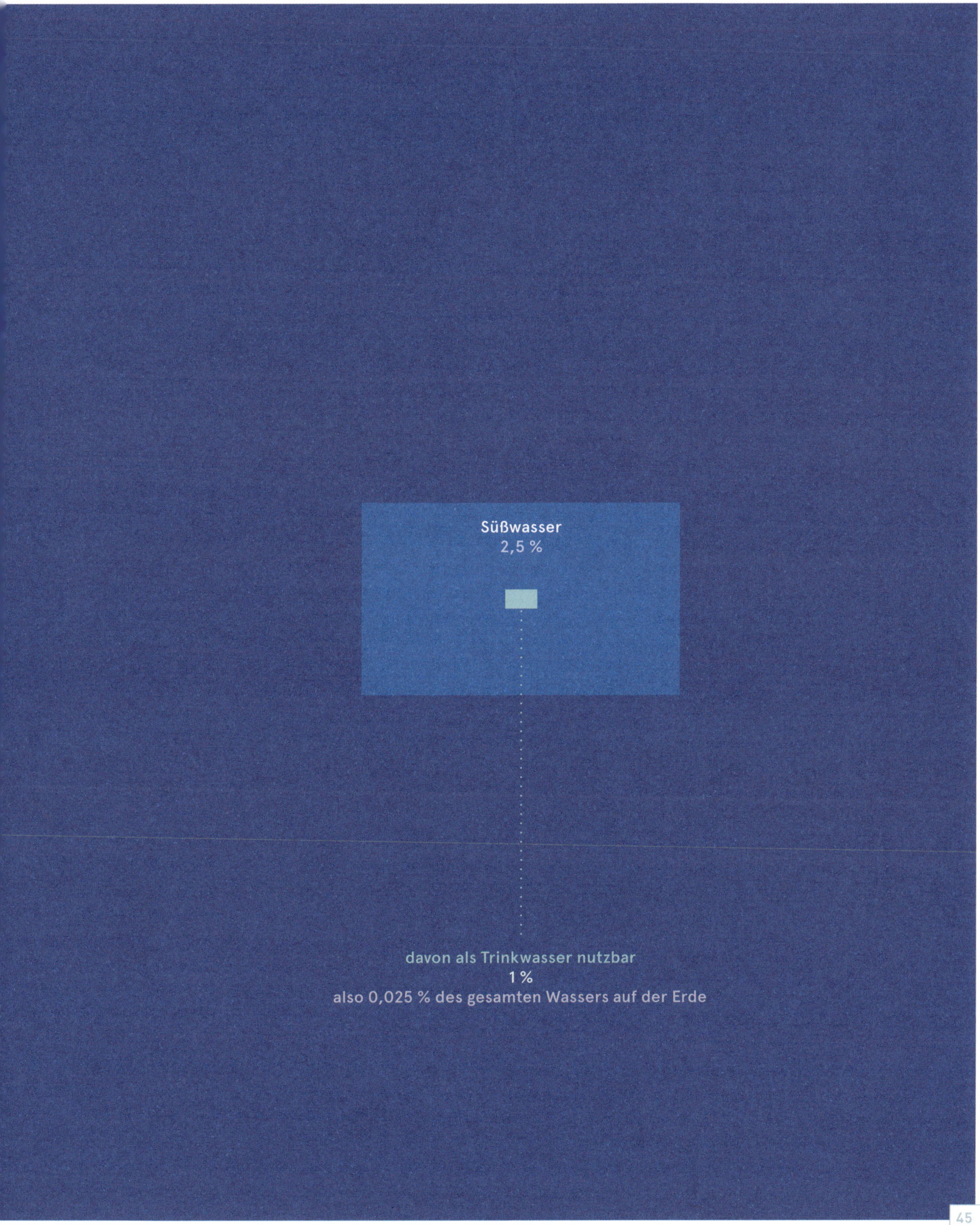
Süßwasser
2,5 %
davon als Trinkwasser nutzbar
1 %
also 0,025 % des gesamten Wassers auf der Erde

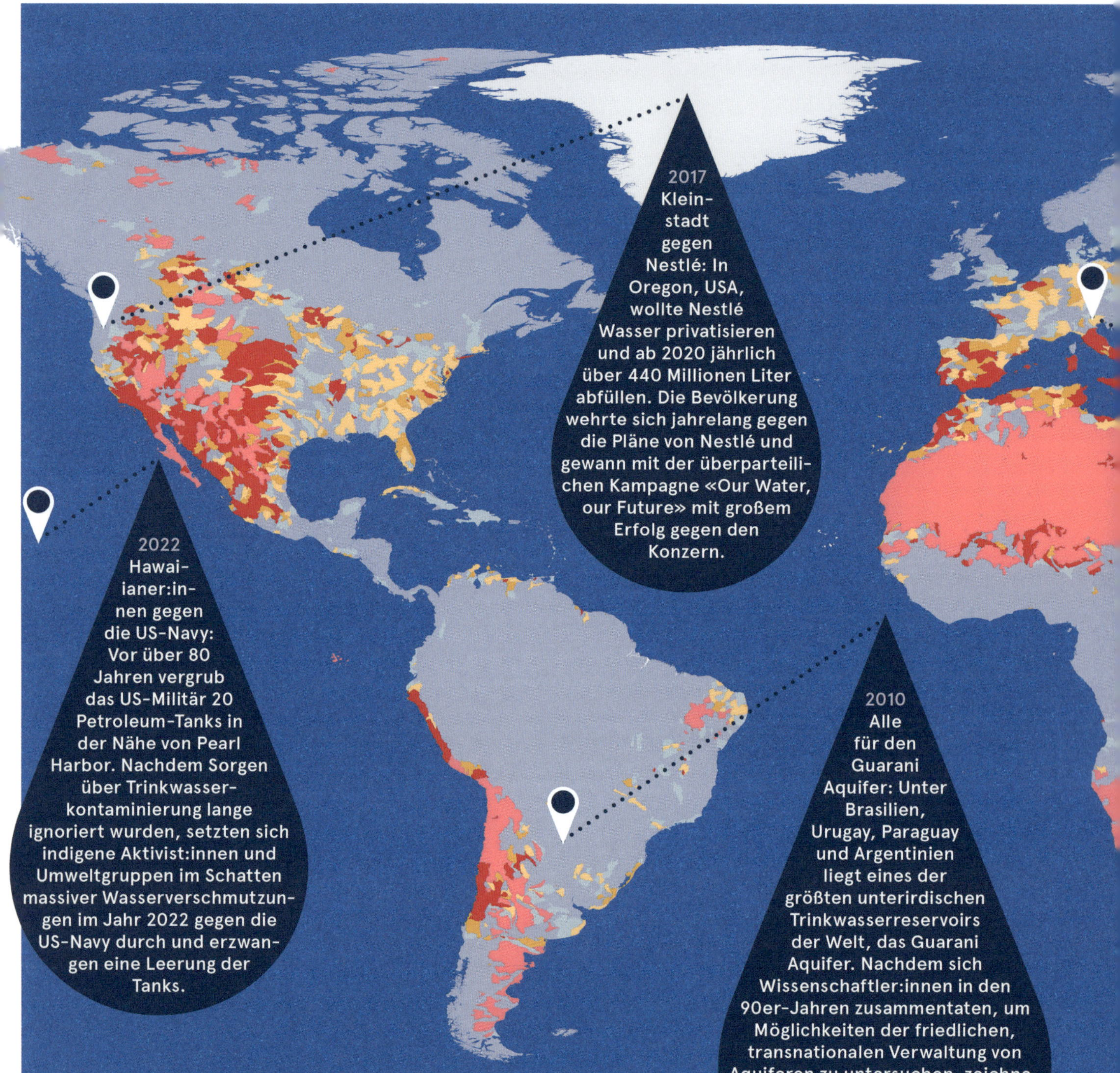

Wasser und Widerstand

Es ist nicht zu übersehen: Wasserknappheit wird zur wachsenden Gefahr, und zwar für Milliarden Menschen auf der Welt. *Die* eine Lösung dazu gibt es nicht, schon gar nicht, solange die Klimakrise die weltweite Wasserkrise ungehindert beschleunigt. Und gleichzeitig schreiben Menschen schon heute überall auf der Welt Geschichten des Wasser-Widerstandes, im Kleinen und Großen. Einige von Millionen Beispielen erzählen wir hier. Sie alle zeigen, wie aus Betroffenheit Kraft erwachsen kann und wie viele Hebel und Ansatzpunkte es gibt, das Ruder herumzureißen.

2017
Kleinstadt gegen Nestlé: In Oregon, USA, wollte Nestlé Wasser privatisieren und ab 2020 jährlich über 440 Millionen Liter abfüllen. Die Bevölkerung wehrte sich jahrelang gegen die Pläne von Nestlé und gewann mit der überparteilichen Kampagne «Our Water, our Future» mit großem Erfolg gegen den Konzern.

2022
Hawaianer:innen gegen die US-Navy: Vor über 80 Jahren vergrub das US-Militär 20 Petroleum-Tanks in der Nähe von Pearl Harbor. Nachdem Sorgen über Trinkwasserkontaminierung lange ignoriert wurden, setzten sich indigene Aktivist:innen und Umweltgruppen im Schatten massiver Wasserverschmutzungen im Jahr 2022 gegen die US-Navy durch und erzwangen eine Leerung der Tanks.

2010
Alle für den Guarani Aquifer: Unter Brasilien, Urugay, Paraguay und Argentinien liegt eines der größten unterirdischen Trinkwasserreservoirs der Welt, das Guarani Aquifer. Nachdem sich Wissenschaftler:innen in den 90er-Jahren zusammentaten, um Möglichkeiten der friedlichen, transnationalen Verwaltung von Aquiferen zu untersuchen, zeichneten alle beteiligten Staaten im Jahr 2010 ein Wasser-Abkommen – bis heute wird es als Beispiel für die Vermeidung von «water wars» genutzt.

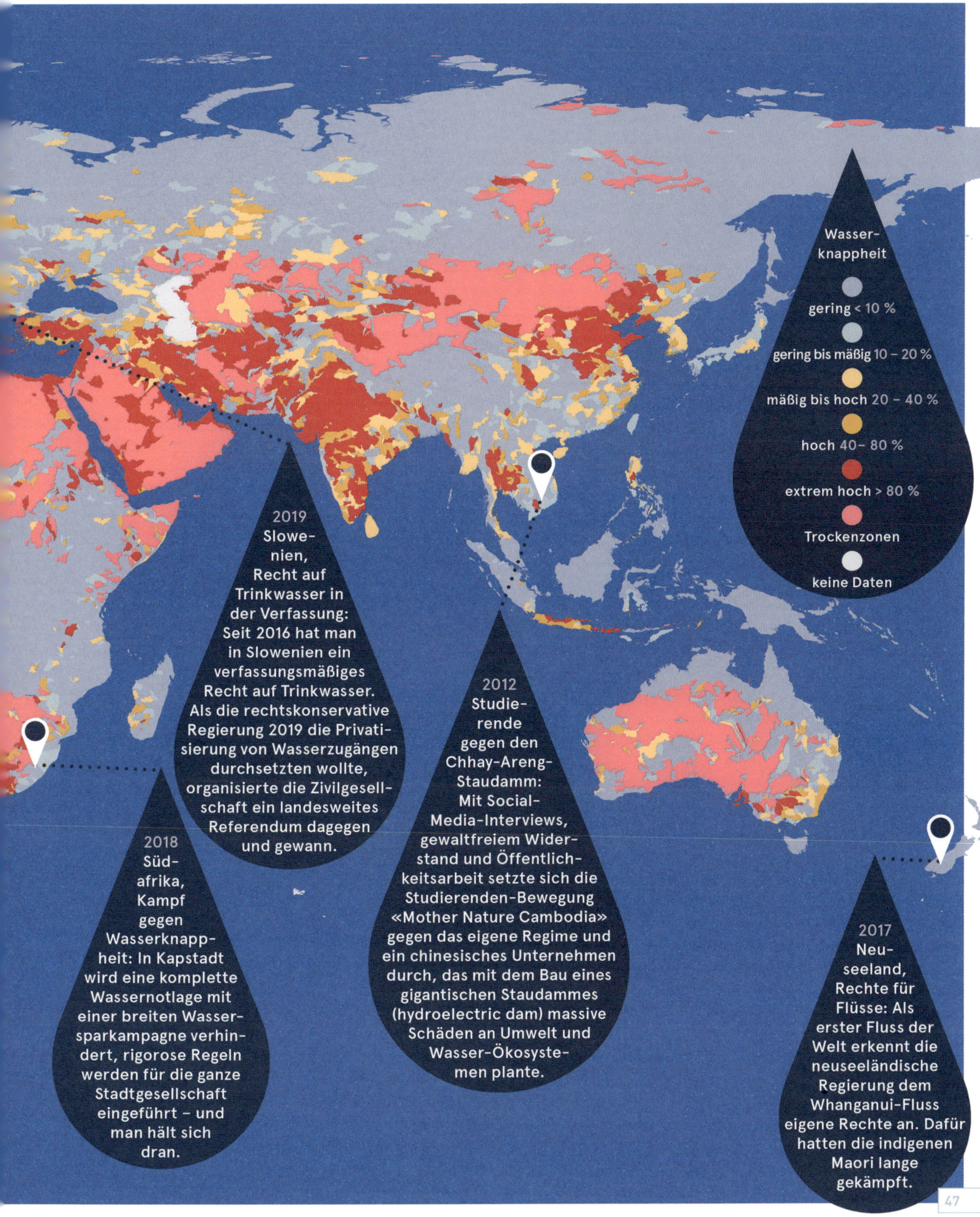
Wasser-
knappheit
gering < 10 %
gering bis mäßig 10 – 20 %
mäßig bis hoch 20 – 40 %
hoch 40– 80 %
extrem hoch > 80 %
Trockenzonen
keine Daten
2019
Slowe-
nien,
Recht auf
Trinkwasser in
der Verfassung:
Seit 2016 hat man
in Slowenien ein
verfassungsmäßiges
Recht auf Trinkwasser.
Als die rechtskonservative
Regierung 2019 die Privati-
sierung von Wasserzugängen
durchsetzten wollte,
organisierte die Zivilgesell-
schaft ein landesweites
Referendum dagegen
und gewann.
2012
Studie-
rende
gegen den
Chhay-Areng-
Staudamm:
Mit Social-
Media-Interviews,
gewaltfreiem Wider-
stand und Öffentlich-
keitsarbeit setzte sich die
Studierenden-Bewegung
«Mother Nature Cambodia»
gegen das eigene Regime und
ein chinesisches Unternehmen
durch, das mit dem Bau eines
gigantischen Staudammes
(hydroelectric dam) massive
Schäden an Umwelt und
Wasser-Ökosyste-
men plante.
2018
Süd-
afrika,
Kampf
gegen
Wasserknapp-
heit: In Kapstadt
wird eine komplette
Wassernotlage mit
einer breiten Wasser-
sparkampagne verhin-
dert, rigorose Regeln
werden für die ganze
Stadtgesellschaft
eingeführt – und
man hält sich
dran.
2017
Neu-
seeland,
Rechte für
Flüsse: Als
erster Fluss der
Welt erkennt die
neuseeländische
Regierung dem
Whanganui-Fluss
eigene Rechte an. Dafür
hatten die indigenen
Maori lange
gekämpft.

Dann ziehen wir halt auf den Mars?!

Die Menschen haben die Erde so sehr verändert, dass das Leben auf ihr immer schwieriger wird. Die Verhältnisse auf dem Mars müssten allerdings grundlegend anders sein, um es auch nur theoretisch für einzelne Menschen möglich zu machen, dort längere Zeit zu verbringen. Der Traum vom Auszug auf den Mars wird so beim genaueren Hinschauen immer mehr zu einem unrealistischen Albtraum.

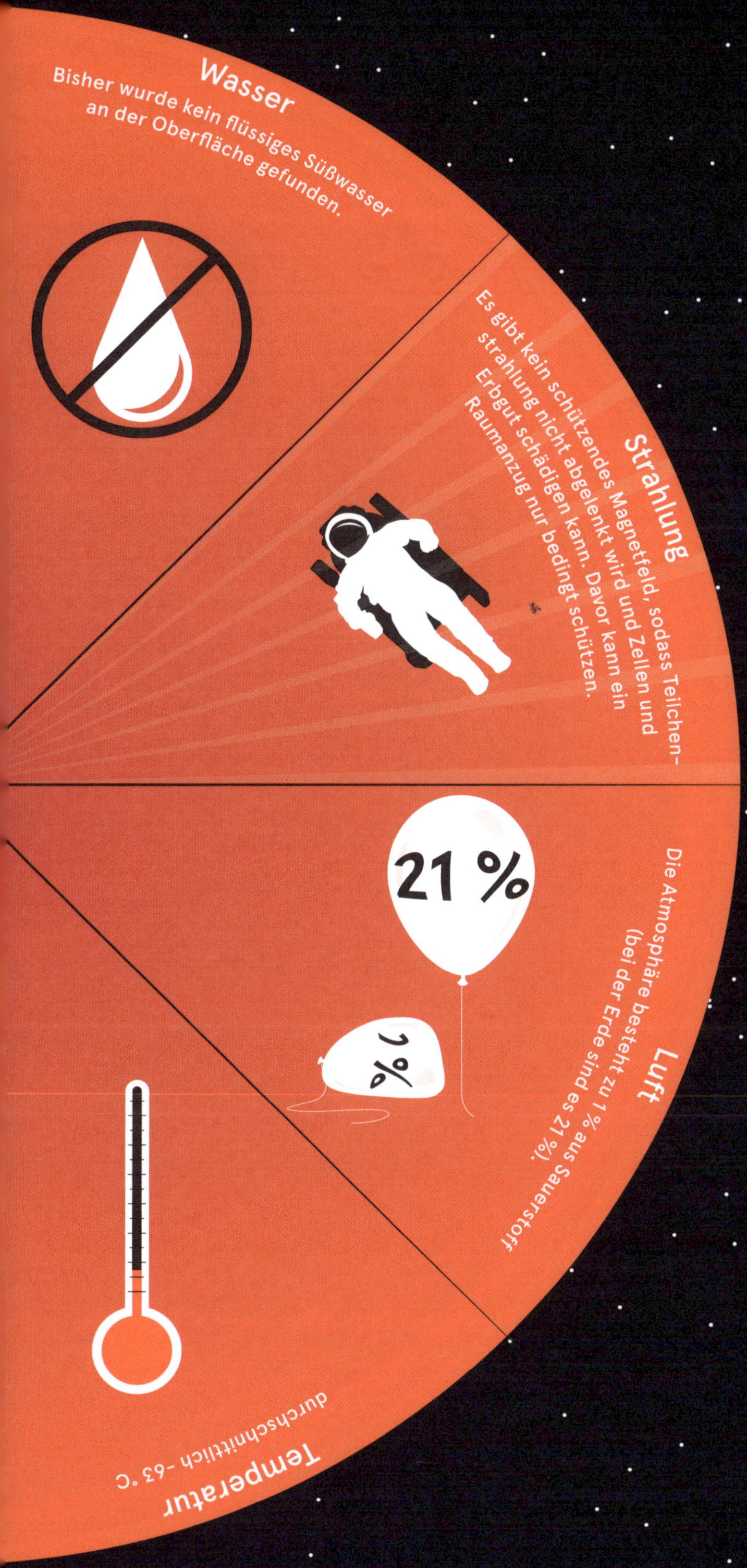

Fazit:
Wir haben diese Informationen in ein hochseriöses, mathematisch sehr komplexes Rechenmodell gepackt. Ergebnis: In ca. 100 000 Jahren haben wir die Erde so weit ruiniert, dass es sich auf dem Mars tatsächlich angenehmer lebt. Eventuell.

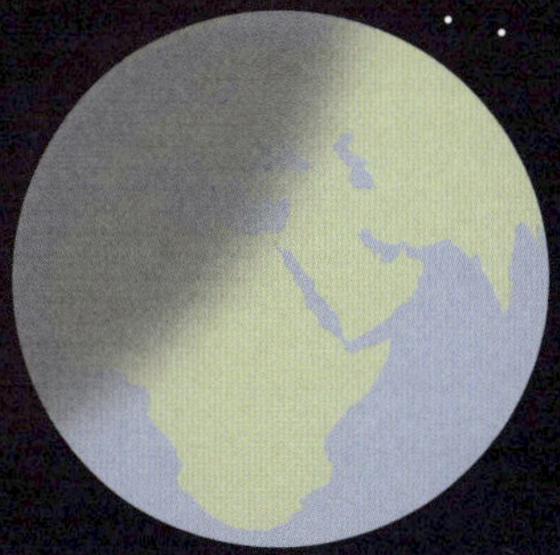

3 Ökologischer Wandel

Ach, hätten wir doch einfach nur den Klimawandel zu bewältigen. Was wäre das für eine Erleichterung! Wir hätten zwar große Probleme, wir hätten genau genommen Probleme mit den Treibhausgasen, die wir in zu großen Mengen in die Atmosphäre pumpen und die dort für die Erderhitzung sorgen. Aber mittlerweile kann man die meisten CO_2-intensiven Mechanismen ersetzen. Wenn man alle Kräfte schlicht darauf lenken könnte, die Probleme mit den Treibhausgasen, vor allem Methan und CO_2, in den Griff zu bekommen ... Man müsste nicht mal Optimist:in sein, um hier ein gutes Ende zu erahnen.

Leider ist der Klimawandel, den die meisten Menschen als Anstieg der globalen Durchschnittstemperatur verstehen, in gewisser Weise nur die Spitze des Eisbergs (Seite 52–57). Ohne an Metaphern zu sparen, zeigt dieses Kapitel, dass der Klimawandel ein Teil von einem viel größeren Problem ist: dem viel umfassenderen ökologischen Kollaps, der droht, unsere Erde vollständig aus dem Gleichgewicht zu bringen. Wenn man sich unter Klimawandel vorstellt, dass jemand die Heizung hochdreht, dann heißt der ökologische Kollaps in etwa, dass nebenbei das Heizungsrohr platzt, die Gardinen Feuer fangen, unterm Teppich eine invasive Art hervorkriecht, die Decke runterkommt und der Mietvertrag gekündigt wird. Die Kaution: reicht bei diesen Schäden vorne und hinten nicht.

Ein Team um den Klimaforscher Johan Rockström hat 2009 dazu das Modell der «planetaren Grenzen» entwickelt (Seite 56/57). Diese neun Grenzen definieren jeweils eine Art ökologischer Sicherheitszone, innerhalb deren das Gleichgewicht von Menschheit und Planet gewahrt werden kann. Wie viel Plastikverschmutzung verkraftet der Planet? Wie viele ausgestorbene Arten? Wie viel Klimawandel? Die Bilanz ist desaströs: Sechs von neun dieser planetaren Grenzen sind laut der Wissenschaft bereits gerissen. Sie machen deutlich, wie naiv es wäre, «das Klimaproblem» lediglich als ein Problem von CO_2 und Co. zu verstehen. Vielmehr geht es um Fragen von Ressourcen und Lebensräumen. Wie verhindern wir die Erderwärmung und schützen gleichzeitig fruchtbare Böden, das Trinkwasser, die Arten, die Luft?

Denn es ist gerade der Blick auf die Ökologie, der die Suche nach Lösungen erst so richtig kompliziert macht. Das vielleicht bekannteste Dilemma im Ökologie-Klima-Komplex ist die Sache mit den Windrädern. Dürfen Windräder auch dann gebaut werden, wenn ihr Strom zwar hilft, die Emissionen zu senken, aber gleichzeitig eine Gefahr für Vögel darstellt? Ausgerechnet dieses Dilemma ist mit Blick auf die Zahlen längst keines mehr (Seite 62/63). An vielen Stellen in diesem Atlas steht die Frage im Raum: Wie schützen wir A, ohne B kaputt zu machen? Wer die Ökologie aus dem Blick verliert, der droht einerseits auf falsche Versprechen hereinzufallen: Das wären etwa Zaubertechnologien, die ein paar großen Konzernen die Emissionen abnehmen, aber nebenbei Unmengen an Trinkwasserverbrauch, Bodenversiegelung und Artengefährdung nach sich ziehen. Andererseits läuft man aber auch Gefahr, existierende Lösungen zu übersehen. Denn die Natur weiß selbst ganz offenkundig am besten, wie Gleichgewichte wiederhergestellt werden können. Einige Krisen blieben uns wohl erspart, würden wir nur auf sie hören und die Kraft der Maschinen weniger routiniert der Kraft der Ökologie vorziehen. Denn wie zum Beispiel der Blick auf den deutschen Wald zeigt, wäre es fatal, davon auszugehen, dass reduzierte Emissionen und neue Technologien alleine unsere Lebensgrundlagen ausreichend beschützen werden (Seite 66/67).

Je tiefer und brutaler die menschlichen Eingriffe in die ökologischen Systeme sind, desto länger dauert es, bis sie sich wieder erholen (Seite 60/61). Dass es eigentlich auch ganz schnell gehen könnte, wenn wir die Natur nur machen ließen, zeigen uns die Moore – die definitiv mehr Aufmerksamkeit verdienen (Seite 64/65).

Der Klimawandel …

Polkappen schmelzen.

… ist nur die Spitze …

Hurrikans

Stürme

Gletscher brechen ab

Polkappen

Ernteausfälle

Versalzung

Böden trocknen aus

schmelzen

Überflutungen

von Flüssen

Waldbrände

… des Eisbergs

Ozeanversauerung

Ozonabbau in

Atmosphärische Aerosolbelastung (durch Luftverschmutzung)

Klima-

Veränderung der Belastbarkeit der Biosphäre (Verlust der Artenvielfalt und Artensterben)

Verknappung

der Stratosphäre

Biogeochemische Flüsse (Phosphor- und Stickstoffkreisläufe)

wandel

Landsystemveränderung (z. B. Abholzung)

von Süßwasser

Einführung neuartiger Entitäten (z. B. Plastik- oder Atommüll)

Es ist nicht nur der Eisbär

Eisbär, Panda, Pinguin: Die Klimakrise hat ihre eigenen Aushängeschilder. Das ist ungemein nützlich, aber hochgradig ungerecht. Klar, die hübschen, süßen Star-Tiere generieren Aufmerksamkeit für die Weltrettung. Aber dabei werden ganz viele Tiere übersehen, deren Lebensraum ebenso schwindet – die aber zugegebenermaßen nicht ganz so niedlich aussehen. Eine Auswahl der hässlichsten unter den bedrohten Arten:

Nasenaffe
Borneo

Kihansi-Gischtkröte
Tansania

Riesengoldmull
Südafrika

Chinesischer Stör
Chinesisches Meer

Fingertier
Madagaskar

Waldrapp
Mittelmeerraum, Mitteleuropa

Kappengeier
Südliches und westliches Afrika

Bogenstirn-Hammerhai
Atlantik, Pazifik, Indischer Ozean

Streifenhyäne
Afrika und Teile Asiens

Rundschwanzseekuh
Amerikanische und afrikanische Atlantikküste

Wenn's mal wieder länger dauert

Der Schaden ist oft schnell angerichtet. So lange braucht die Natur anschließend, um sich zu regenerieren:

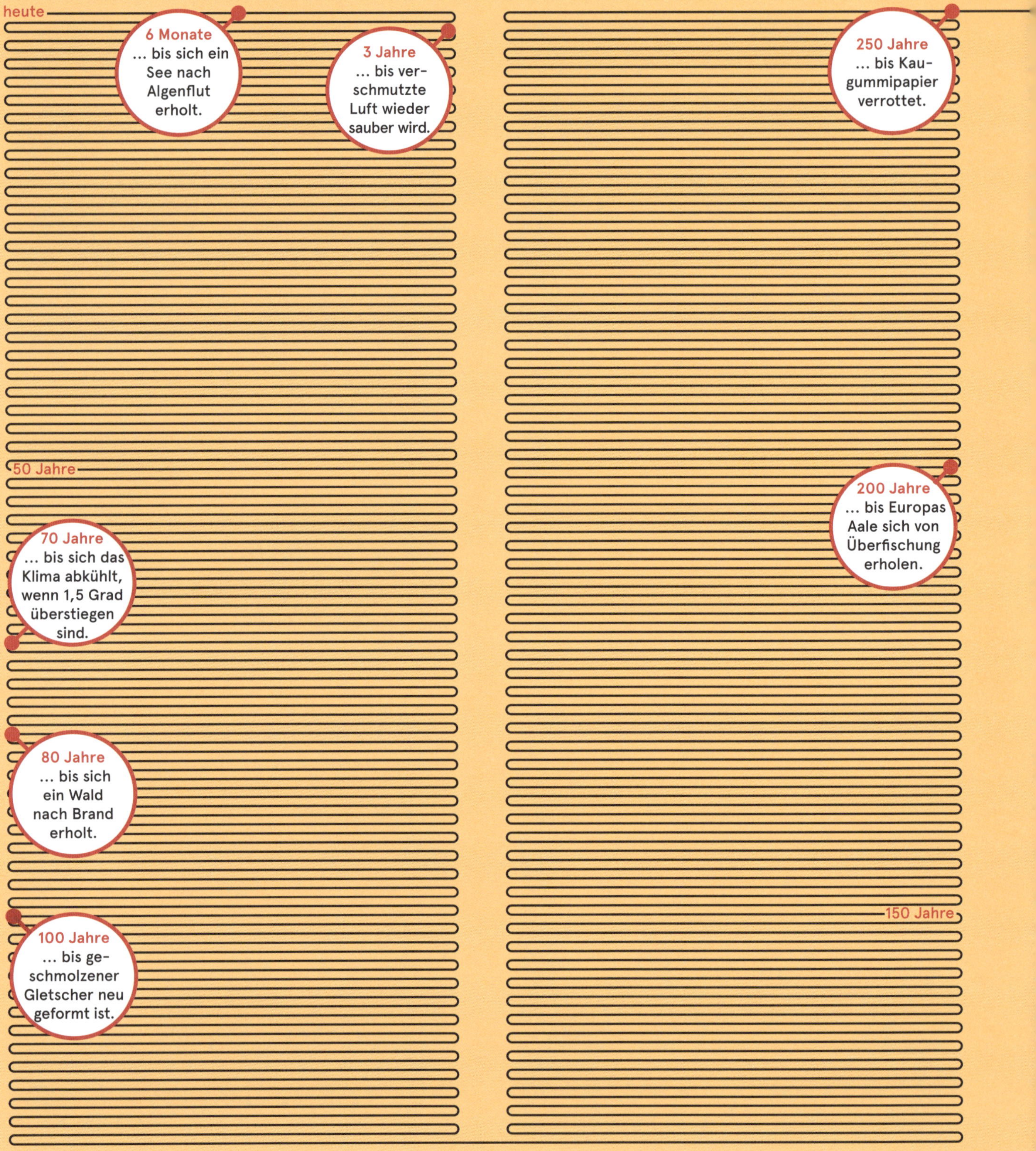

1 Jahr
nie
… bis eine ausgestorbene Art wiederkommt.
300 Jahre
… bis CO_2 aus der Atmosphäre verschwindet.
450 Jahre
… bis eine Plastikflasche zersetzt ist.
350 Jahre
400 Jahre

Falsch verdächtigt

Um Windräder zu verhindern, argumentieren Windkraftgegner:innen häufig mit dem Vogelschutz. Dabei belegt eine Studie des Ökonomen Erik Katovich von der Uni Genf: Die weit größere Gefahr geht vom Abbau fossiler Rohstoffe aus.

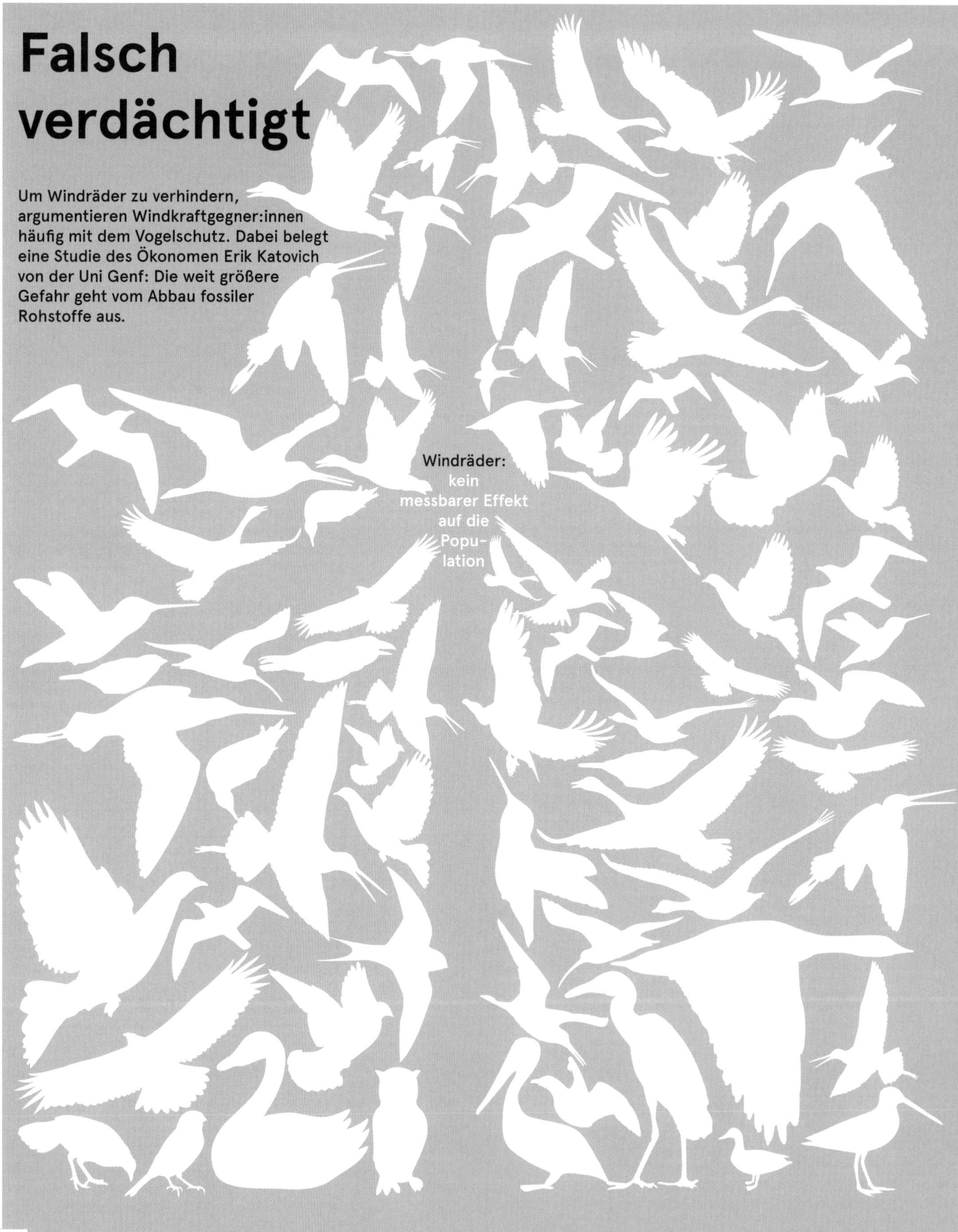

Öl- und Gasförderung:
Örtliche Vogelpopulationen
schrumpfen
um 15 Prozent.

Gimme Moore!

Ein effektiver Schutz der Moore gehört zu den wichtigsten und vergleichsweise einfachen Maßnahmen, um CO_2-Emissionen zu vermeiden und das Klima zu schützen. Politisch ist das Thema aber äußert unsexy. Das zeigen die Reden im Bundestag, die wir ausgewertet haben. Die natürlichen CO_2-Speicher bekommen dort viel weniger Aufmerksamkeit als ihr künstliches Pendant, das sogenannte Carbon Capture and Storage (CCS). Dabei ist diese technische Lösung zum Einfangen und Speichern von CO_2 bislang kaum über das Ideenstadium hinausgekommen.

Bundestagsreden zum
Thema CO_2-Speicherung:
868*

Weltweit mit CCS gespeichertes
CO_2 im Jahr 2024:
46 Millionen Tonnen,
also 0,046 Milliarden Tonnen

*seit Beginn der Legislaturperiode im Oktober 2021

1 Bundestagsrede
1 Milliarde Tonnen gespeichertes CO_2
Bundestagsreden
zum Thema Moore:
84*
In Mooren weltweit
gespeichertes CO_2:
2200 Milliarden Tonnen

Habe Land, suche Wald

Knapp ein Drittel des gesamten Bundesgebiets ist mit Wald bedeckt – noch. Für die vorherrschenden Arten Fichte, Kiefer und Buche wird es in Deutschland bis Ende des Jahrhunderts unwirtlich, vor allem durch die weltweite Erwärmung. Insbesondere Trockenheit, Hitzestress und Schädlinge wie der Borkenkäfer setzen den Bäumen zu. Deutschlands Wald stirbt. Eine Zukunft hat er nur, wenn wir ihn komplett neu erfinden. Mit Arten, die besser mit den neuen klimatischen Bedingungen zurechtkommen. Eine Zukunftshoffnung ist ausgerechnet die Aleppo-Kiefer, die eigentlich an den Küsten des Mittelmeers zu Hause ist.

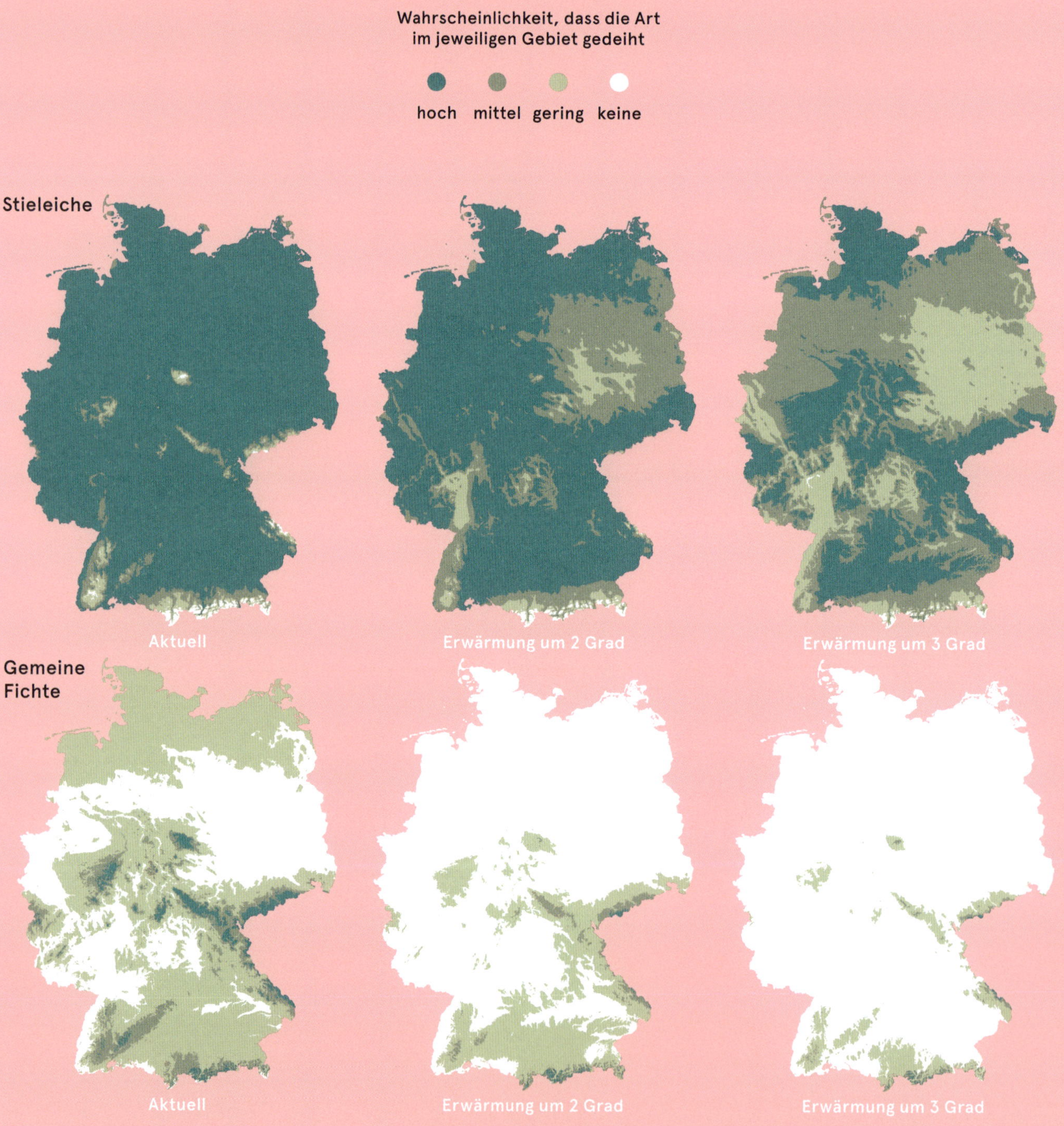

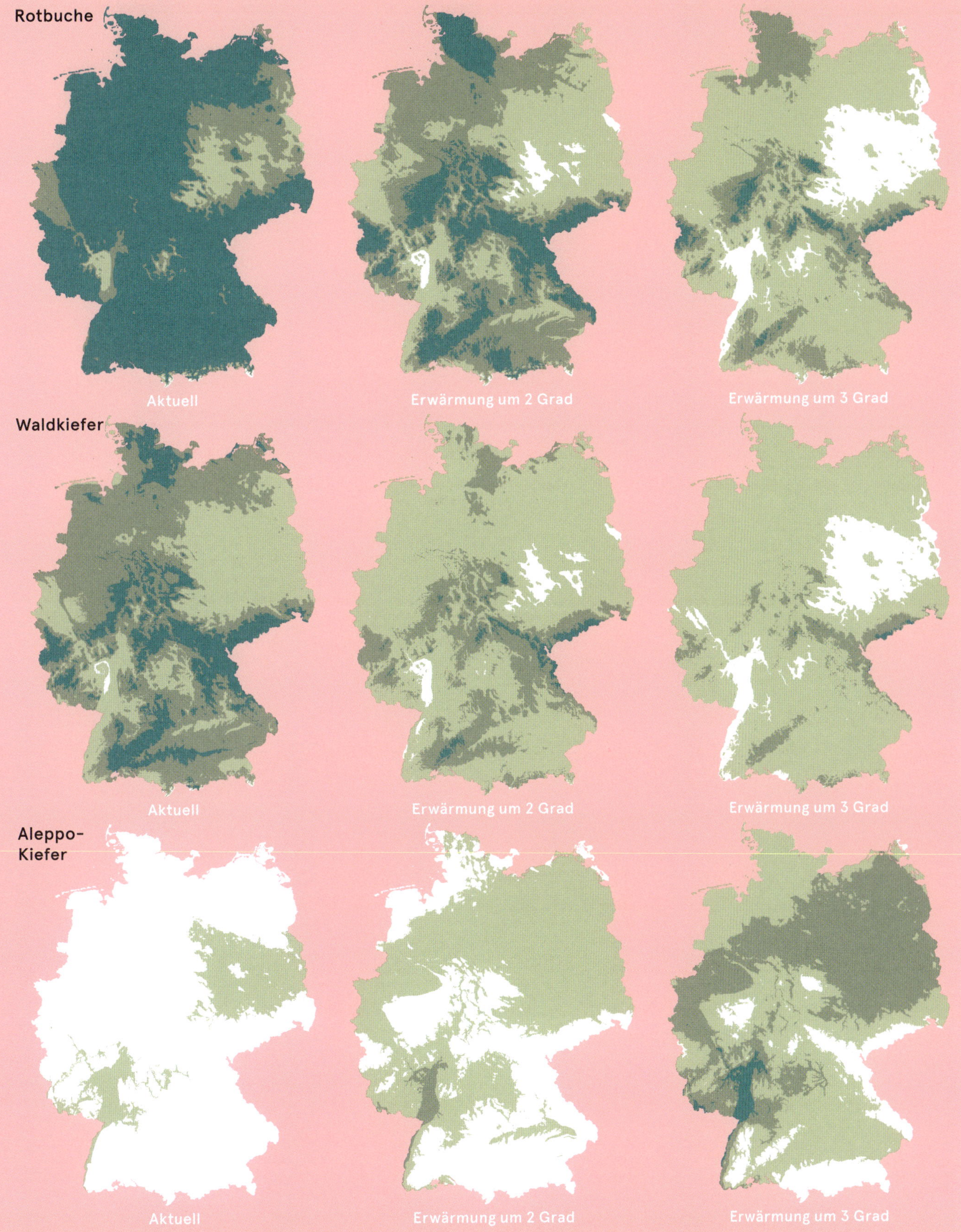
Rotbuche
Aktuell
Erwärmung um 2 Grad
Erwärmung um 3 Grad
Waldkiefer
Aktuell
Erwärmung um 2 Grad
Erwärmung um 3 Grad
Aleppo-
Kiefer
Aktuell
Erwärmung um 2 Grad
Erwärmung um 3 Grad

Rockstar-Pflanzen

Nicht nur Technologien liefern Innovationen, sondern auch Pflanzen. Überall auf der Welt erleben wir Arten, die uns vorleben, wie man sich gegen die Klimakrise behauptet. Und schon heute werden Klimakatastrophen einzig durch die Kraft der Pflanzen verhindert, die uns mit ihren CO_2-Speicherkräften schützen.

Neptungras
(Posidonia oceanica)

Es wächst im Mittelmeer, ist aber kein Gras, sondern eine Blumenpflanze. Es bietet Lebensraum für zahllose Arten und speichert CO_2. Seegraswiesen sind damit echte «grüne Lungen» und können auf derselben Fläche doppelt so viel CO_2 speichern wie ein tropischer Regenwald.

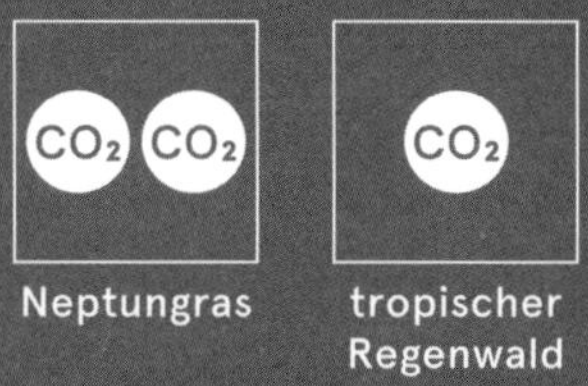

Wird Neptungras getrocknet, kann es als hocheffektives Dämmmaterial genutzt werden.

Robinie
(Robinia pseudoacacia)

Forscher:innen haben herausgefunden, dass Robinien in Städten einen außergewöhnlich kühlenden Effekt haben.

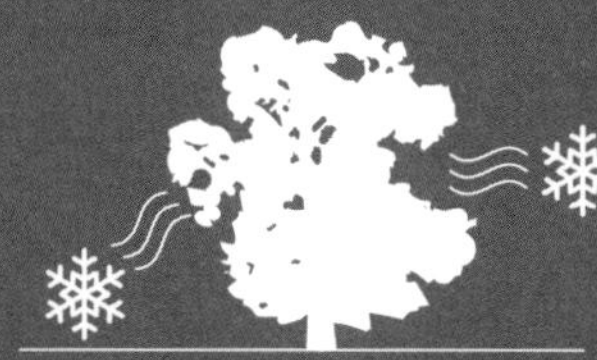

Wenn es besonders heiß und trocken ist, wirken sie als ökologische Klimaanlage: Sie kühlen den Boden und die Luft, pro Baum entspricht das der Leistung von bis zu zehn Klimaanlagen, dabei verbrauchen sie selbst kaum Wasser.

Mangroven

Mangrovenwälder speichern auf derselben Fläche bis zu viermal so viel CO_2 wie ein tropischer Regenwald.

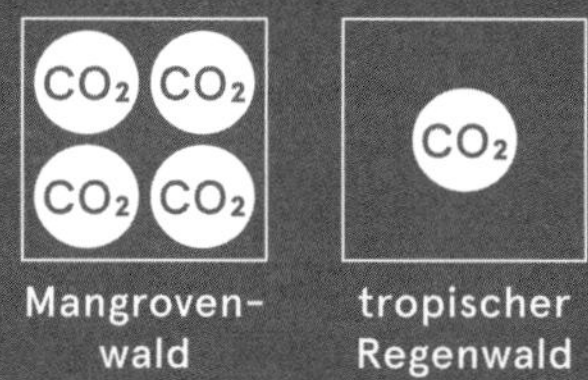

Entscheidend ist dabei ihre Fähigkeit, Kohlenstoff über Tausende Jahre im Boden zu speichern. Ihre Wurzelsysteme schützen Küsten und können Salzwasser aufnehmen, filtern und für sich nutzen.

Silberlinde

(Tilia tomentosa)

Die Blätter der Silberlinde stechen hervor: Sie sind von unten silbrig und weich. Bei hoher Sonneneinstrahlung dreht die Silberlinde die Blätter um und sorgt dafür, dass die helle Oberfläche die Sonnenstrahlen besser reflektiert und der Baum sich nicht so stark aufheizt.

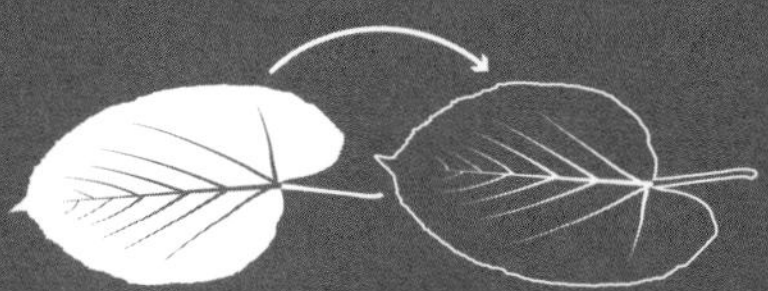

So kühlt die Linde sich um zwei bis drei Grad herunter und kann sich erfolgreich gegen Hitzeschäden wehren.

In ihren Knospen sind Stoffe, die in der Medizin gegen Schlafstörungen und Unruhe eingesetzt werden können.

Algen

Sie tragen mit ihren CO_2-Speicherfähigkeiten dazu bei, die Ozeane zu «grünen Lungen» zu machen. Aus bestimmten Mikroalgen kann 20-mal mehr Biokraftstoff hergestellt werden als aus Raps.

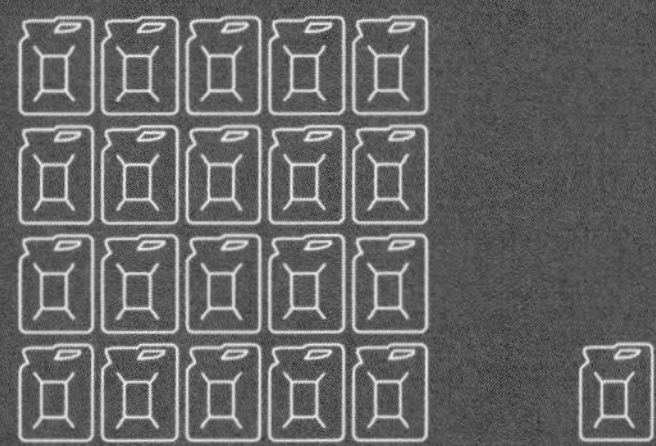

Viele Algen können getrocknet zu Lebensmitteln weiterverarbeitet werden.

Moose

Gerade in Städten können Moose Welten bewegen. Sie wachsen auf asphaltierten Flächen, eignen sich daher für die Begrünung in betonierten Innenstädten.

Sie halten sogar Minusgrade aus, binden CO_2 und filtern Rußpartikel aus der Luft.

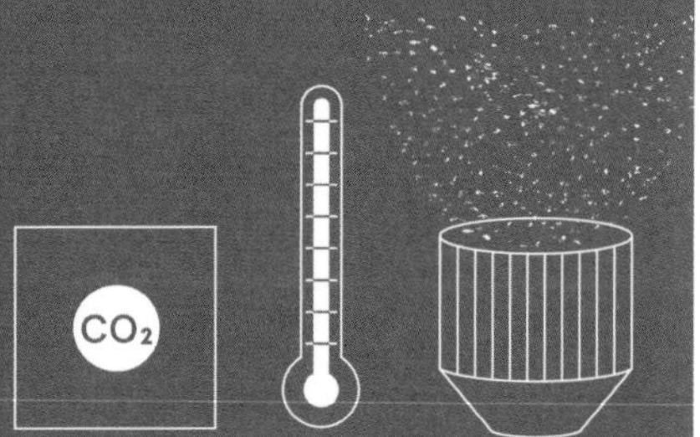

4 Gesundheitlicher Wandel

Es ist ein Leichtes, sich in der Klimakrise zu verlieren. Die Lage ist mehr als komplex, die Dynamiken, die Ursachen und Folgen flitzen mitunter wild durcheinander: CO_2-Moleküle sorgen in der Atmosphäre für eine Erhitzung, an manchen Orten wird es allerdings kühler, der Ozean dehnt sich durch die zusätzliche Wärme aus, an anderen Stellen fehlt auf einmal das Wasser, so geht es endlos weiter. Und nichts davon scheint sich an irgendeinen Rhythmus oder Takt zu halten: Bis ein Gletscher vollständig verschwindet, kann es Jahrhunderte dauern, ein Fluss kann innerhalb weniger Jahre versalzen und so den Lebensraum zahlloser Arten von jetzt auf gleich zunichtemachen. Kurz, das Klima ist kompliziert. Meistens zumindest. In dem Augenblick aber, in dem man den Blick von dem Planeten auf den Menschen lenkt, da wirkt die Lage plötzlich seltsam sortiert. Da stellt sich nämlich schnell heraus: Die Klimakrise ist im Kern eine Gesundheitskrise.

Die Leidtragenden der globalen Klimakatastrophe sind in allererster Linie nicht die Moleküle in einer veränderten Atmosphäre, sondern – neben den Tieren und Pflanzen – wir alle. Wohin man auch schaut – ob auf die mentale Gesundheit (Seite 74/75) oder die Hitze in Städten (Seite 80/81) –, immer wieder treffen die Folgen der Klimakrise die Menschen direkt und in größter Brutalität. Auch die Nahrungsmittelsicherheit ist bei steigenden Temperaturen in Gefahr (Seite 84/85). Umgekehrt kann eine gesunde Ernährung dazu beitragen, Treibhausemissionen zu senken und Lebensgrundlagen zu schützen – daher werfen wir in diesem Kapitel auch einen Blick aufs Essen und Kochen. An dieser und vielen anderen Stellen in der Klima-Gesundheitskrise prallen nicht nur Planet und Mensch aufeinander, sondern auch Kulturen, Gefühle und Gewohnheiten. Halten wir fest: In kaum einem Bereich zeigt sich die Klimakrise derart schwarz und weiß. Alle Menschen auf der Welt sind von der Klimakrise gesundheitlich betroffen. Spätestens durch die Tatsache, dass 99 Prozent der Weltbevölkerung verdreckte Luft einatmen. Und gleichzeitig sind nicht alle Menschen gleichermaßen betroffen. Je reicher man etwa ist, desto mehr Schutz vor gesundheitlichen Schäden kann man sich leisten (Seite 80/81).

So evident, wie die Lage in Sachen Gesundheit ist, verwundert es, dass politisch bis heute beim Klimaschutz meist von «dem Klima» oder «der Natur» gesprochen wird. Dabei zeigen die Zahlen vielmehr, dass eine Investition in Klimaschutz sowohl direkt als auch indirekt eine Investition in die Gesundheit der Menschen ist. Umgekehrt ist jede verweigerte Klimaschutzmaßnahme eine unmittelbare Absage an gesunde Lebensumstände.

Wer partout keinen Klimaschutz umsetzen will, setzt vermutlich darauf, dass die Klimakrise weiterhin nicht als Angriff auf den Körper von jeder und jedem Einzelnen wahrgenommen wird. Auf der anderen Seite würde ein breites Verständnis der Klimakrise als Gesundheitskrise die ein oder andere Debatte sicherlich überflüssig machen. Man stelle sich vor, im Streit um Klimaziele würde man das Wort «Klima» durch «Gesundheit» ersetzen …

«Den Schutz der Gesundheit muss man sich leisten können» oder «Die Gesundheitspolitik muss jetzt mal warten» oder «Die Aktivist:innen wollen, dass wir uns noch mehr mit der Frage der Gesundheit beschäftigen, aber jetzt sind einfach andere Themen dran.» Oder auch: «Damit wir uns mit der Gesundheit beschäftigen können, muss erst mal die Wirtschaft wachsen.» Das klingt merkwürdig und falsch. Das folgende Kapitel zeigt aber: Oft lassen sich Klimaschutz und Schutz der Gesundheit praktisch nicht trennen.

Wo die Erde unbewohnbar wird

Jedes Lebewesen hat eine sogenannte Klimanische. Der Begriff beschreibt die klimatischen Bedingungen, unter der die Art überleben kann. Eisbären und Robben wird es beispielsweise schnell zu warm, Mangobäumen zu kühl. Der Mensch ist eine sehr anpassungsfähige Art und kommt fast überall auf der Erde zurecht, mit technischen Hilfsmitteln vorübergehend sogar im Weltall. Trotzdem gibt es Extrembedingungen, unter denen selbst Homo sapiens nicht lange durchhält. Diese Zonen außerhalb der menschlichen Klimanische wachsen mit zunehmender Erwärmung. Teilweise sind sie heute noch dicht besiedelt, viele Millionen Menschen werden daher im Laufe des Jahrhunderts umsiedeln müssen.

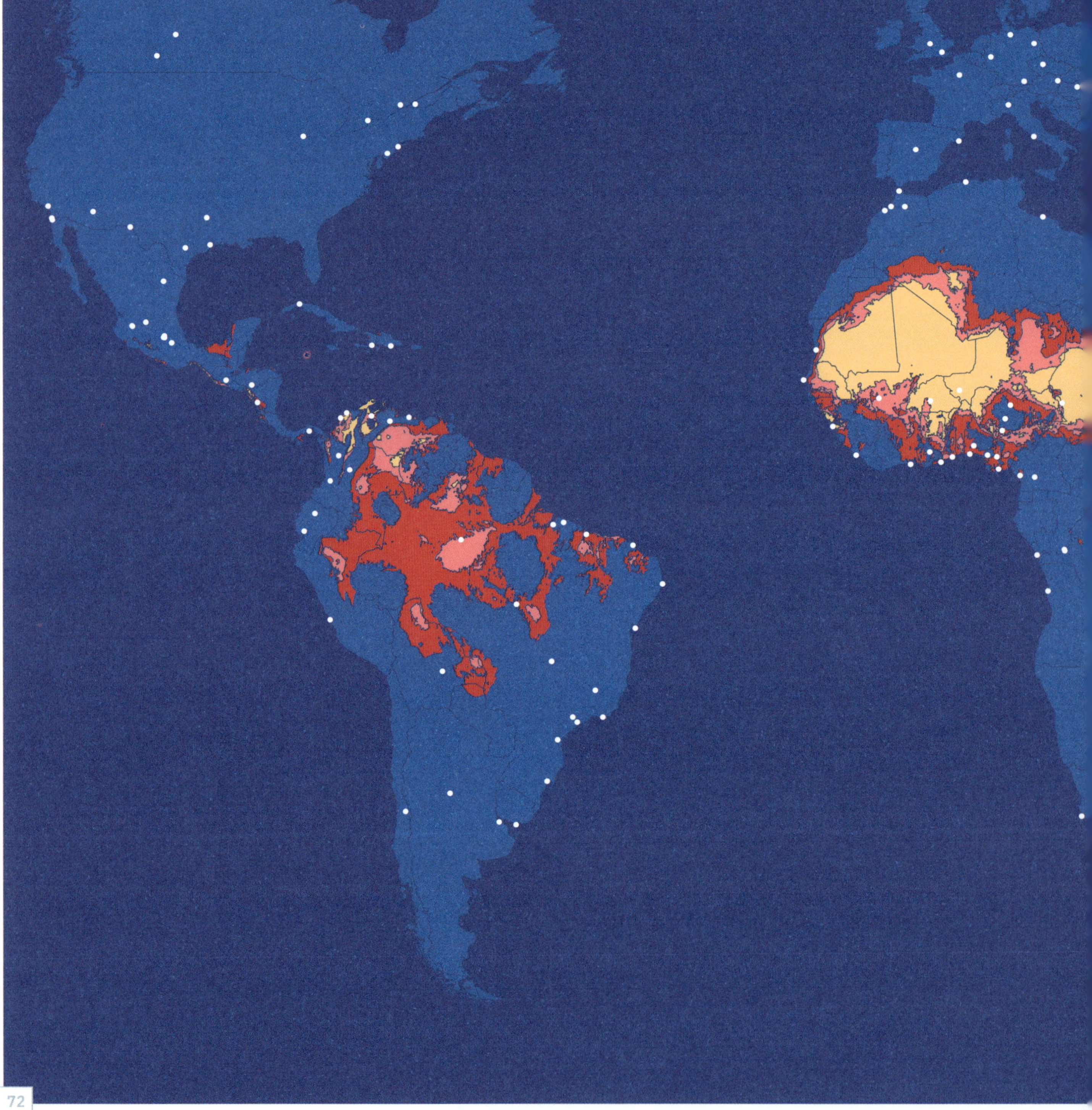

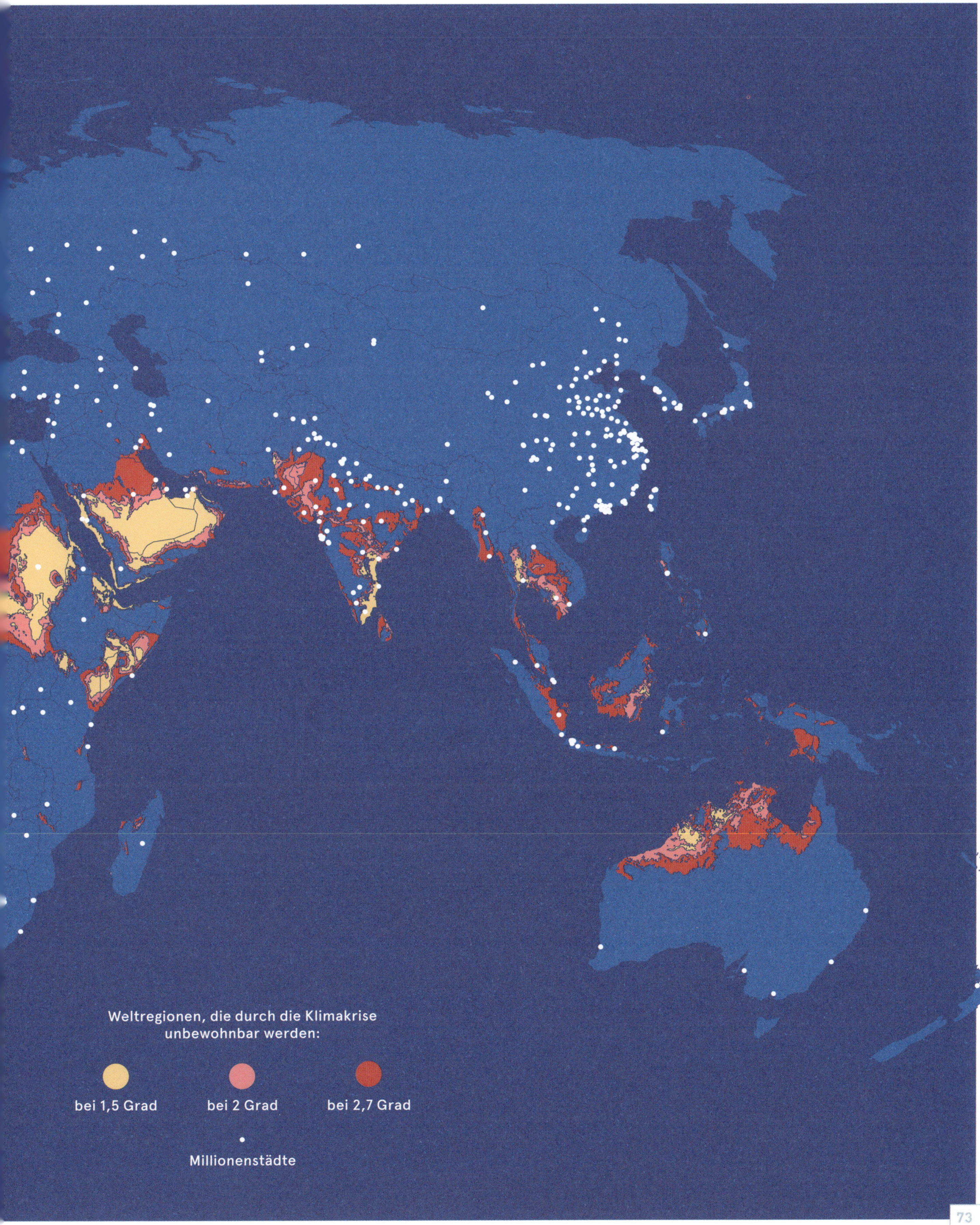
Weltregionen, die durch die Klimakrise unbewohnbar werden:
bei 1,5 Grad
bei 2 Grad
bei 2,7 Grad
Millionenstädte

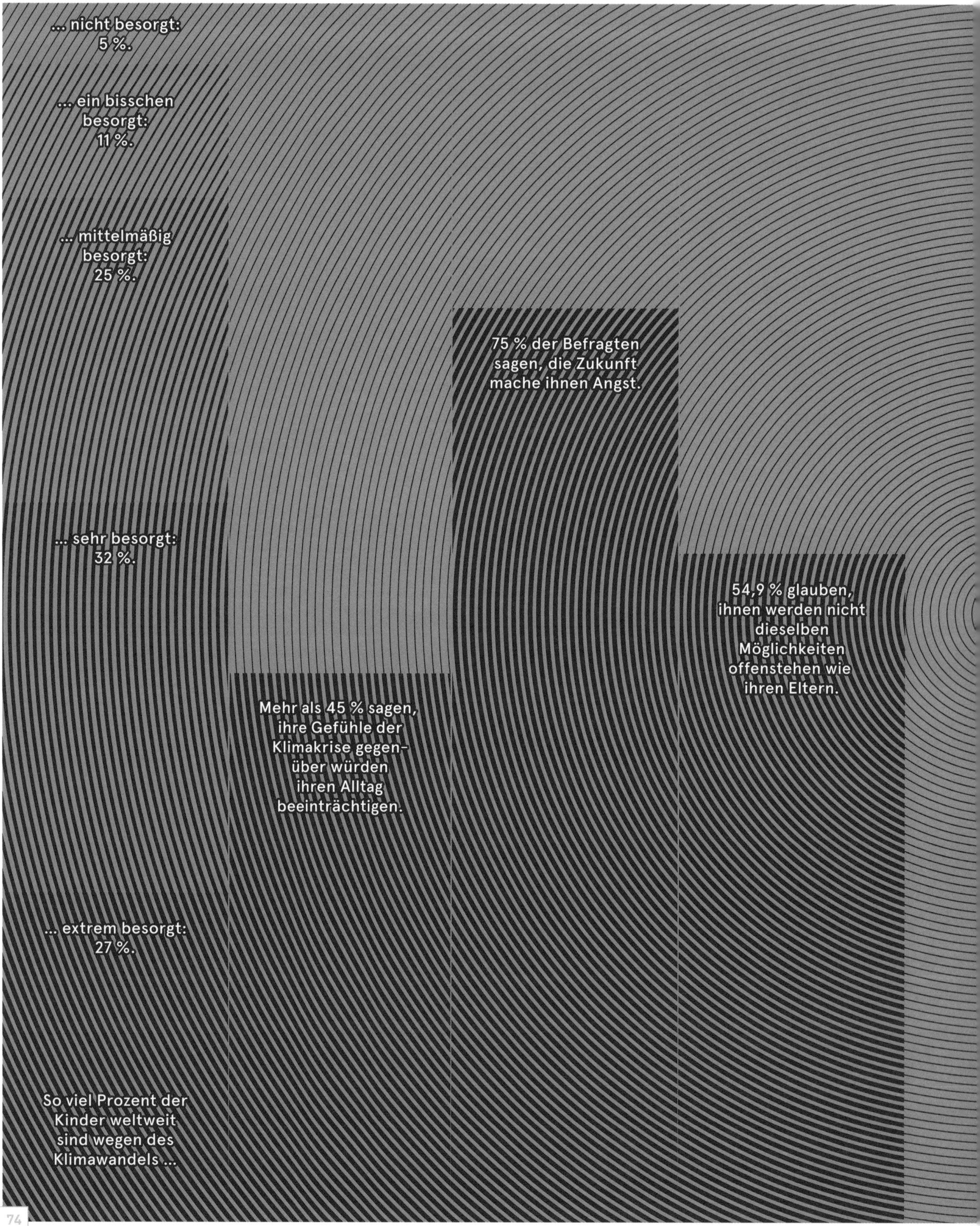
So viel Prozent der Kinder weltweit sind wegen des Klimawandels …
… extrem besorgt: 27 %.
… sehr besorgt: 32 %.
… mittelmäßig besorgt: 25 %.
… ein bisschen besorgt: 11 %.
… nicht besorgt: 5 %.
Mehr als 45 % sagen, ihre Gefühle der Klimakrise gegen- über würden ihren Alltag beeinträchtigen.
75 % der Befragten sagen, die Zukunft mache ihnen Angst.
54,9 % glauben, ihnen werden nicht dieselben Möglichkeiten offenstehen wie ihren Eltern.

Junge Leute, große Angst

«Climate Anxiety» ist die Überschrift, unter der heute weltweit über die psychische Belastung durch die Klimakrise gesprochen wird. Gerade junge Menschen sind davon betroffen, Untersuchungen zeigen dramatische Ausmaße von sogenannter Klimaangst – nicht nur im globalen Norden, sondern recht gleichmäßig verteilt auf der ganzen Welt. Dabei geht es um weit mehr als schlechte Laune oder Pessimismus, denn die Klimaforschung bestätigt diese Sorgen. Die Angst vor der Zukunft ist außerdem oftmals mit der realistischen Befürchtung verbunden, dass die Regierungen die Sorgen junger Menschen nicht ernst nehmen – und an der Klimakrise scheitern werden.

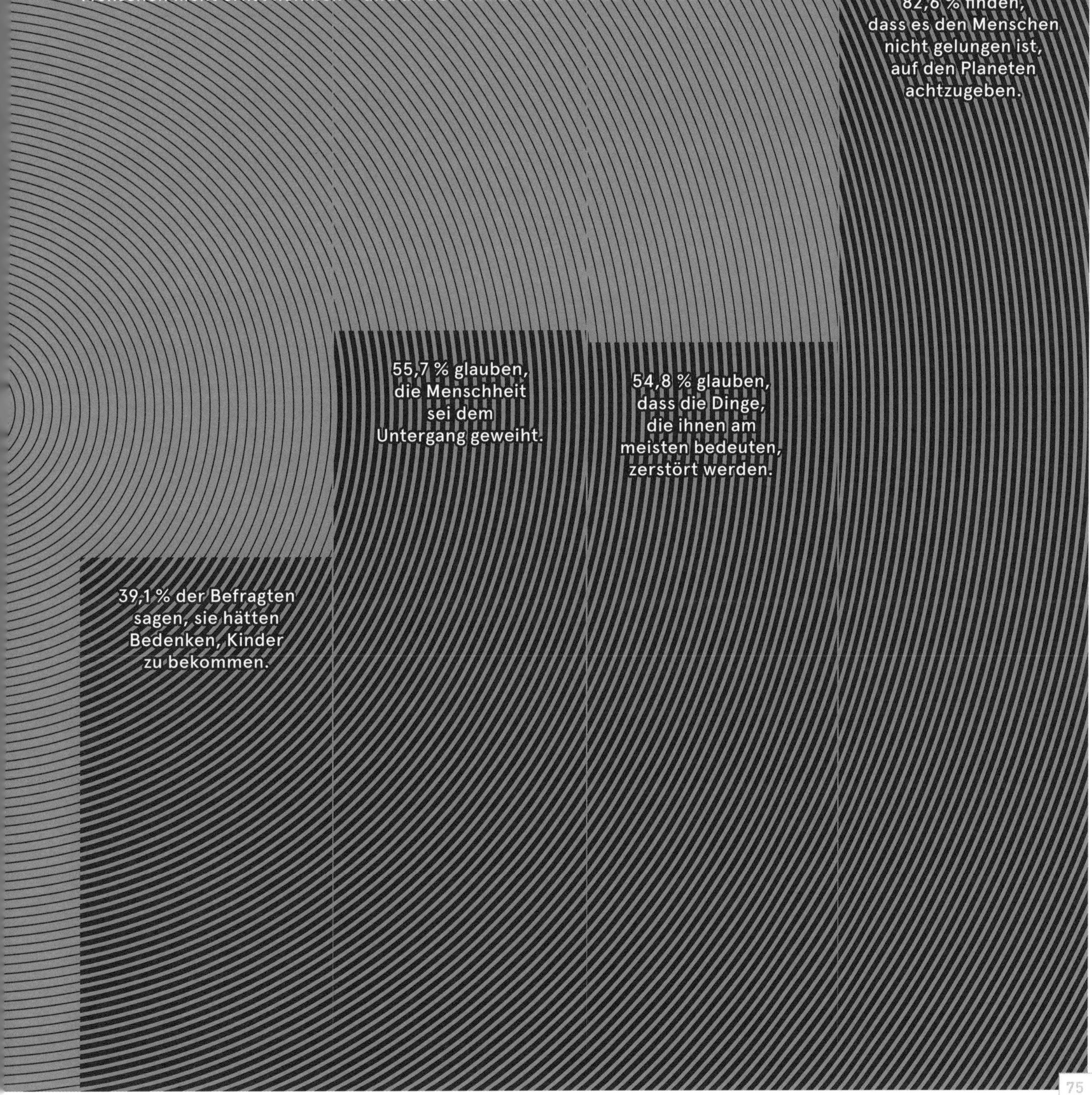

Tödliche Zukunft

Der Klimawandel tötet, aber er tötet nicht überall gleichermaßen. Am stärksten werden die Sterberaten in armen Ländern ansteigen, ganz besonders in der Sahelzone und in Vorderasien, aber auch in Australien. Das zeigt eine Studie von Forscher:innen des Climate Impact Lab für eine Erhitzung um etwa 2,7 Grad. In sehr nördlichen Regionen geht die Sterblichkeit demnach zurück, weil weniger Menschen erfrieren. Das gilt insbesondere für Kanada, den Norden der USA, Skandinavien, Mitteleuropa und Sibirien. Insgesamt übersteigt die Zahl der zusätzlichen Toten die der vermiedenen Sterbefälle bei Weitem, auch weil die nördlichen Regionen großteils sehr dünn besiedelt sind.

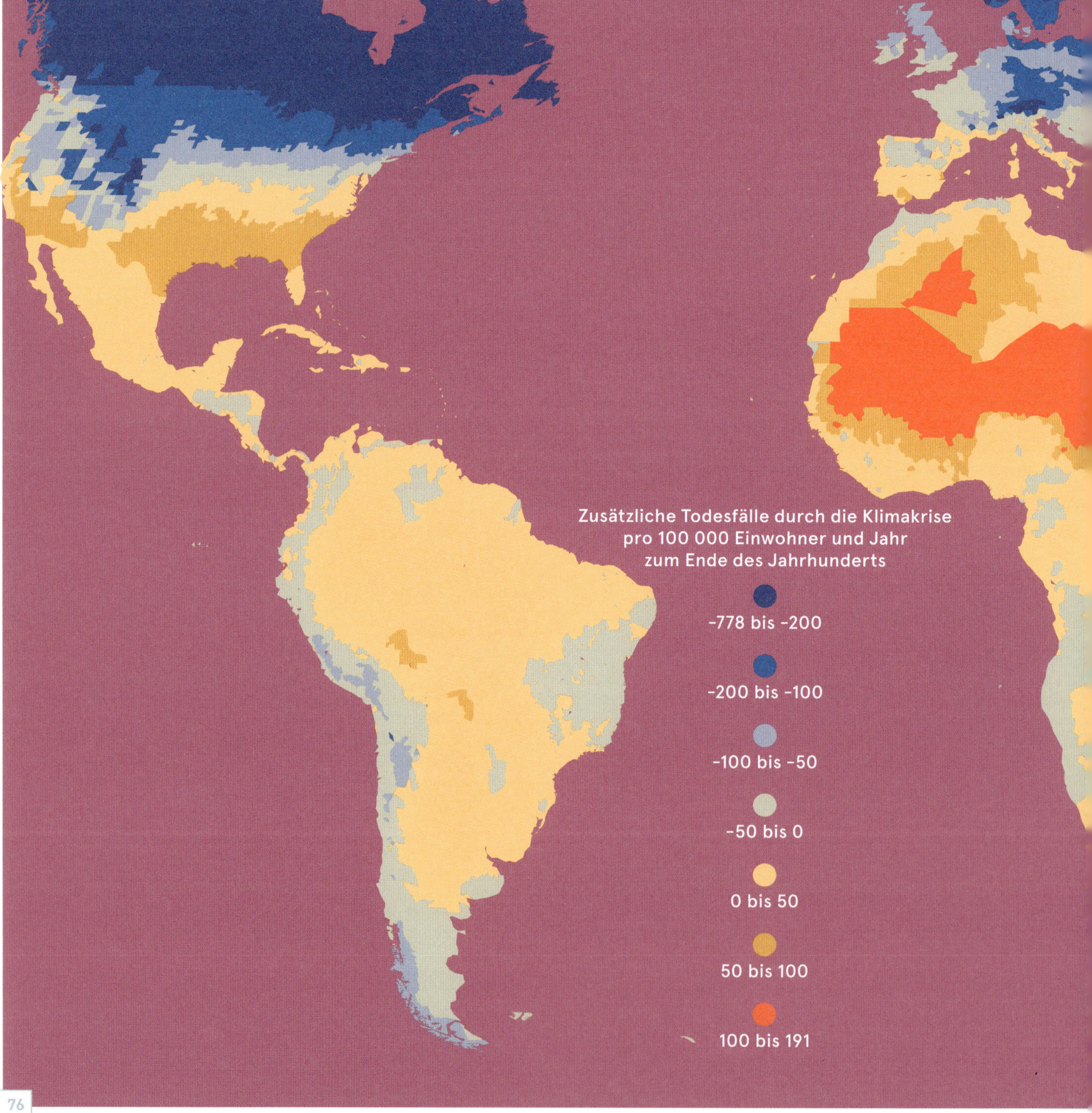

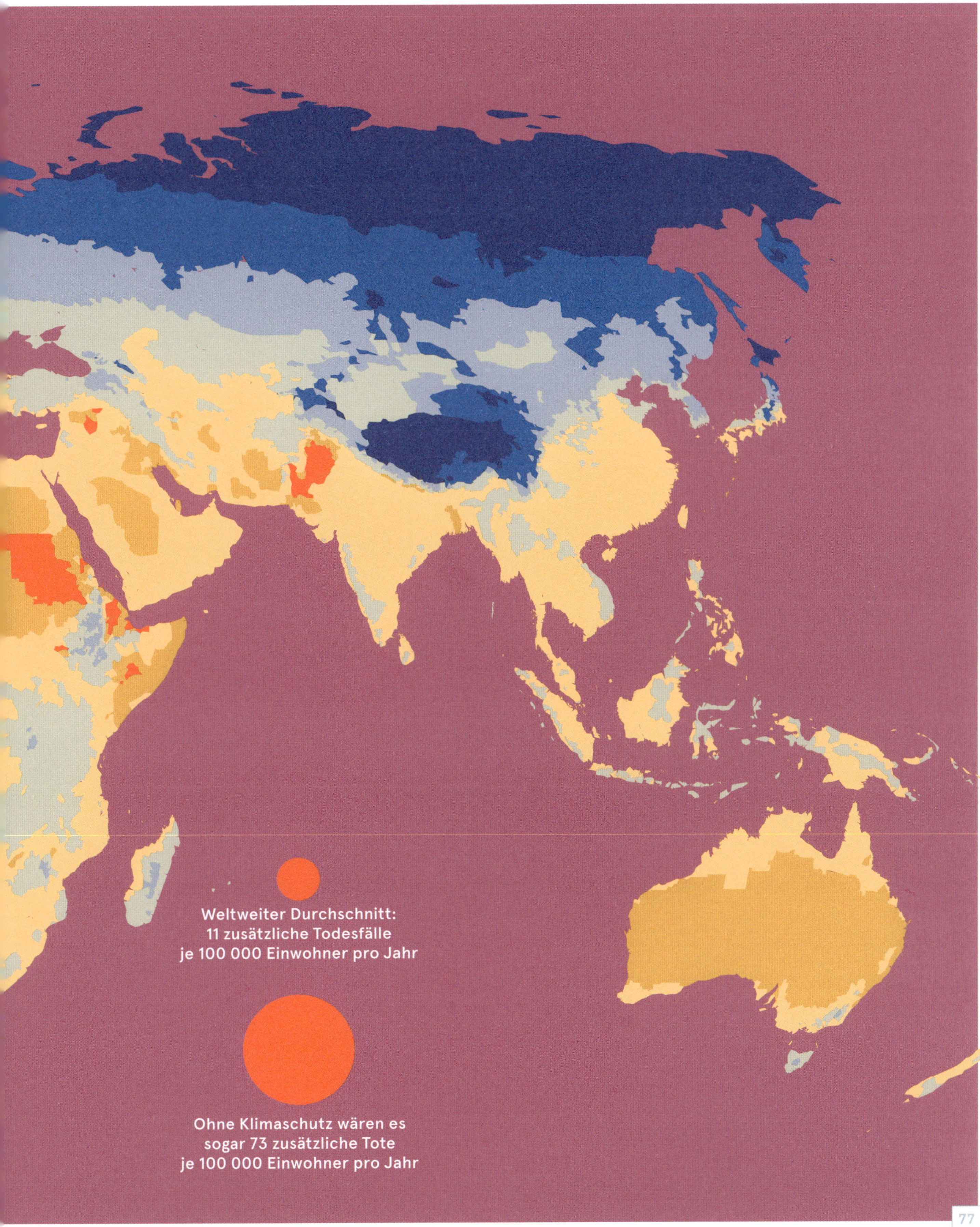
Weltweiter Durchschnitt:
11 zusätzliche Todesfälle
je 100 000 Einwohner pro Jahr
Ohne Klimaschutz wären es
sogar 73 zusätzliche Tote
je 100 000 Einwohner pro Jahr

Das ist doch krank!

Kohle, Öl und Gas verursachen den größten Teil der Klimakrise. Und die wiederum macht Menschen krank und bringt sie gar um. So weit, so bekannt. Was bis heute übersehen wird: die gigantische Zahl an Todesfällen, die nicht durch die Erderwärmung entstehen, sondern durch tödliche Luftverschmutzung (die ebenfalls in erster Linie auf die Verbrennung von Kohle, Öl und Gas zurückzuführen ist). Wer aus den fossilen Energien aussteigt, muss das gar nicht aus aus Gründen des Klimaschutzes tun. Sondern schlicht, weil fossile Energien uns mehr als krank machen.

Weltweit atmen 99 Prozent der Menschen verschmutzte Luft ein.

Armut macht hitzekrank

«Klimaschutz muss man sich leisten können» ist mit Blick auf die Wissenschaft die wohl überholteste aller Annahmen. In Städten etwa zeigt sich: Es sind die Ärmsten, die am meisten von Hitzewellen betroffen sind. Unzählige Studien und Untersuchungen zeigen mittlerweile die glasklaren Zusammenhänge zwischen Armut und Erderhitzung. Mehr Klimaschutz und Klimaanpassung heißt insofern auch: die Schwächsten schützen. Sie können sich im Gegensatz zu den Privilegierten nicht aus der Hitze herauskaufen.

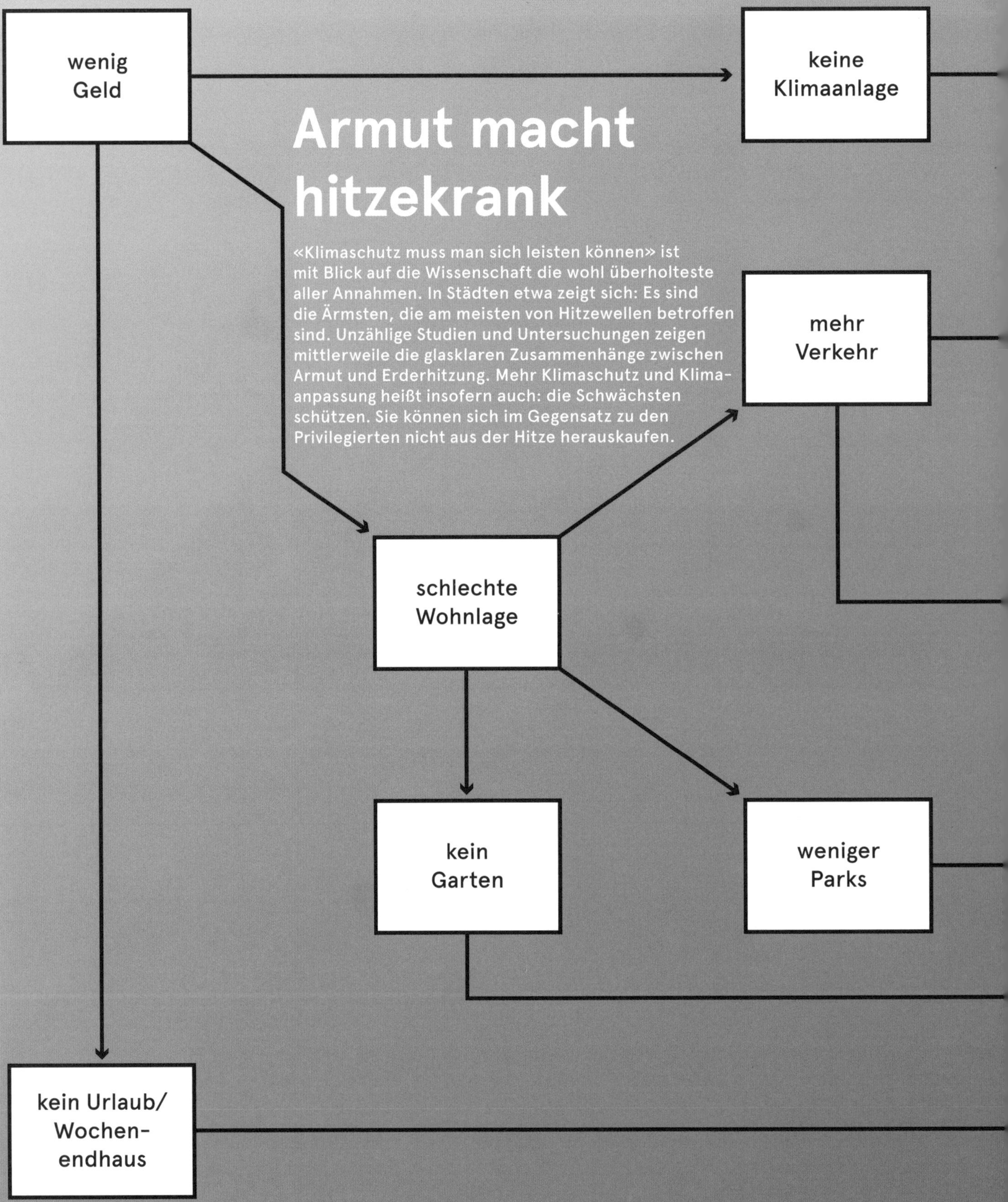

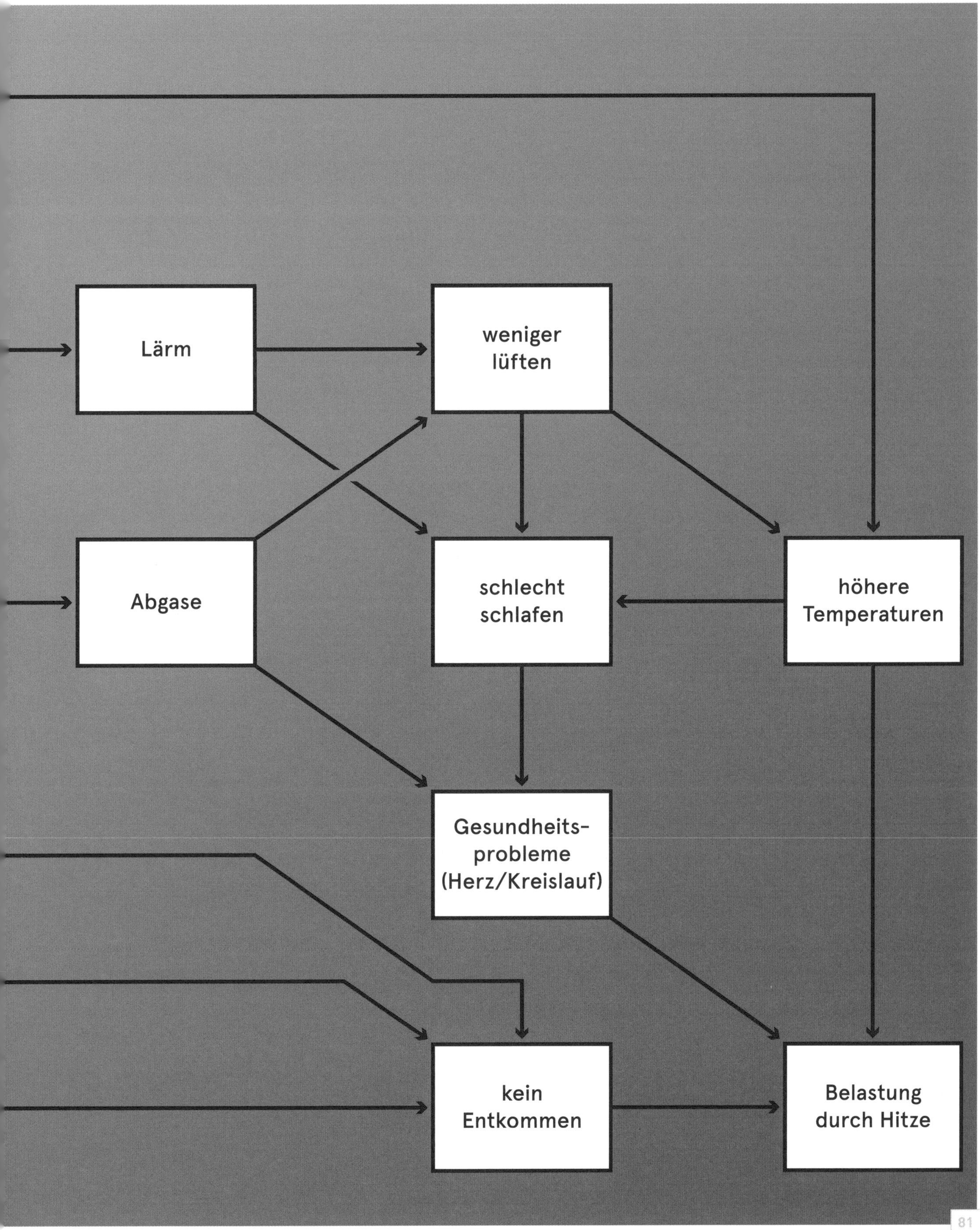
Lärm
weniger lüften
Abgase
schlecht schlafen
höhere Temperaturen
Gesundheitsprobleme (Herz/Kreislauf)
kein Entkommen
Belastung durch Hitze

Das wird teuer

Bis zur Mitte des Jahrhunderts kostet vom Klimawandel verursachtes Extremwetter die weltweiten Gesundheitssysteme etwa 1,1 Billionen US-Dollar. Das schätzen Expert:innen des Weltwirtschaftsforums und einer Unternehmensberatung in einer Studie. Die Kosten für zusätzliche Behandlungen machen dabei nur den kleineren Teil aus. Schwerer wiegt, dass Menschen wegen der gesundheitlichen Klimafolgen am Arbeitsplatz ausfallen oder weniger leisten. 417 Millionen menschliche Lebensjahre würden weltweit verloren gehen, weil Menschen durch Extremwetterereignisse vorzeitig zu Tode kommen. Die Autor:innen der Studie gehen von etwas mehr als drei Grad Erwärmung aus. Bleibt es bei weniger, sinken auch Kosten und die Zahl der Todesfälle.

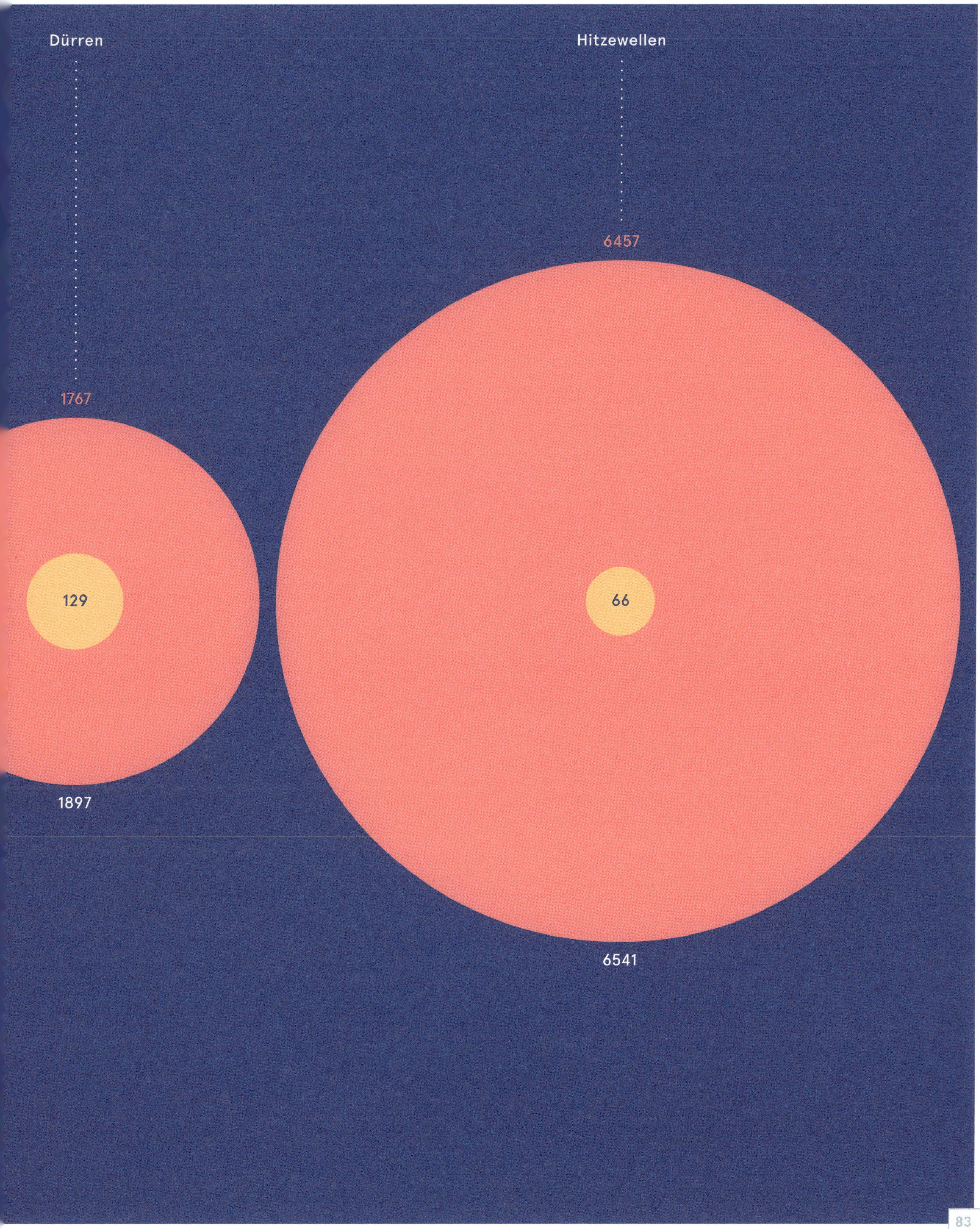
Dürren
Hitzewellen
6457
1767
129
66
1897
6541

No Future, no Espresso?

Die Klimakrise verändert die Landwirtschaft und erschwert den Anbau vieler wichtiger Nutzpflanzen. Diese Seite zeigt am Beispiel des Kaffees: Die für den Anbau geeignete Fläche wird insgesamt deutlich zurückgehen. Schon heute stellen viele Kaffeebauern auf andere Produkte um, weil die Bohne schlechter wächst. Kaffee dürfte daher künftig knapper und teurer werden. Schade, wo sich doch gerade erst herumgesprochen hat, dass Kaffeetrinker:innen länger leben.

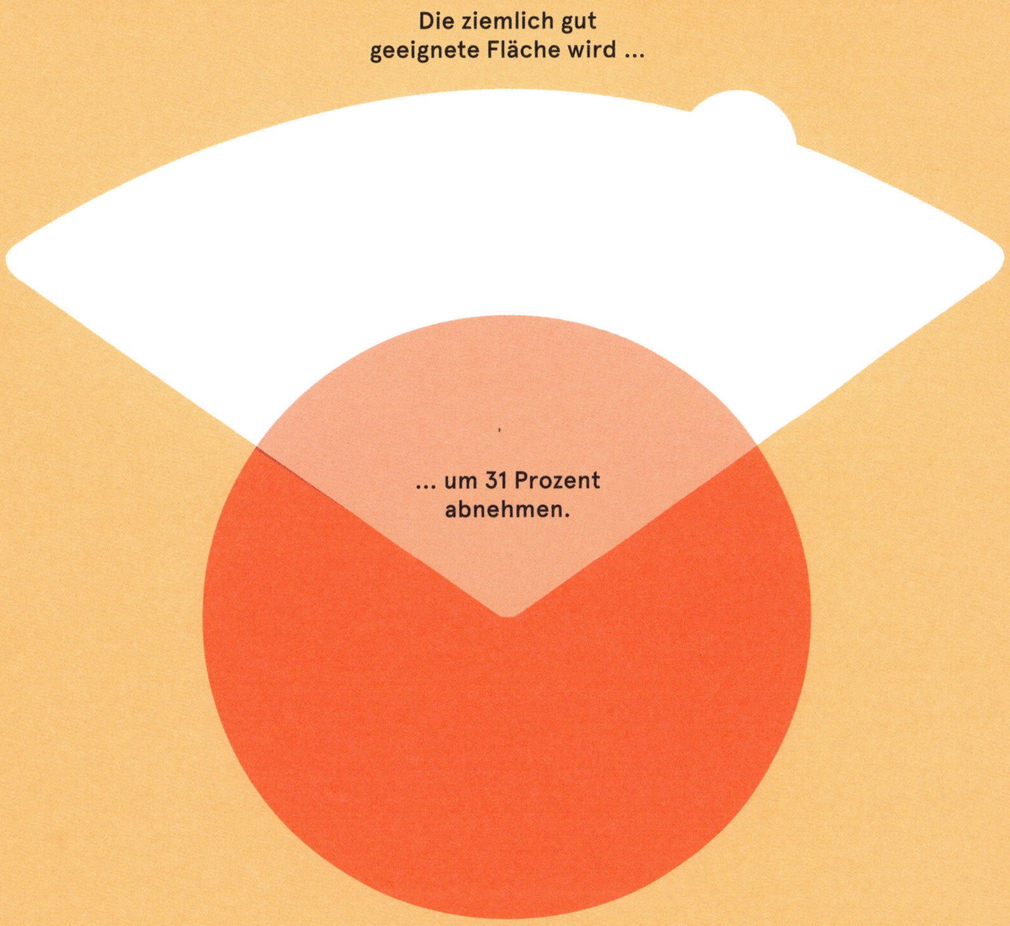
Die ziemlich gut
geeignete Fläche wird …
… um 31 Prozent
abnehmen.

Alle gewinnen

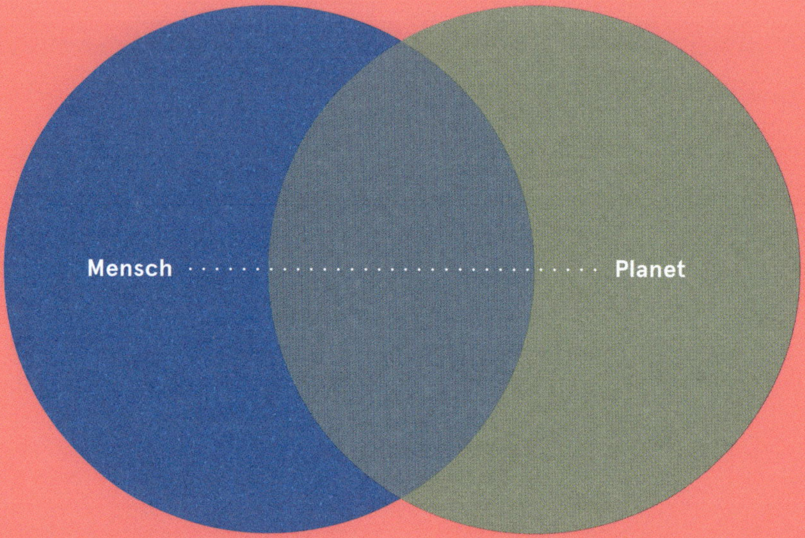

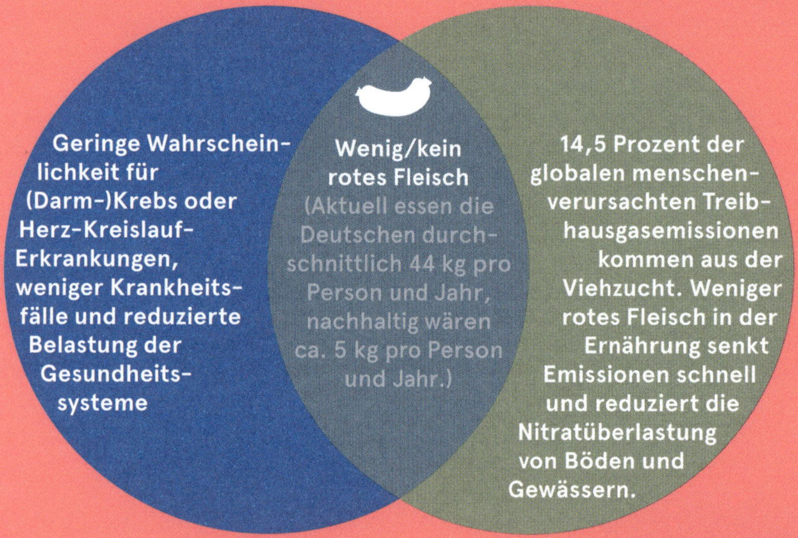

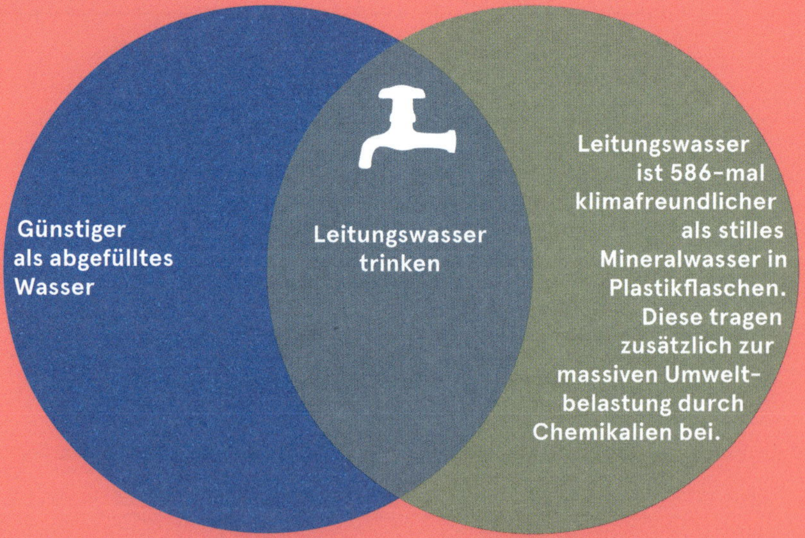

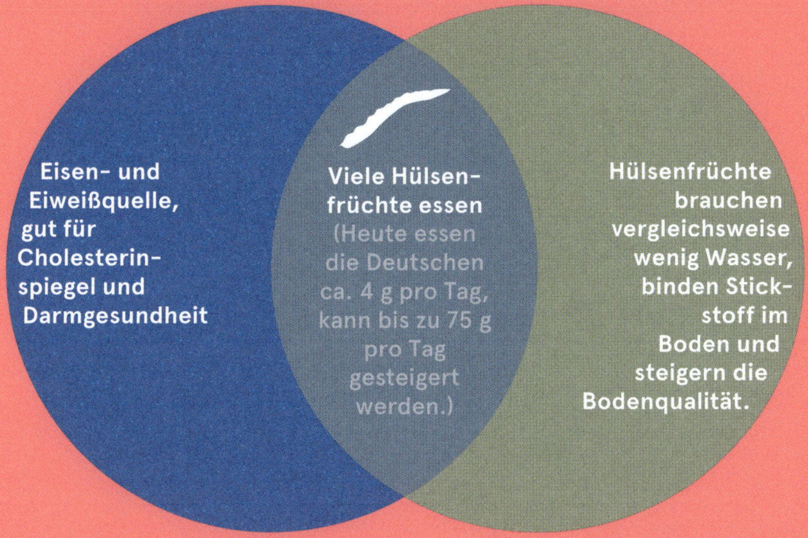

Wie können im Jahr 2050 zehn Milliarden Menschen gesund ernährt werden, ohne dass der Planet dabei zerstört wird? Eine internationale Kommission hat dazu die «Planetary Health Diet» entwickelt. Sie ist vielfältig und macht satt, sie bringt die Gesundheit der Menschen mit der des Planeten in Einklang, verhindert die Überlastung der Ökosysteme und könnte pro Jahr elf Millionen vorzeitige ernährungsbedingte Todesfälle verhindern. Die «Planetary Health Diet» ist weniger Diätplan als vielmehr eine Zielsetzung für eine ausgewogene Ernährung, die ökologisch tragbar ist. Sie empfiehlt eine Art flexitarische Ernährung, heißt beispielsweise, den größten Teil des Proteinbedarfs mit Hülsenfrüchten zu decken und weltweit den Verzehr von rotem Fleisch zu halbieren.

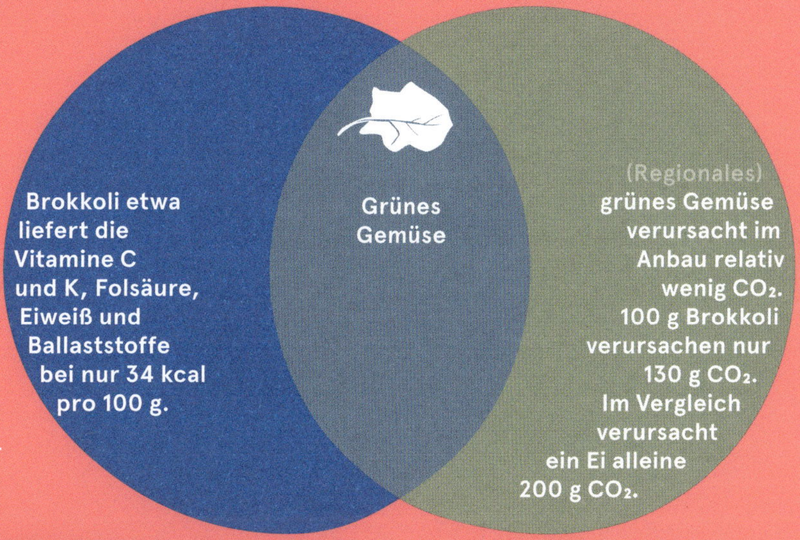

Selbstverständlich vegetarisch

Essen ist emotional. Der Weg hin zu einer gesünderen und klimafreundlichen Ernährung ist entsprechend kompliziert. Ein großes Trigger-Thema dabei: das Fleisch. Wie viel, welches, wann, für wen – Debatten, in denen mindestens im übertragenen Sinne Türen knallen. Eine kleine Weltreise durch die Traditionsküche zeigt allerdings auch: Überraschend viele Gerichte sind schon immer vegetarisch oder vegan und für sich die wohl besten Werbeträger für einen klimafreundlichen Speiseplan.

Käsefondue Schweiz
Kaiserschmarren Österreich
Koliva Ukraine
Miso-Suppe Japan
Dal Indien
Gado Gado Indonesien
Rēwena Neuseeland
Chakalaka Südafrika
Falafel Vorderasien/Nordafrika
Shakshuka Israel

Vegetarische Sterne

Sterneküche ganz ohne Fleisch ist längst kein Nischenprojekt mehr, sondern wird immer normaler. Weltweit wächst das Angebot an vollständig fleischfreien Restaurants – bemerkenswerterweise gerade in Regionen, deren Küche jahrzehntelang nicht ohne Fleisch konnte. Mittlerweile gibt es immer mehr Sternerestaurants, die eine rein vegetarische Karte anbieten. Das ist weit mehr als ein gastronomischer Zufall: Es ist ein Zeichen für den rasanten kulturellen Wandel rund um Ernährung, Fleisch und hochklassige Kulinarik.

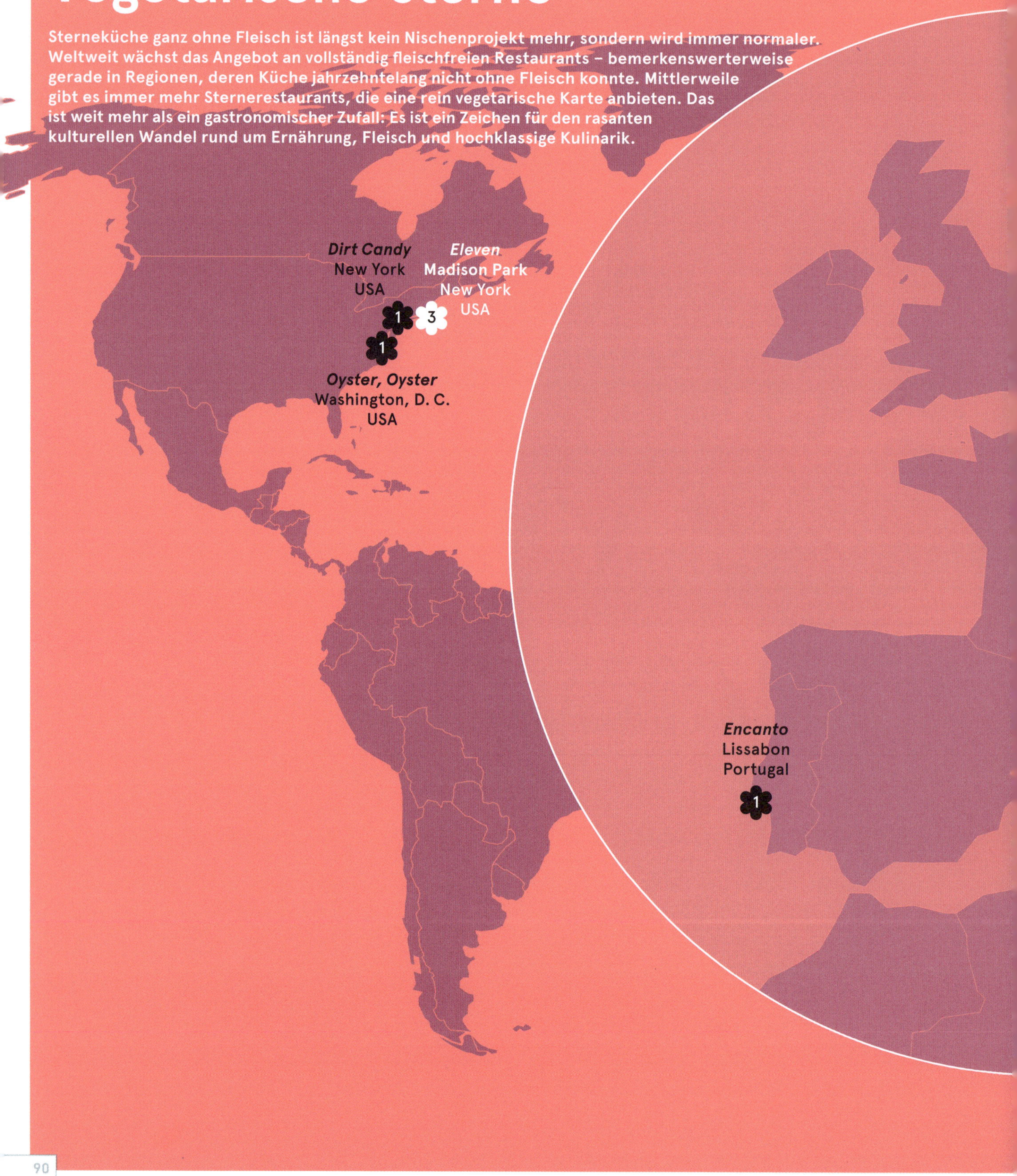

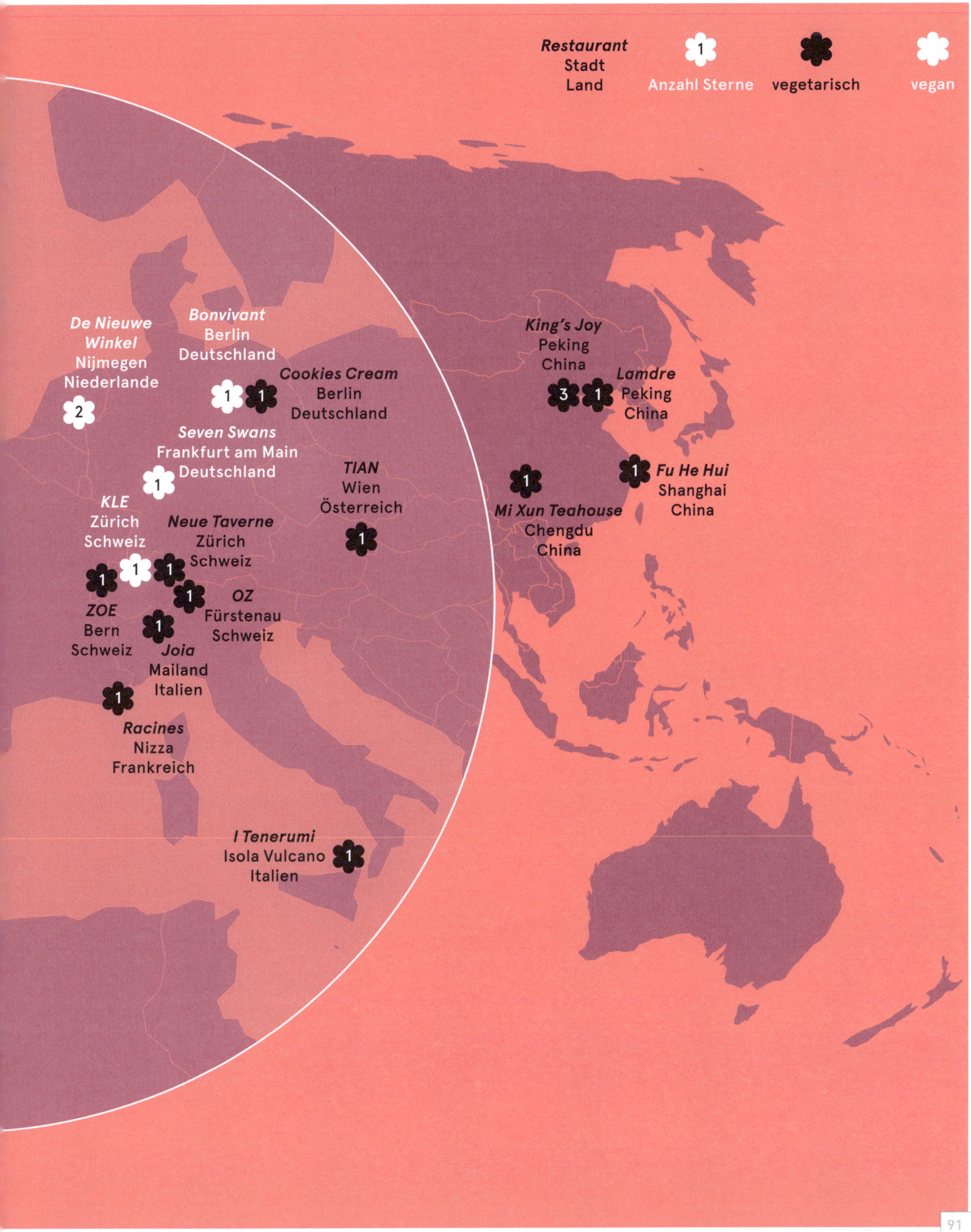
Restaurant
Stadt
Land
1
Anzahl Sterne
vegetarisch
vegan
De Nieuwe Winkel
Nijmegen
Niederlande
2
Bonvivant
Berlin
Deutschland
1
Cookies Cream
Berlin
Deutschland
1
Seven Swans
Frankfurt am Main
Deutschland
1
KLE
Zürich
Schweiz
1
Neue Taverne
Zürich
Schweiz
1
ZOE
Bern
Schweiz
1
OZ
Fürstenau
Schweiz
1
Joia
Mailand
Italien
1
Racines
Nizza
Frankreich
1
TIAN
Wien
Österreich
1
I Tenerumi
Isola Vulcano
Italien
1
King's Joy
Peking
China
3
Lamdre
Peking
China
1
Mi Xun Teahouse
Chengdu
China
1
Fu He Hui
Shanghai
China
1

5 Gesellschaftlicher Wandel

Vielleicht fängt es schon beim Wort an: «Klima»-Wandel. Als wäre es ein Phänomen, das irgendwo «da draußen» stattfände – wir können es angucken und beobachten, wir können es besprechen und untersuchen. Das Wort «Klima»-Wandel tut so, als könnten wir entscheiden, ob das Ganze uns als Menschen betrifft oder nicht. Ob wir uns angesprochen fühlen oder nicht. «Klima»-Wandel, der Begriff suggeriert, dass uns als Menschheit etwas passiert, und nicht etwa, dass wir etwas passieren lassen.

Dabei verhält es sich radikal andersherum. Es war die Veränderung des menschlichen Lebenswandels, der Wandel der Gesellschaften und Zivilisationen, der erst einen Wandel und nun eine Krise des Klimas hervorgerufen hat. Und die Klimakrise wiederum ist nur deshalb eine Krise, weil wir Menschen an ihr zu scheitern drohen. Ohne Menschen wäre selbst die größte Klimakatastrophe keine Katastrophe, sondern vor allem erst mal ein Ereignis.

Die Klimakrise konnte nur entstehen, weil Millionen, ja Milliarden Menschen auf der Welt zusammengewirkt haben, meistens, ohne dass sie davon wussten. Die tobenden Klimasysteme sind die Folge der wohl größten und sicherlich am wenigsten gewollten Gruppenarbeit des Universums. Diese Gruppenarbeit besteht nicht nur aus einer fossil-industriellen Entwicklung, die fast alle Länder in der ein oder anderen Form kennen. Die Klimakrise konnte nur entstehen, weil ein Lifestyle, eine ganze Kultur rund um das Verbrennen fossiler Rohstoffe entstanden ist. Der Weg zu Status und dem «guten Leben» führte über mehr Emissionen, mehr Ressourcen, mehr Eingriffe in die Natur. Diese sehr spezielle Idee von Fortschritt setzte sich nicht nur politökonomisch durch, sondern eben auch gesellschaftlich und popkulturell, nur so entwickelte sie ihren ungemeinen Sog. Besonders offensichtlich zeigt sich das etwa in der Vorstellung PS-gestählter Superheld:innen, die von Los Angeles aus, der Welthauptstadt der Filmindustrie und der 14-Spur-Autobahnen, zum globalen

Mainstream wurde. Selbst die offensichtlichsten Missstände und Schräglagen wurden und werden dabei übersehen.
Und jetzt? Statt darauf zu warten, dass uns irgendein:e Superheld:in rettet oder eine Supertechnologie bringt, geht es ebenso wie in der Erschaffung der Klimakrise auch bei ihrer Bewältigung darum, eine globale Gruppenarbeit zu starten. Das ist gar nicht so leicht, denn die Welt ist groß, und man selbst ist doch nur klein. Wie soll man sich da vorstellen, dass der eigene Beitrag einen Unterschied machen kann? Vielleicht ist es mit dem Klima ja auch gar nicht so schlimm, wie alle meinen? Den Schlagzeilen nach zu urteilen, hätte die Welt jedenfalls schon längst an ganz anderen Veränderungen untergehen sollen (Seite 94/95). Und zu allem Überfluss leben wir Menschen des 21. Jahrhunderts auch in einem gewissen planetaren Dilemma: Gerade diejenigen von uns, die am meisten gegen die Klimakrise tun können und müssen, profitieren von den endlosen Angeboten einer fossilen Welt am meisten. Da fällt es leicht, sich einzureden, dass der «Klima»-Wandel da draußen ein bisschen auf uns warten kann.
Um all diese Wechselwirkungen zwischen der Klimakrise und dem Wandel der Gesellschaft soll sich dieses Kapitel drehen – und im besten Fall auch darum, wie wir als Gesellschaft aus der Klimakrise herausfinden. Dieses Kapitel ist ein Kapitel zum Mitreden und Aufregen und manchmal hoffentlich auch eines zum Lachen. Ob es um Superheld:innen (Seite 96/97) oder Staus in den Innenstädten (Seite 102/103), um Aktivismus zu Hause oder draußen in der Welt (Seite 98/99; 112–123) geht, dieses Kapitel bringt nicht nur Antworten, sondern auch Fragen – wo man sich selbst sieht, in der Gesellschaft, in der Welt und auch in der Klimakrise, die eigentlich eine Menschheitskrise ist.

Weltuntergang?!

Oder doch nicht? In den letzten Jahrzehnten schien die Welt oftmals fast untergegangen zu sein – zumindest den Schlagzeilen nach zu urteilen. Kein Wunder, dass die Klimakatastrophe nach den Apokalypsen durch Gurtpflicht und Veggieday jetzt kaum noch Eindruck schinden kann.

Wann die Welt angeblich untergeht:

Gurtpflicht in Westdeutschland
Einführung
1976: Vordersitze
1984: Rücksitze

«Gefesselt an's Auto»
Der Spiegel

Millennium-Bug
Zusammenbruch des Internets beim Jahreswechsel
1999–2000

«Zapfsäulen könnten streiken, Telekommunikationsnetze zusammenbrechen, Atomkraftwerke zur Kernschmelze kommen, Unruhen ausbrechen, Notstände erklärt werden, Chaos und Tod und Bürgerkrieg und … – Armageddon schien selten so nah.»
SPIEGEL ONLINE

Euro-Einführung
2002

«Von allen Bundesbürgern lehnen 58 Prozent die Einführung des Euros zum 1. Januar 1999 ab. […] Nur 24 Prozent sind demnach der Auffassung, dass der Euro eine genauso harte und stabile Währung wie die D-Mark sein wird.»
Tagesspiegel

Rauchverbot in Gaststätten
2007

«Rauchverbot gleich Kneipentod» wird skandiert.

«Mehrheit sagt: Das Rauchverbot muss ganz weg»
BILD

Veggieday, der nie kam
2013

«grüne Bundes-Verbots-Republik»
CDU

«grüne Erziehungsdiktatur»
Die Linke

«So lacht Deutschland über die Gaga-Idee der Grünen»
BILD

Wann sie wirklich untergeht:

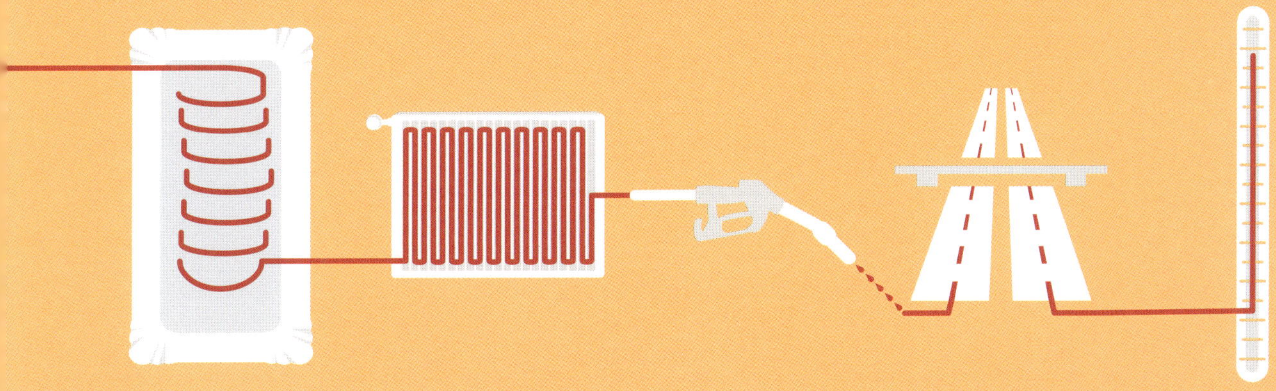

Vegane Currywurst im Bordbistro der Deutschen Bahn
2023

«Woker Mist»
Twitter-User

Heizungsgesetz
2023

«Der Heiz-Hammer sprengt den Sozialstaat!»
BILD

Verbrennerverbot
2035

«Ein Sargnagel für Deutschlands Industrie»
Cicero Online

«kubanische Verhältnisse»
CSU

Tempolimit auf der Autobahn
Zukunft

«Mit einem Tempolimit auf Autobahnen schaffen wir in Deutschland unseren Wohlstand ab»
Business Insider

3 Grad Erhitzung

Superheld:innen for Future

Von wem erwarten wir, dass er oder sie die Welt rettet? Und mit welchen Hilfsmitteln? Das Bild, das von Superheld:innen gezeichnet wird, verrät viel über eine Gesellschaft und ihre Vorstellung von Macht, von Kraft und von Hilfe in Not. James Bond würde man nicht auf einem Fahrrad erwarten und Batman nicht in der U-Bahn. Zufall oder eher Teil einer Heldenlegende, die lange nicht ohne PS konnte? Hier sind einige Superheld:innen sortiert – und zwar auf Skalen von fossil bis klimaneutral und von Macho bis feministisch. Alle Bewertungen sind natürlich streng subjektiv!

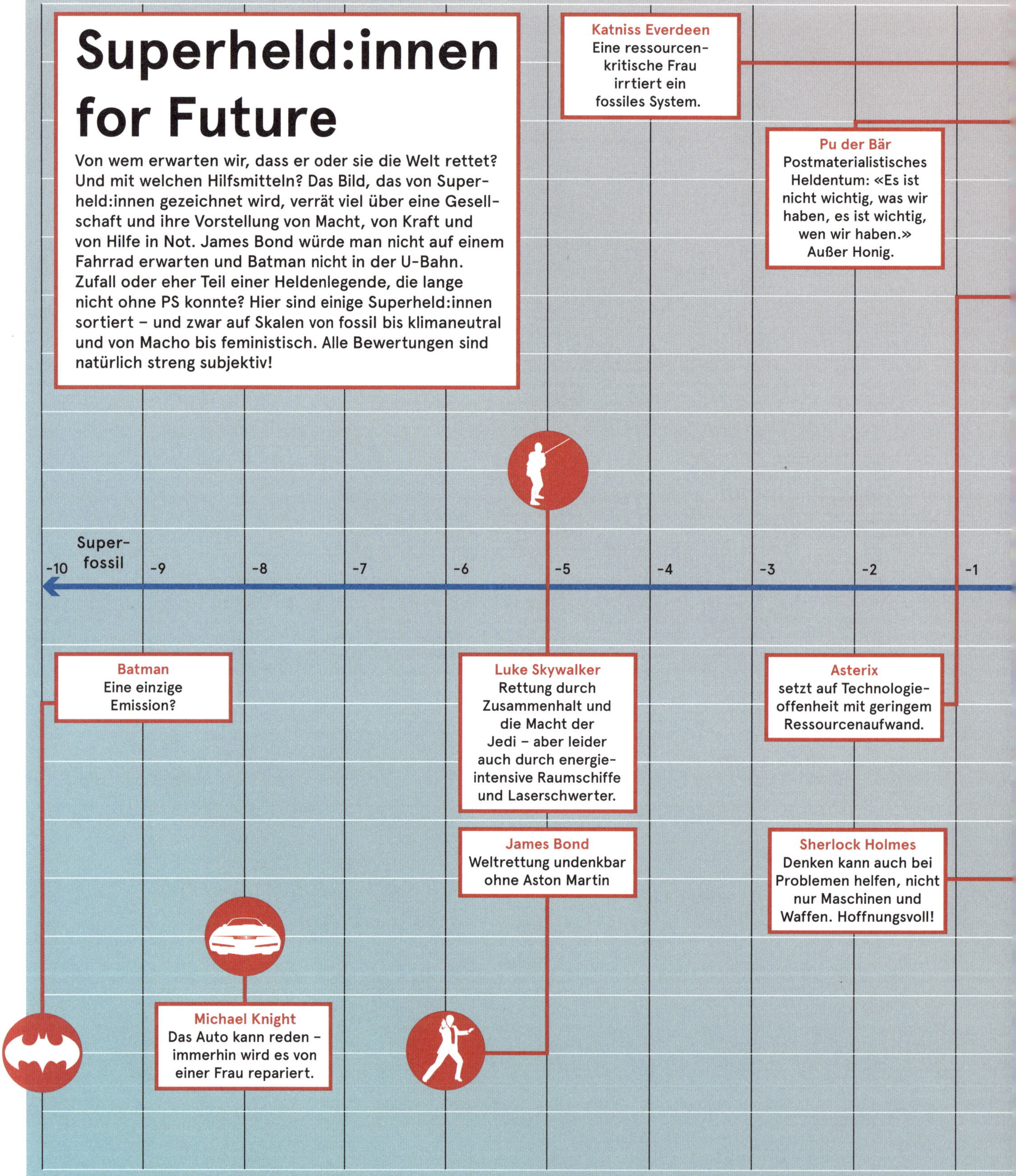

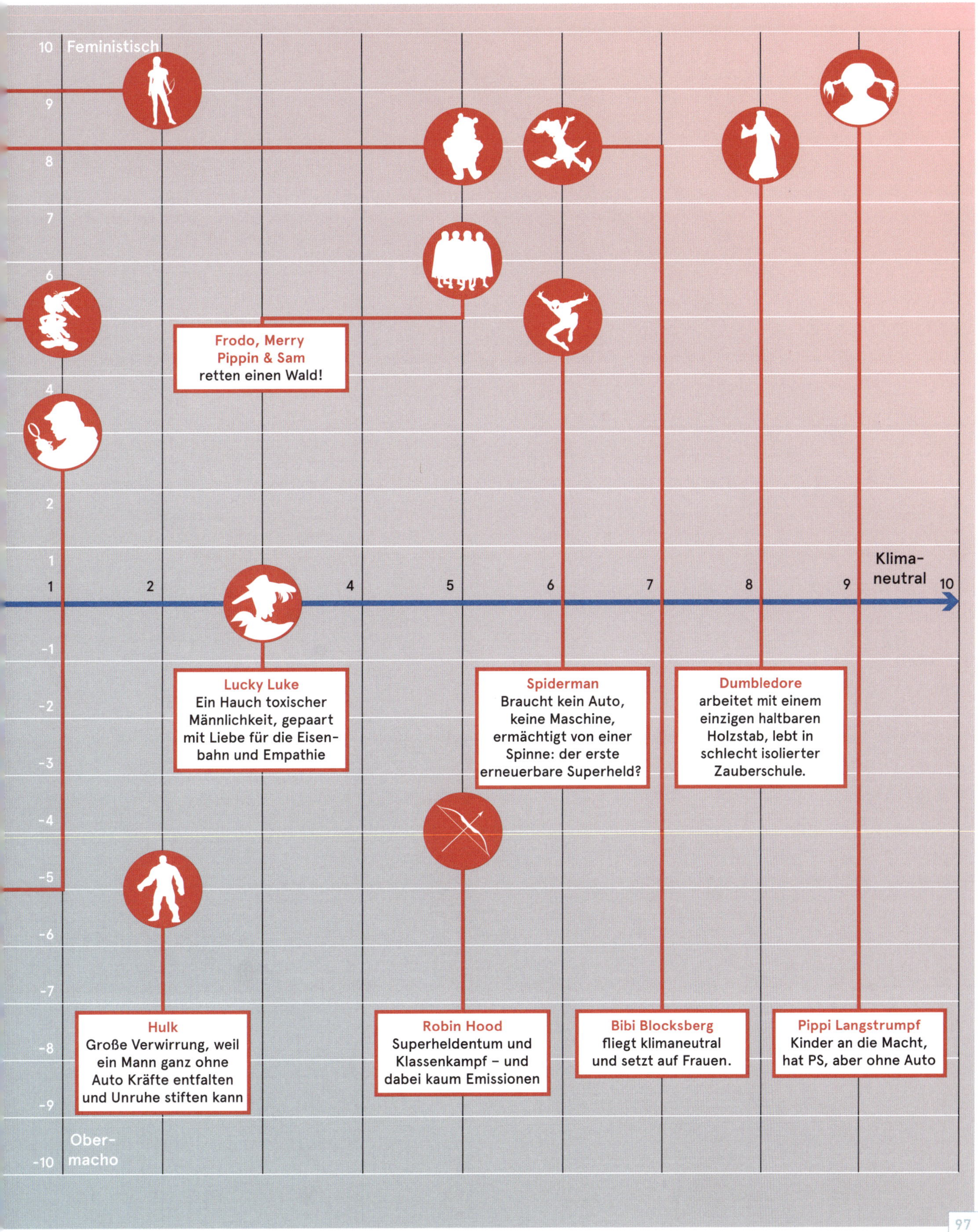

10 Feministisch
9
8
7
6
4
2
1
-1
-2
-3
-4
-5
-6
-7
-8
-9
-10 Ober-macho
1
2
4
5
6
7
8
9
Klima-neutral
10
Frodo, Merry Pippin & Sam retten einen Wald!
Lucky Luke Ein Hauch toxischer Männlichkeit, gepaart mit Liebe für die Eisenbahn und Empathie
Spiderman Braucht kein Auto, keine Maschine, ermächtigt von einer Spinne: der erste erneuerbare Superheld?
Dumbledore arbeitet mit einem einzigen haltbaren Holzstab, lebt in schlecht isolierter Zauberschule.
Hulk Große Verwirrung, weil ein Mann ganz ohne Auto Kräfte entfalten und Unruhe stiften kann
Robin Hood Superheldentum und Klassenkampf – und dabei kaum Emissionen
Bibi Blocksberg fliegt klimaneutral und setzt auf Frauen.
Pippi Langstrumpf Kinder an die Macht, hat PS, aber ohne Auto

Wo bin ich wirksam?

Leicht könnte man den Eindruck gewinnen, dass ein klimabewusstes Leben nur etwas mit dem Einkaufszettel zu tun hat. Dabei sieht die Realität ganz anders aus: Die Sphären, in denen der eigene Einsatz einen Unterschied macht, sind groß – und vor allem: vielfältig.

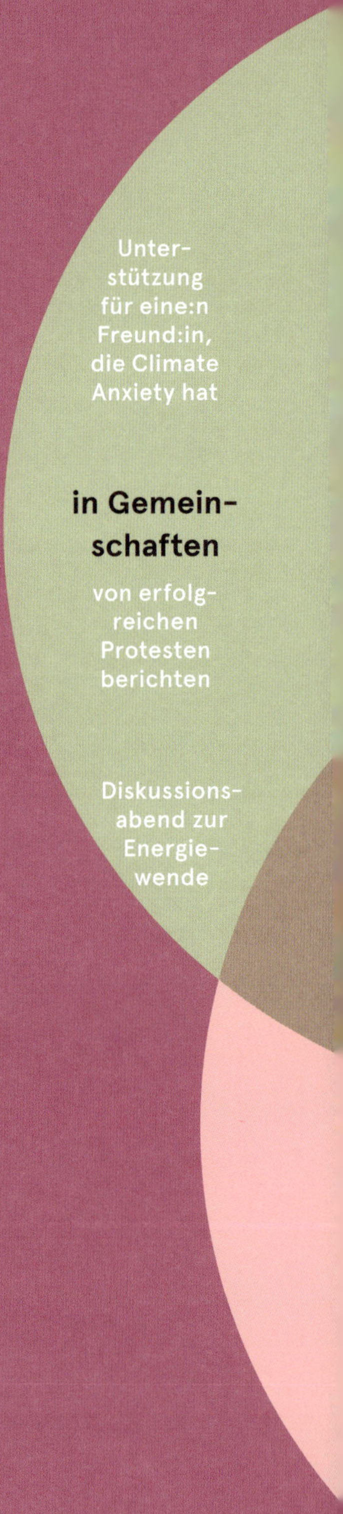

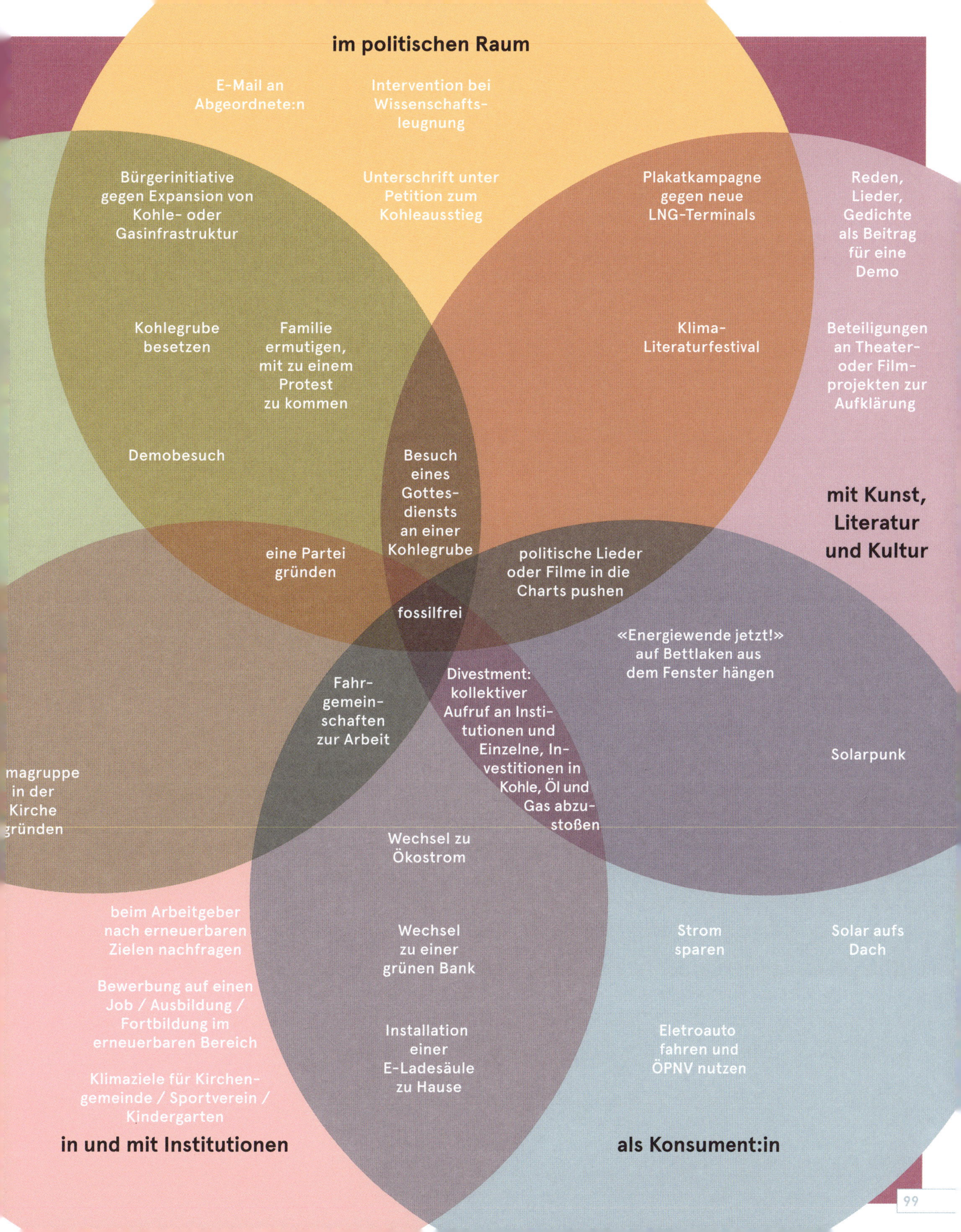
im politischen Raum
E-Mail an Abgeordnete:n
Intervention bei Wissenschafts-leugnung
Bürgerinitiative gegen Expansion von Kohle- oder Gasinfrastruktur
Unterschrift unter Petition zum Kohleausstieg
Plakatkampagne gegen neue LNG-Terminals
Reden, Lieder, Gedichte als Beitrag für eine Demo
Kohlegrube besetzen
Familie ermutigen, mit zu einem Protest zu kommen
Klima-Literaturfestival
Beteiligungen an Theater- oder Film-projekten zur Aufklärung
Demobesuch
Besuch eines Gottes-diensts an einer Kohlegrube
mit Kunst, Literatur und Kultur
eine Partei gründen
politische Lieder oder Filme in die Charts pushen
fossilfrei
«Energiewende jetzt!» auf Bettlaken aus dem Fenster hängen
Fahr-gemein-schaften zur Arbeit
Divestment: kollektiver Aufruf an Insti-tutionen und Einzelne, In-vestitionen in Kohle, Öl und Gas abzu-stoßen
Solarpunk
magruppe in der Kirche gründen
Wechsel zu Ökostrom
beim Arbeitgeber nach erneuerbaren Zielen nachfragen
Wechsel zu einer grünen Bank
Strom sparen
Solar aufs Dach
Bewerbung auf einen Job / Ausbildung / Fortbildung im erneuerbaren Bereich
Installation einer E-Ladesäule zu Hause
Eletroauto fahren und ÖPNV nutzen
Klimaziele für Kirchen-gemeinde / Sportverein / Kindergarten
in und mit Institutionen
als Konsument:in

Ich würde ja, aber die anderen ...

In Umfragen sprechen sich viele Leute für mehr Klimaschutz aus – unterschätzen aber zugleich den Anteil derer, die genauso denken. In der Psychologie spricht man hierbei von pluralistischer Ignoranz. Die Menschen, die Klimaschutz stark unterstützen, ahnen also nicht, wie viele sie sind.

Wie stark unterstützen Sie politische Klimaschutzmaßnahmen im Allgemeinen?

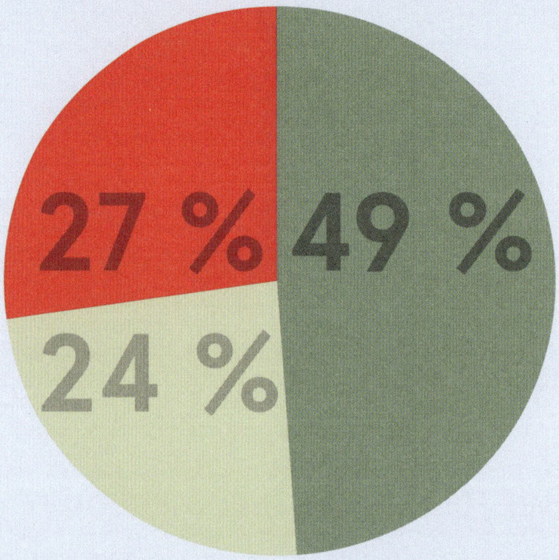

Unterstützung für konkrete Klimaschutzmaßnahmen

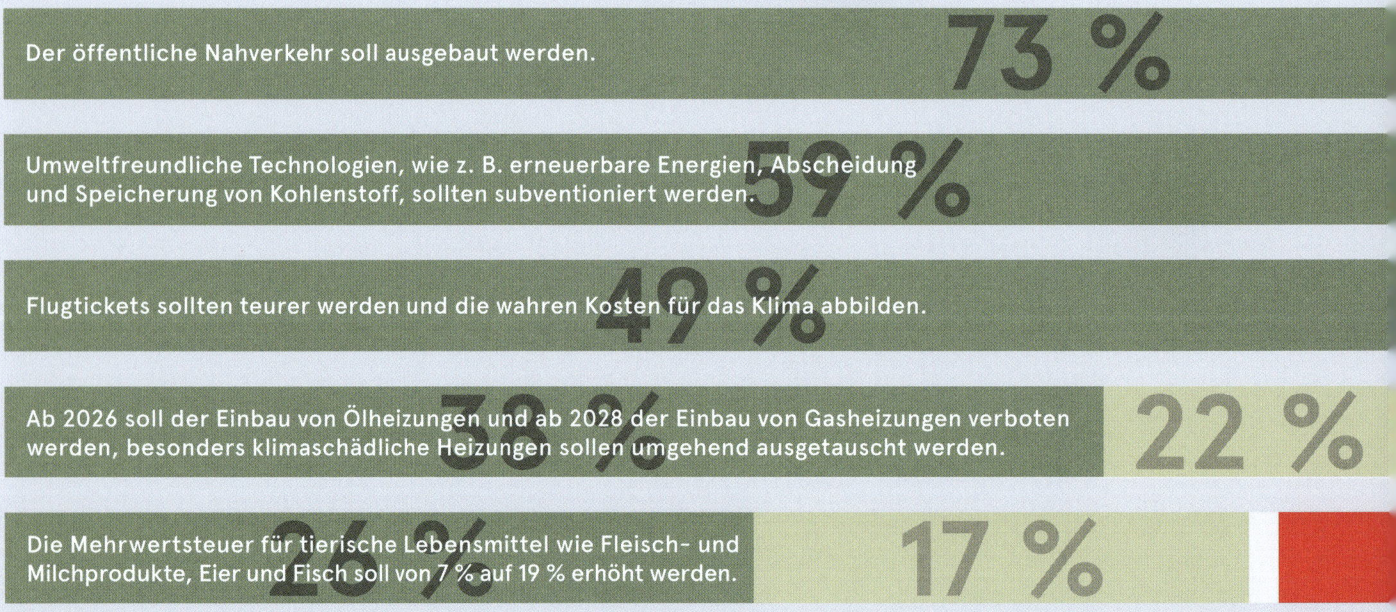

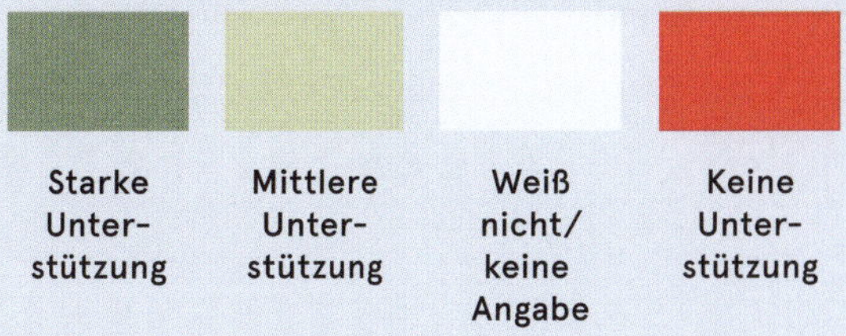

Was glauben Sie, wie stark unterstützen die Menschen in Deutschland politische Klimaschutzmaßnahmen im Allgemeinen?

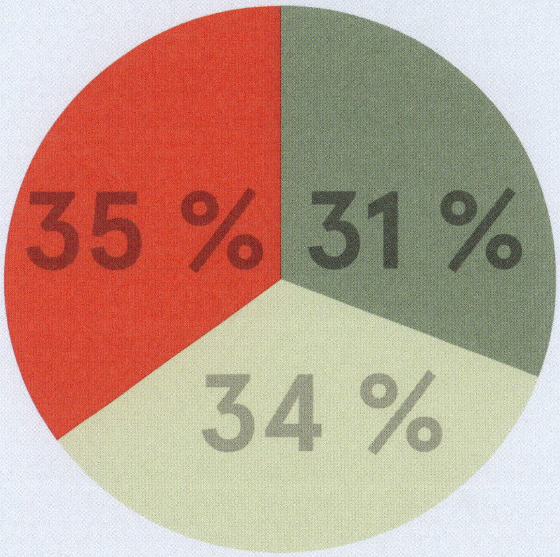

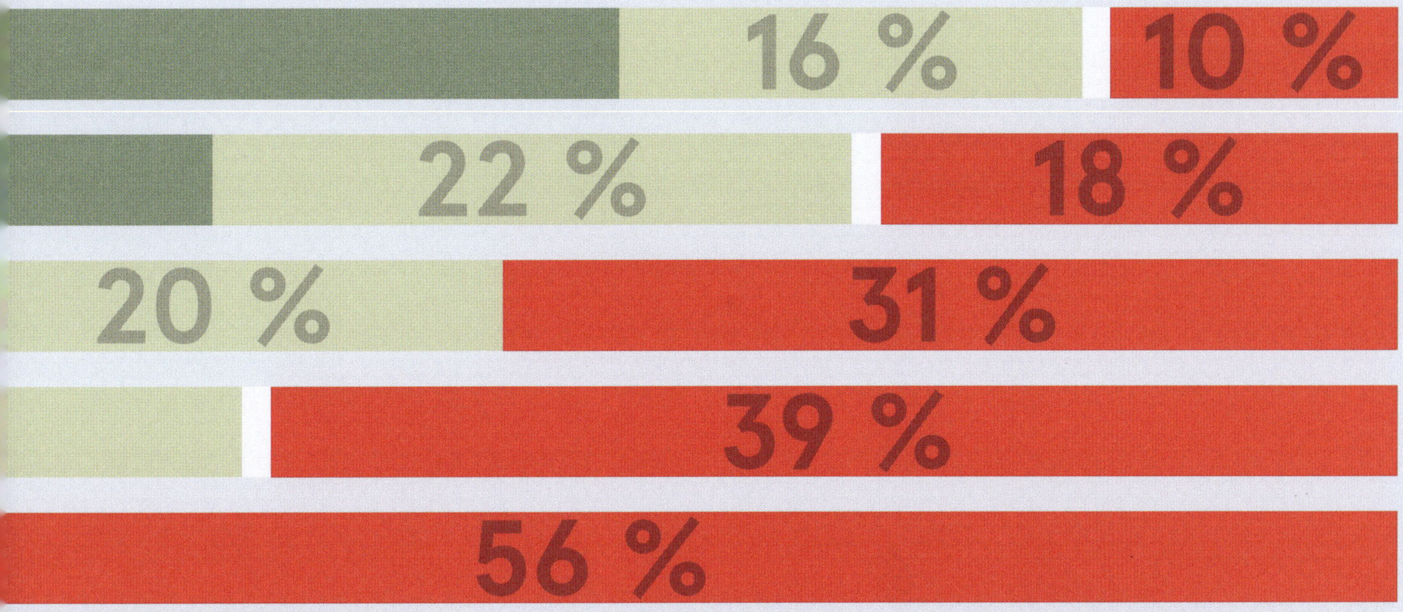

Kann Spuren von Klebstoff enthalten

Mehr als 18 000 Staus zählte der ADAC im Jahr 2023 auf den Berliner Straßen. Die allermeisten davon ohne Zutun der Letzten Generation.

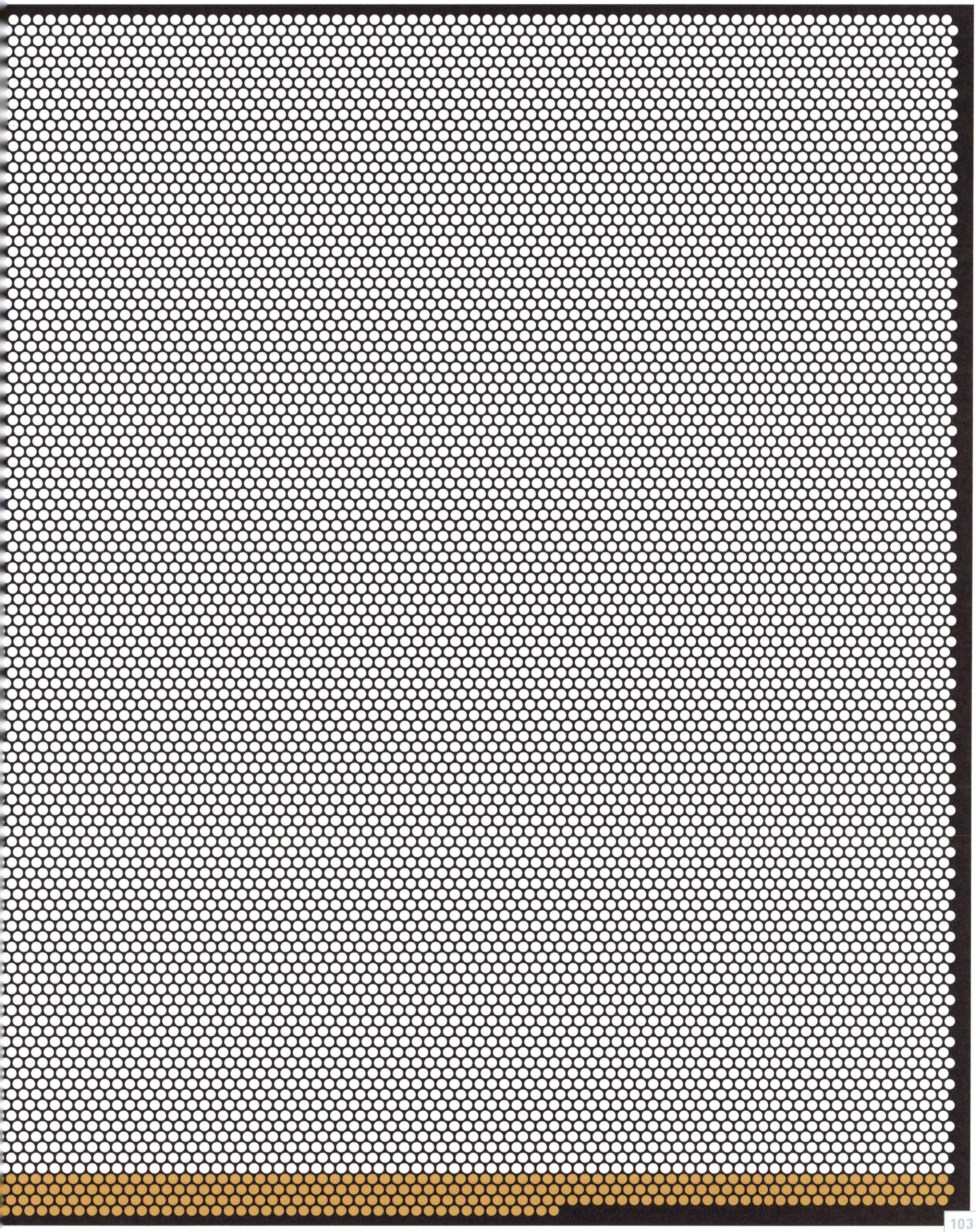

Wenige Jahrzehnte später

Wissenschaftlich ist der menschengemachte Klimawandel schon sehr lange bewiesen. Bereits 1979 trafen sich Forscher:innen auf Einladung der Vereinten Nationen zur ersten weltweiten Konferenz. Doch die Medien interessierte das Thema lange kaum, wie ein Blick in den SPIEGEL zeigt: Erst 1995 brachte das Magazin die erste Titelgeschichte zum Klimawandel, und auch in den Folgejahren und -jahrzehnten wurde die größte Krise der Menschheitsgeschichte medial weitgehend totgeschwiegen.

Titelgeschichte zum Thema Klima

07
08
09
2010
11
12
13
14
15
16
17
18
19
2020
21
22
2023

47,5 Prozent der Twitter-Nutzer:innen, die sich für Umweltschutz einsetzen, haben sich im ersten halben Jahr nach der Übernahme durch Elon Musk von der Plattform zurückgezogen.

Musk vergrault Klima-Twitter

Mit Tesla machte Elon Musk das Elektroauto attraktiv und scheuchte die etablierten Hersteller auf und hat damit viel für den Klimaschutz getan. Doch seit er das soziale Netzwerk Twitter (inzwischen: X) gekauft hat, fühlen sich an Umwelt- und Klimathemen interessierte Nutzer:innen dort zunehmend unwohl. Neue Ausmaße von Klimaleugnung und Hate-Speech auf der Plattform tragen u. a. dazu bei. Viele verlassen Twitter. Der Exodus ist größer als bei anderen Nutzergruppen, wie die Biologin Charlotte Chang gezeigt hat.

Zum Vergleich:
20,6 Prozent der an
US-Politik interessierten
Nutzer:innen haben sich
zurückgezogen.

Eine neue Klimasprache

Im Schatten der Klimazerstörung entstehen in diesen Tagen neue Wörter und Redewendungen. Sie sollen Phänomene beschreiben, die es ohne Klimakrise wohl nicht geben würde. Wer diese Landkarte liest, dem fallen bestimmt noch weitere neue Klimawörter ein.

CliFi

Science-Fiction-Filme zum Klima

Climate Guilt

Mit schlechtem Gewissen wärmeres Wetter genießen

Climate Quitting

Einen Arbeitsplatz wegen mangelnder Nachhaltigkeit kündigen

Flugscham

Das quälende Gefühl beim Fliegen

Heißzeit

Eine neue planetare Phase beispielloser Erhitzung

Hitzeinseln

Durch mangelnde Grünflächen und Winde sowie Versiegelungen und Klimaveränderugen erzeugte Hitzestaus in innerstädtischen Ballungsräumen

Klimakleben

Sich für mehr Klimaschutz festkleben

Klimamigration

Durch Klimaveränderung erzwungene Migration

Klimanotstand

politischer Ausnahmezustand, hervorgerufen durch die Klimakrise

Morbique

Englisch: das morbide Bedürfnis, Orte zu bereisen, bevor sie durch den Klimawandel zerstört werden

Ökozid

Kriminelle menschliche Aktivität gegen das Prinzip Klimagerechtigkeit

Range Anxiety

Die Angst davor, dass die Ladung eines Elektroautos nicht lange genug hält

Apocalypse Fatigue

Ermüdung oder Langeweile angesichts der Klimarealität

Bleibefreiheit

Nach Eva von Redecker: die Freiheit, an einem Ort zu leben, wo man bleiben kann

Blitzdürre

Überraschende und schwere Dürren beim Zusammentreffen mehrerer Extremwetterereignisse

Dálkkádatrievdan

Sprache der nordischen Sami, es ist das neue Wort für «Klimawandel».

Doomism

Der Glaube, dass die Klimazerstörung nicht mehr aufzuhalten ist

Firenado

Die Kombination von Waldbränden und extrem starken Stürmen

Ja-Aberismus

Die chronische Suche nach Ausreden für mangelnden Klimaschutz

Kaitiakitanga

Maori: die Verantwortung der Menschen, für die Umwelt zu sorgen

Klimaangst

Auch Climate Anxiety: Angst vor der heutigen und zukünftigen Klimakrise

Klimatarier

Nichts essen, was nicht klimafreundlich produziert wird

Kühlgrenztemperatur

Der Punkt, an dem Luftfeuchtigkeit und Lufttemperatur so weit ansteigen, dass die Überlebensschwelle des Menschen erreicht ist

Landkrank

Das Gegenteil von seekrank und auch das Gefühl, das Auseinanderfallen der ökologischen Welt körperlich zu spüren

Sécheresse hivernale

Französisch: Winterdürre, das neuartige Ausbleiben von Niederschlägen in Wintermonaten

Solastalgie

Der Schmerz über die Zerstörung der Umwelt

Treintrots

Niederländisch: mit Stolz den Zug nehmen

Klimazerstörung auf jeder Ebene

Wenn man die Klimazerstörung (beispielhaft) nach Größe sortiert, fällt auf: Egal wohin man guckt, nach ganz oben, auf die Kinoleinwand oder aufs Handy, die Zerstörung gibt es überall.

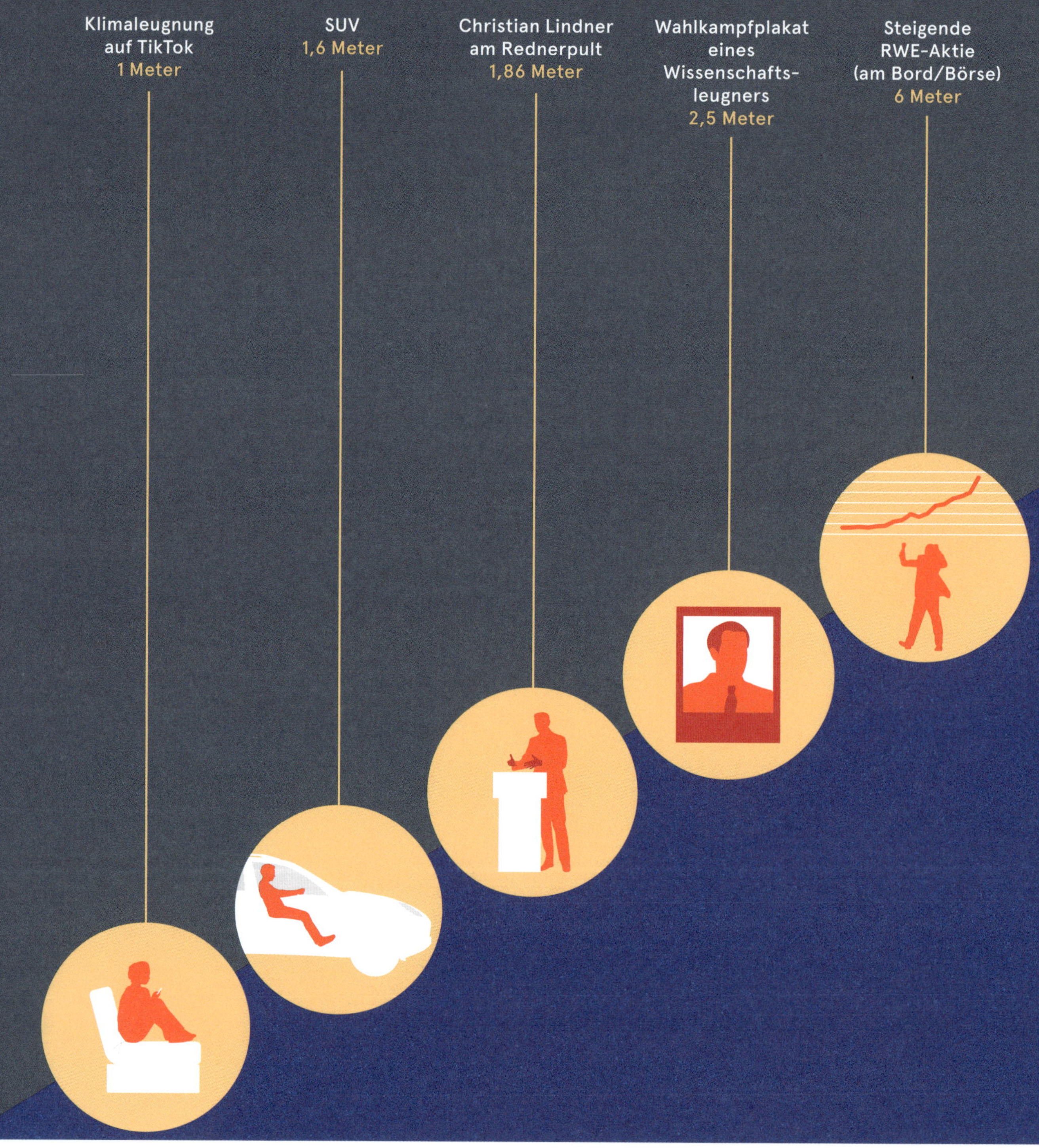

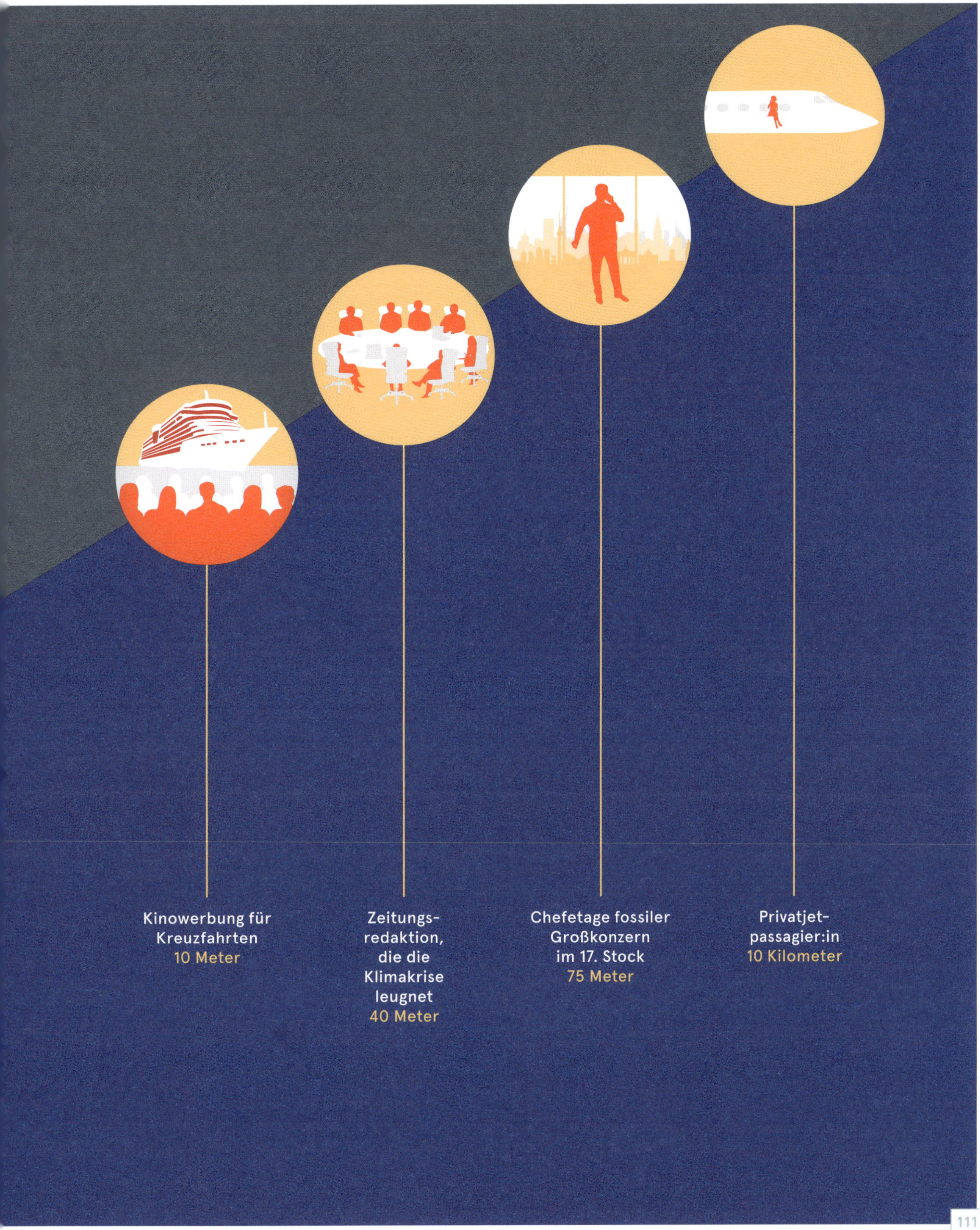
Kinowerbung für Kreuzfahrten
10 Meter
Zeitungs-redaktion, die die Klimakrise leugnet
40 Meter
Chefetage fossiler Großkonzern im 17. Stock
75 Meter
Privatjet-passagier:in
10 Kilometer

Aktivismus auf jeder Ebene

Wenn man Klimaaktivismus (beispielhaft) nach Größe sortiert, ist er praktisch überall.

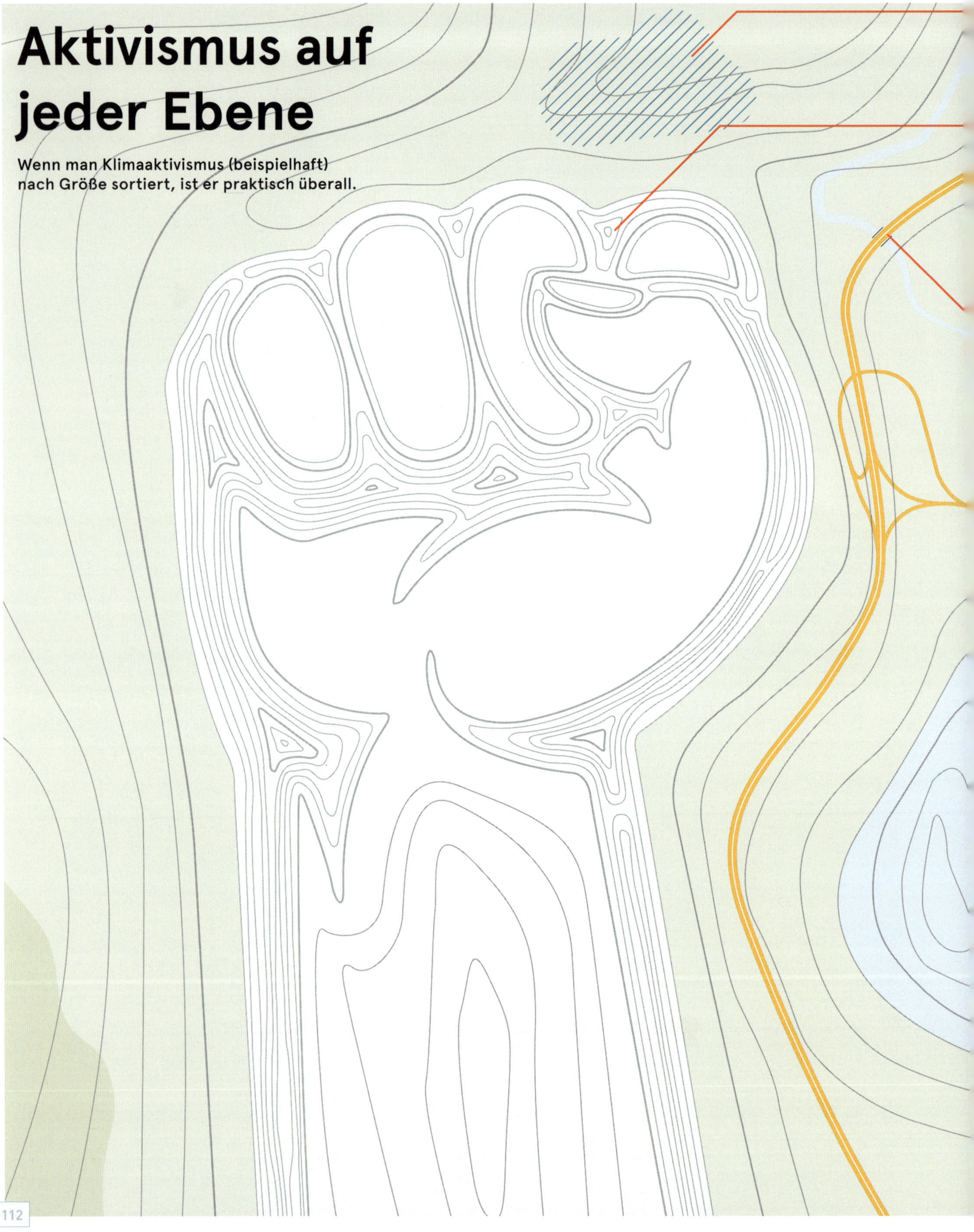

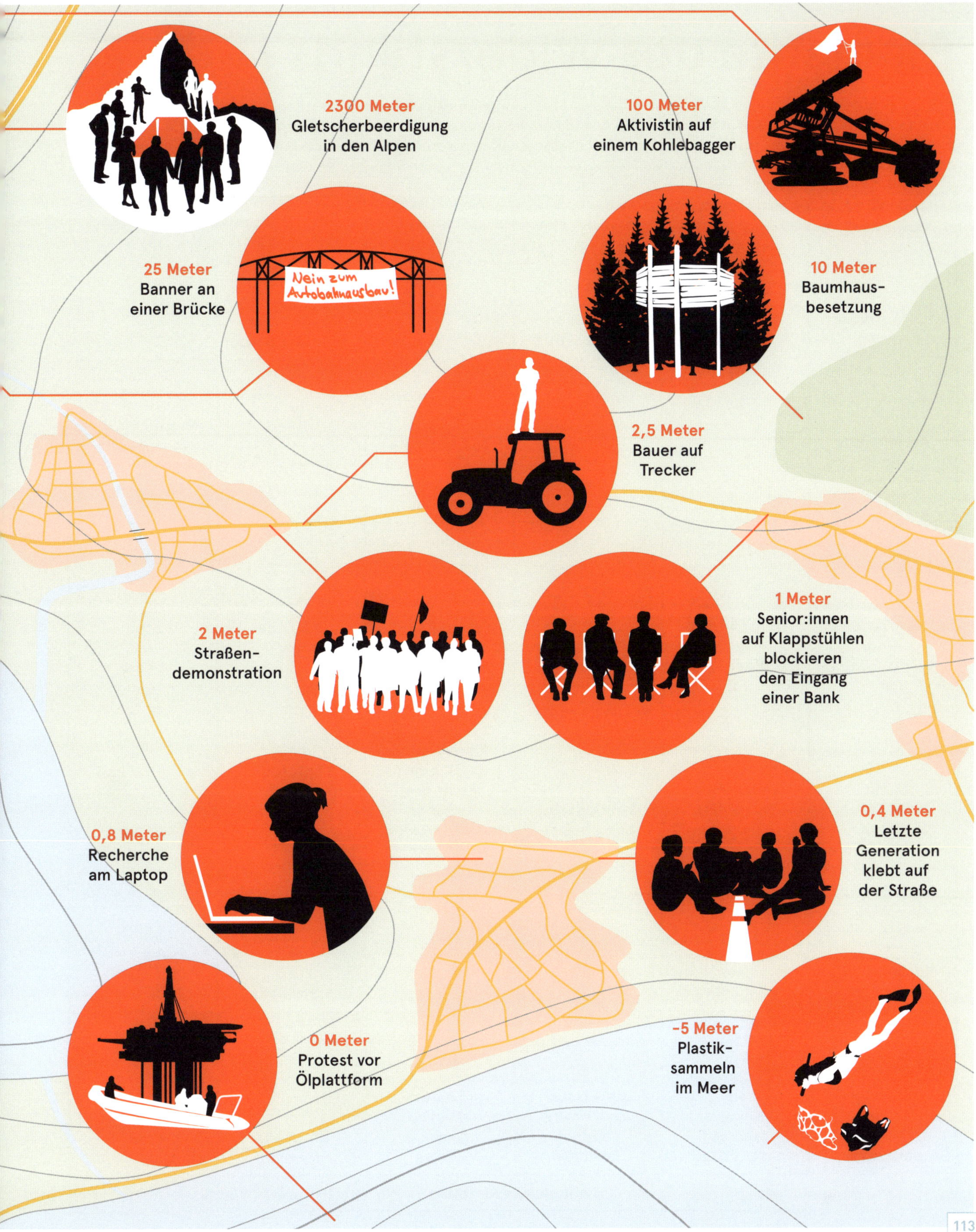
2300 Meter
Gletscherbeerdigung in den Alpen
100 Meter
Aktivistin auf einem Kohlebagger
25 Meter
Banner an einer Brücke
Nein zum Autobahnausbau!
10 Meter
Baumhaus-besetzung
2,5 Meter
Bauer auf Trecker
2 Meter
Straßen-demonstration
1 Meter
Senior:innen auf Klappstühlen blockieren den Eingang einer Bank
0,8 Meter
Recherche am Laptop
0,4 Meter
Letzte Generation klebt auf der Straße
0 Meter
Protest vor Ölplattform
-5 Meter
Plastik-sammeln im Meer

Elemente des Widerstands I

«198 Methoden gewaltfreier Aktionen» hat Gene Sharp zusammengetragen, und sie haben zahllose Protestbewegungen auf der ganzen Welt inspiriert. Auf dieser Seite fassen wir die wichtigsten Methoden zusammen und ergänzen sie auf der folgenden Seite mit digitalen Aktionsformen. Es stellt sich heraus: Protest ist mehr als Schulstreik und Sekundenkleber. Die Möglichkeiten, sich für guten Wandel einzusetzen, sind endlos, im wahrsten Sinne des Wortes.

1 Öffentliche Reden		12 Tragen von Symbolen		23 Protest- oder Solidaritätsversammlungen	
2 Ablehnende oder zustimmende Briefe	7 Schlachtrufe	13 Gebet und Gottesdienst	18 Symbolische Lichter (Fackeln, Kerzen usw.)	24 Teach-ins	29 Parodistische Auszeichnungen für die Gegenseite
3 Erklärungen von Organisationen und Institutionen	8 Transparente, Plakate, Banner	14 Politische Trauer	19 Zurschaustellung von Porträts	25 Märsche und Paraden	30 Sketche und Satire
4 Unterschriftenlisten	9 Flugblätter, Pamphlete und Bücher	15 Symbolische Begräbnisse	20 Symbolische Reklamation (z. B. eines Geländes) für einen anderen Zweck	26 Verlassen einer Konferenz, Versammlung, Diskussion usw.	31 Karikaturen und Symbole
5 Beschwerdeschriften	10 Zeitungen und Zeitschriften	16 Sich aus Protest öffentlich entkleiden	21 Mahnwachen	27 Schweigen	32 Fake-Straßennamen
6 Gruppen- oder Massenpetitionen	11 Schrift am Himmel oder auf der Erde	17 Bewusste Zerstörung eigenen Besitzes	22 Theaterstücke, Musik, Singen	28 Ehrungen ablehnen	33 Fake-Enthüllungen
Bekundungen		Symbolische Aktionen		Protest	Humor

34 Streik der Student:innen und Schüler:innen					
35 Streik der Bauer:innen, Arbeiter:innen, Regierungsmitglieder	41 Dienst nach Vorschrift				
36 Proteststreik	42 Krankfeiern	47 Vollständige persönliche Nichtzusammenarbeit		56 Nichtzusammenarbeit bei Rekrutierung und Deportation	61 Gewaltlose Behinderung
37 Sitzstreik	43 Stay-in-Streik (Arbeiter:innen streiken, bleiben aber an ihrem Arbeitsplatz)	48 Boykott gesellschaftlicher Ereignisse (z. B. Empfänge, Bankette, Partys)	52 Abhebung von Bankguthaben	57 Fasten oder Hungerstreik	62 Gewaltlose Besetzung
38 Ziviler Ungehorsam gegenüber «illegitimen» Gesetzen	44 Streik durch Kündigung	49 Verbraucherboykott	53 Weigerung, Gebühren, Abgaben und Beiträge zu zahlen	58 Sit-ins (Besetzung von Räumen oder Gebäuden)	63 Etablierung neuer sozialer Muster
39 Bummelstreik	45 Solidaritätsstreik	50 Askese, Genügsamkeit	54 Aussetzung gesellschaftlicher und sportlicher Aktivitäten	59 Stand-ins (Stehenbleiben, z. B. an Schaltern oder Einlassen, auch nachdem man abgewiesen wurde)	64 Bewusste Überlastung von öffentlichen Einrichtungen
40 Kurzzeitige Arbeitsniederlegung (Blitzstreik)	46 Generalstreik	51 Einbehaltung der Miete oder Pacht	55 Wahlboykott	60 Ride-ins (Nutzung öffentl. Verkehrsmittel auf Sitzplätzen, die eigentlich für einen selbst verboten sind)	65 Sich gezielt um Verhaftung bemühen
Streik		Boykott		Gewaltlose Intervention	

Elemente des Widerstands II

Diesmal im Internet!

66 Online-Petition	73 Crowdfunding				
67 Ablehnung oder Zustimmung via Mail	74 Crowdsourcing				
68 Online-Konsultationen fluten	75 Fluten von Kommentarspalten	80 Internet-Challenges	85 Fluten von Websites bis zur Überlastung	90 Boykott von Apps	
69 Massenhafte Anfragen bei Online-Formularen	76 Hatestorms und Lovestorms	81 Politische TikTok-Tänze	86 Entfolgen von Accounts	91 Boykott von Accounts	95 Gezieltes Markieren von Personen auf Inhalten
70 Massen-SMS schreiben	77 Propaganda durch Airdrop/Bluetooth verbreiten	82 Massenhaftes Bewertungenschreiben	87 Inhalte melden	92 Boykott von Websites	96 Strategisches Folgen und Entfolgen
71 Hashtags trenden lassen	78 Digitale Märsche auf Onlineplattformen	83 Massenhaftes Beschweren	88 Account melden	93 Boykott von Online-Händler:innen	97 Kommentarspalten fluten
72 Kettennachrichten auf WhatsApp	79 Online-Events durch Frage-Tools stören	84 Neue «Orte» bei Google Maps etablieren	89 Plug-ins nutzen	94 Alternative Plattformen aufbauen	98 Schmähvideos
Online-Massenaktionen			Online-Boykott		Druck auf Einzelne

				115 Domains sichern	
				116 Frühere Versionen von Websites tracken	122 Zugang zu nicht-öfffentlichen Online-Meetings aufbauen
				117 Fake-Accounts und Websites	123 Nutzung verbotener Websites
99 Open-Source-Informationen verbreiten	103 Aufrufe in Profilbeschreibungen	107 Virale Videos	111 Disruptive Podcasts	118 Bewerbungsportale mit Fakebewerbungen fluten	124 Teilen verbotener Inhalte
100 Open-Source-Software verbreiten	104 geschriebene oder gesprochene Reden teilen	108 Soundtracks	112 Protestcamps in Online-Welten errichten	119 Hacking und Verbreitung von Computerviren	125 IP-Adressen umlenken
101 Open-Source-Social-Media-Netzwerke aufbauen	105 Protestreden via Youtube verbreiten	109 Memes und Grafiken	113 Protest durch Profilbilder	120 Whistleblowing und Leaking	126 Digitales Lipsyncing
102 Open-Source-Coding	106 Stitches auf Instagram oder TikTok	110 Satirevideos	114 Satireaccounts	121 AI-generierte Bilder oder Videos	127 Mit Facebook-Veranstaltungen zu unangemeldeten Aktionen aufrufen
Open Source	Rhetorische Intervention	Digitale Kunst		Digitaler Ungehorsam	

Du bist mehr als deine Einkaufsliste

Jede:r Einzelne hat Einfluss – vor allem aber in Gemeinschaft.

18

… einen sofortigen Kohleausstieg erwirken.

Klimaschutz ist ansteckend

Mit unserem Verhalten beeinflussen wir nicht nur den eigenen ökologischen Fußabdruck – sondern auch den der Menschen um uns herum.

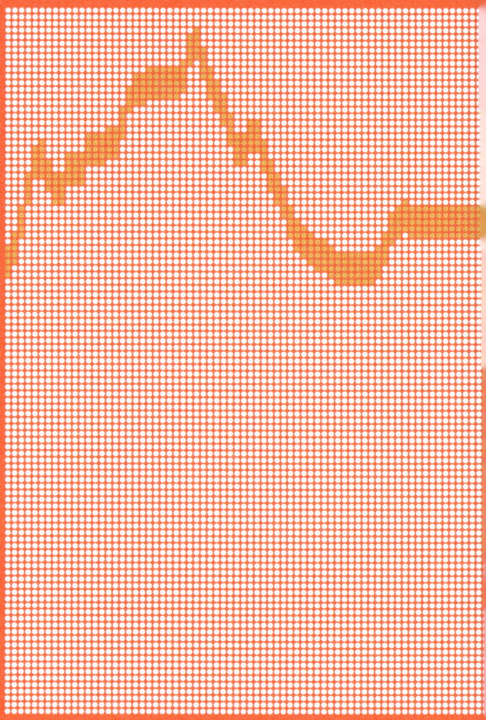

2,3 %

Ein Haus mit Solardach erhöht bei allen Nachbar:innen im Umkreis von 200 Metern die Wahrscheinlichkeit, sich auch eine Solaranlage aufs Dach zu schrauben, um 2,3 Prozent.

10 %

An den Finanzmärkten reicht ein Anteil von etwa 10 bis 20 Prozent an Investor:innen, die sich aus fossilen Unternehmen zurückziehen, um eine Kettenreaktion

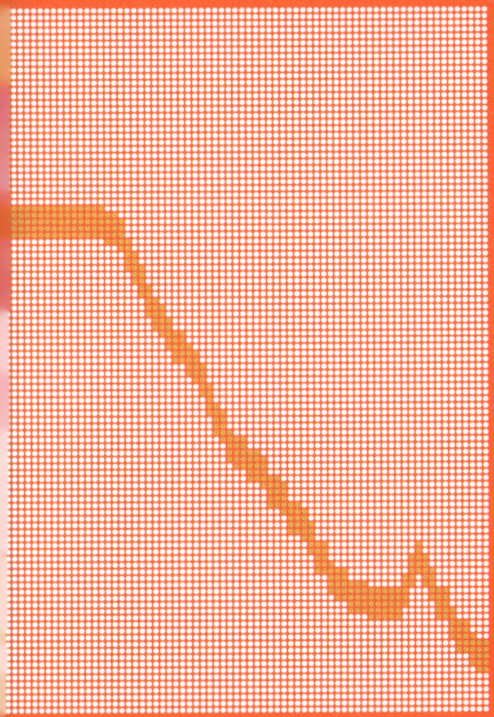

20 %

auszulösen: Wenn sie Aktien verkaufen, fallen die Kurse, weitere Investor:innen ziehen ihr Geld ab, der Wert des Unternehmens bricht ein.

–21 %

33 Prozent derjenigen, die keine veganen Freund:innen oder Angehörigen haben, sagen, Veganismus sei keine gesunde Ernährungsweise. Bei denjenigen mit veganen Freund:innen oder Angehörigen denken das nur 12 Prozent. Also 21 Prozent weniger.

Wir sind hier, wir sind laut

Protest kann laut sein, aber auch ganz, ganz leise. Hier ist er nach Dezibel sortiert.

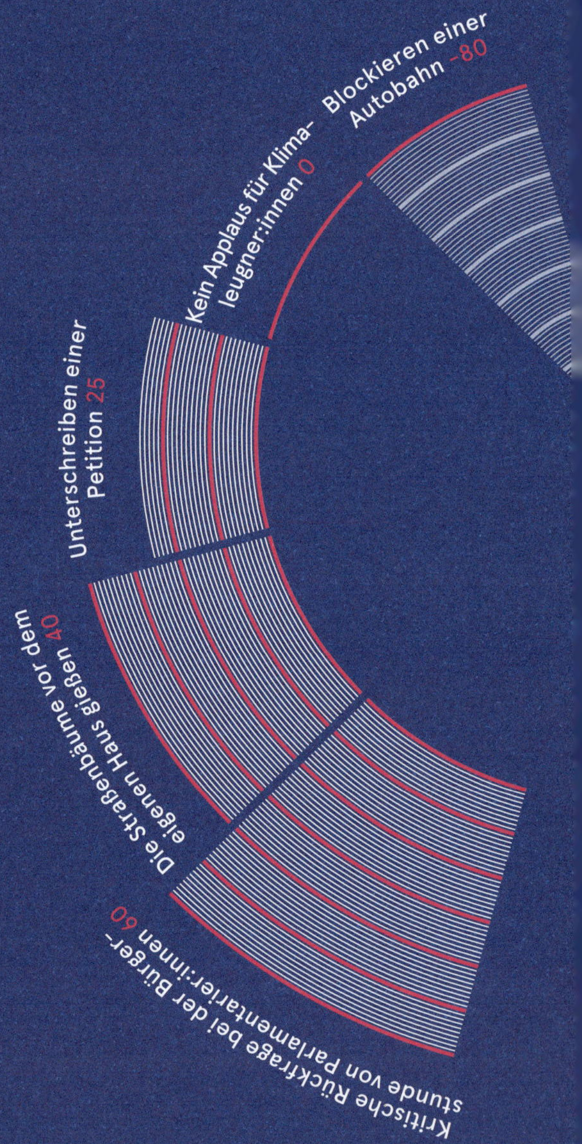

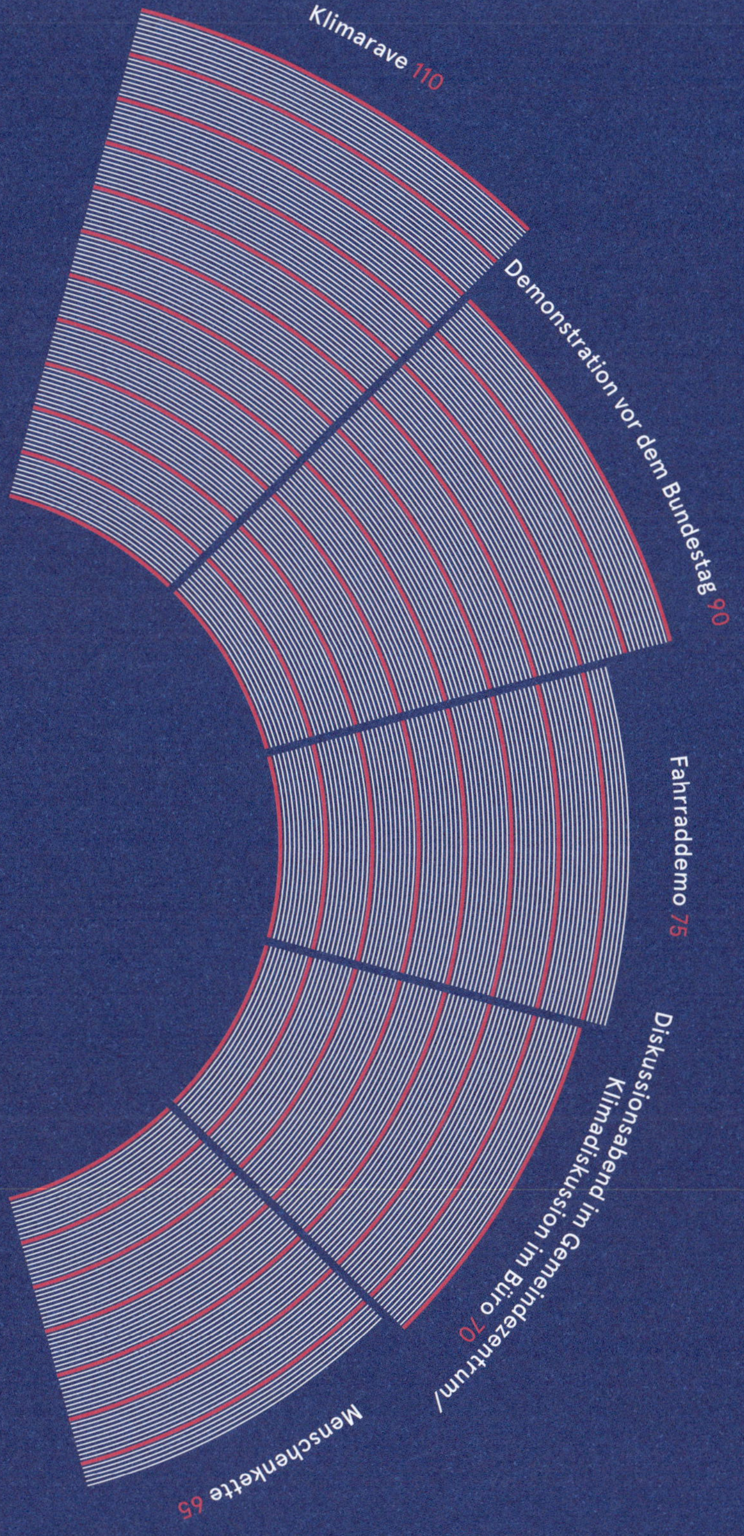
Klimarave 110
Demonstration vor dem Bundestag 90
Fahrraddemo 75
Diskussionsabend im Gemeindezentrum/
Klimadiskussion im Büro 70
Menschenkette 65

Alte Träume, neue Träume?

So? | Oder so?

Eigenheim

Eigene Solarproduktion / eigene Wärmepumpe

Konsum: Geiz ist geil.

Konsum: Sharing is Caring.

Wachsendes Auto (vom Porsche zum SUV)

Lastenrad

Womit Menschen angeben, wovon sie träumen, worauf sie hinarbeiteten – das war lange unweigerlich mit «mehr Emissionen» verbunden. Größere Autos, längere Reisen, mehr Pelz im Schrank. Ob das immer so bleiben wird? Unklar, denn auch Statussymbole gehen mit der Zeit.

So?

Oder so?

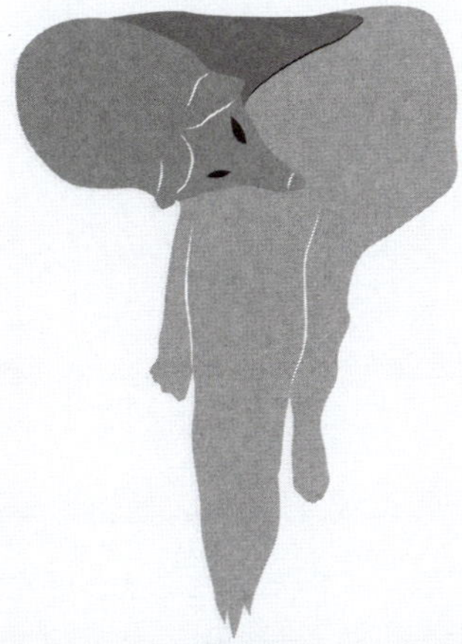

Pelz

Klamotten, die lange halten / Vintage

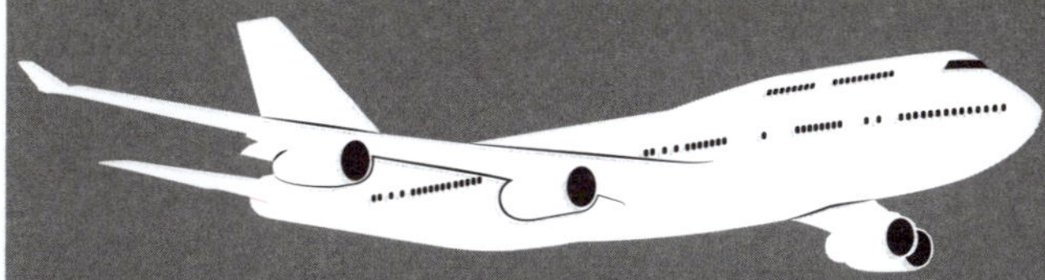

Fernreisen

(Ungewöhnliche) Zugreisen, Slow Travelling

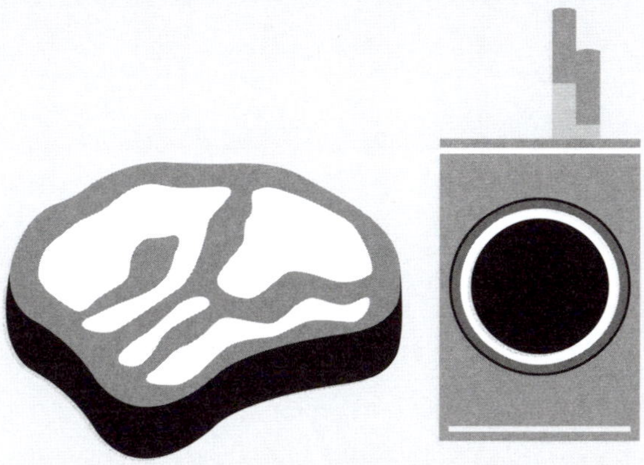

Fleisch und Zigaretten

Gesundheit durch gute Ernährung / gesunden Lebensstil

6 Politischer Wandel

Im Jahr 1974 veröffentlichten die Chemiker Mario José Molina und Frank Sherwood Rowland einen wissenschaftlichen Aufsatz. Darin wiesen sie nach, dass sich Fluorchlorkohlenwasserstoffe (FCKW) in der Atmosphäre ansammeln und die Ozonschicht zerstören. FCKW waren damals unter anderem als Kältemittel in Kühlschränken verbaut und kamen in Spraydosen zum Einsatz. 1985 stellte sich heraus, dass FCKW inzwischen ein regelrechtes Loch in die Ozonschicht gefressen hatten. Die beteiligten Forscher:innen dachten zunächst, dass es sich um einen Messfehler handeln musste, so immens war die Zerstörung. Auf der Erde verursachte das Ozonloch eine erhöhte UV-Strahlung – und die wiederum führt zu Hautkrebs und Sehschäden.

Nur zwei Jahre nach Entdeckung des Ozonlochs trafen sich 1987 einige Staaten zu einem Gipfel im kanadischen Montreal. In einem Abkommen, das in den folgenden Jahren mehrfach verschärft wurde, beschlossen sie ein schrittweises Verbot der FCKW. Die Industrie bekämpfte das zunächst, gab den Widerstand jedoch bald auf und entwickelte Kühlschränke, die inzwischen seit bald vierzig Jahren wunderbar ohne FCKW auskommen. Die Folge: Die Ozonschicht hat sich inzwischen weitgehend regeneriert (Seite 134/135).

Die Geschichte des Ozonlochs gleicht zunächst der des Klimawandels: Die Menschheit bläst ein Gas in die Atmosphäre, das dort nicht hingehört, zumindest nicht in solchen Mengen, und einiges durcheinanderbringt – zum Schaden ebenjener Menschheit unten auf der Erde. Wissenschaftler:innen machen auf das Problem aufmerksam, die Politik trifft sich und berät, was zu tun sei.

An diesem Punkt gehen die beiden Geschichten sehr unterschiedlich weiter. Im Kampf gegen das Ozonloch folgte entschiedenes Handeln der Politik. Bloß ist es bis heute eine einmalige Erfolgsgeschichte geblieben. Warum gelingt in der Klimapolitik nicht etwas Ähnliches?

«Das Ozonlochproblem war einfacher, weil nur wenige große Chemieunternehmen beteiligt waren», sagte der inzwischen verstorbene Ozonlochentdecker Molina 2013 in einem Interview mit *ZEIT ONLINE*: «Die haben zwar zunächst den Zusammenhang zwischen FCKW und dem Ozonloch angezweifelt, aber als die Fakten zu stark wurden, hat die Industrie zügig Alternativen entwickelt. Die Klima- und Energiepolitik betrifft so viele Wirtschaftsbereiche, das macht es kompliziert.»

Da ist natürlich etwas dran. Was sind schon ein paar Kühlschränke gegen Öl-, Gas-, Kohle- und Autokonzerne, gegen Fluglinien, Kreuzfahrtreedereien, Rinder- und Schweinezucht, Fleischverarbeitung und -handel, gegen all diese Branchen, all diese Milliarden, mit ihren Verbänden, ihren Lobbyist:innen, ihren zahlreichen Verbündeten in der Politik, in den Medien, in der Finanzindustrie? Vielleicht muss man es angesichts dieser Übermacht schon als großen Erfolg betrachten, was gegen den Klimawandel bereits erreicht worden ist. «In einer Welt ohne Klimapolitik würden wir auf mindestens vier oder fünf Grad Erwärmung zusteuern», schreibt die Datenwissenschaftlerin Hannah Ritchie. «Das wäre eine gruselige Welt, in der Tat.» Nun bleibe man auf jeden Fall unter drei Grad, und Ritchie hält sogar das Zwei-Grad-Ziel noch für erreichbar.

Das ist dennoch schmerzhaft weit entfernt von jenen 1,5 Grad, auf die man sich 2015 beim Klimagipfel in Paris als Ziel geeinigt hatte. Jedes dieser Zehntelgrade zu viel bedeutet mehr Hitze, mehr Dürre, mehr Überschwemmungen, mehr Verlust von Existenzen, Lebensräumen, Menschenleben.

Aber angesichts der Größe des Problems, angesichts der vielen mächtigen Profiteur:innen des fossilen Wirtschaftens muss man es wohl doch als beachtlichen Erfolg ansehen. Hannah Ritchie beschreibt in ihrem Buch «Not the End of the World» auch, in welch hoffnungsloser Stimmung sie zum Pariser Klimagipfel gereist ist. So ging es damals vielen – und dann kam die Einigung auf den wegweisenden Vertrag, das Übereinkommen von Paris, wie es offiziell heißt, das von 194 Staaten und der Europäischen Union verabschiedet wurde.

Von daher kann das Erreichte bei aller Unzulänglichkeit durchaus auch ein Ansporn sein: Weitermachen. Weiterkämpfen. Gegen fossilen Lobbyismus (Seite 130/131), für den Erhalt mühsam errungener Erfolge wie das EU-weite Verbrennerverbot (Seite 132/133). Politik ist Ausdauersport. Und: Zuschauer:innentribünen gibt es nicht, alle befinden sich mitten in der Arena, alle sind gebraucht.

Klimapolitik: kritische Bilanz

Die Zeitleiste einiger klimapolitischer Höhepunkte zeigt vor allem eins: Es ist ein Kampf, und das Ende ist maximal offen. Von Anfang an wird klar, dass mit der Klimapolitik niemals nur Klima oder Politik verhandelt werden. Egal zu welchem Zeitpunkt in den letzten Jahrzehnten der Klimadiplomatie, immer geht es auch um Macht- und Parteifragen, immer stehen Wirtschaft und Wahlkampf mit im Raum.

1972
Der erste Umweltgipfel tagt in Stockholm mit Delegierten aus 113 Staaten.

1972
Der Politiker Herbert Gruhl (CDU) hält die erste Rede zum Klimaschutz im Bundestag, eine parlamentarische Arbeitsgruppe entwirft das «Konzept der CDU für Umweltvorsorge».

1979
Auf dem Weißen Haus werden unter Präsident Jimmy Carter 32 Solarpanels installiert.

1987
Mit dem Montreal-Protokoll gelingt eine globale Vereinbarung zur Schließung des «Ozonloches»

1987
Ein Jahr nach der Reaktorkatastrophe von Tschernobyl wird in Deutschland das Umweltministerium gegründet.

1990
Die Bundesrepublik gibt sich unter Umweltminister Klaus Töpfer (CDU) das erste nationale Klimaschutzziel für 2005. Es wurde nicht erreicht.

1992
Der «Erdgipfel» tagt in Rio de Janeiro, die damals zwölfjährige kanadische Aktivistin Severn Cullis-Suzuki wirft den Weltregierungen eine Ausbeutung ihrer Zukunft vor.

1995
Die deutsche Umweltministerin Angela Merkel eröffnet die UN-Klimakonferenz (COP1) in Berlin. Kanzler Helmut Kohl (CDU) schwächt das deutsche Klimaziel für 2005 ab.

1997
Das Kyoto-Protokol wird verabschiedet der erste völkerrechtlich bindende Vertrag zur Eindämmung der Klimakrise.

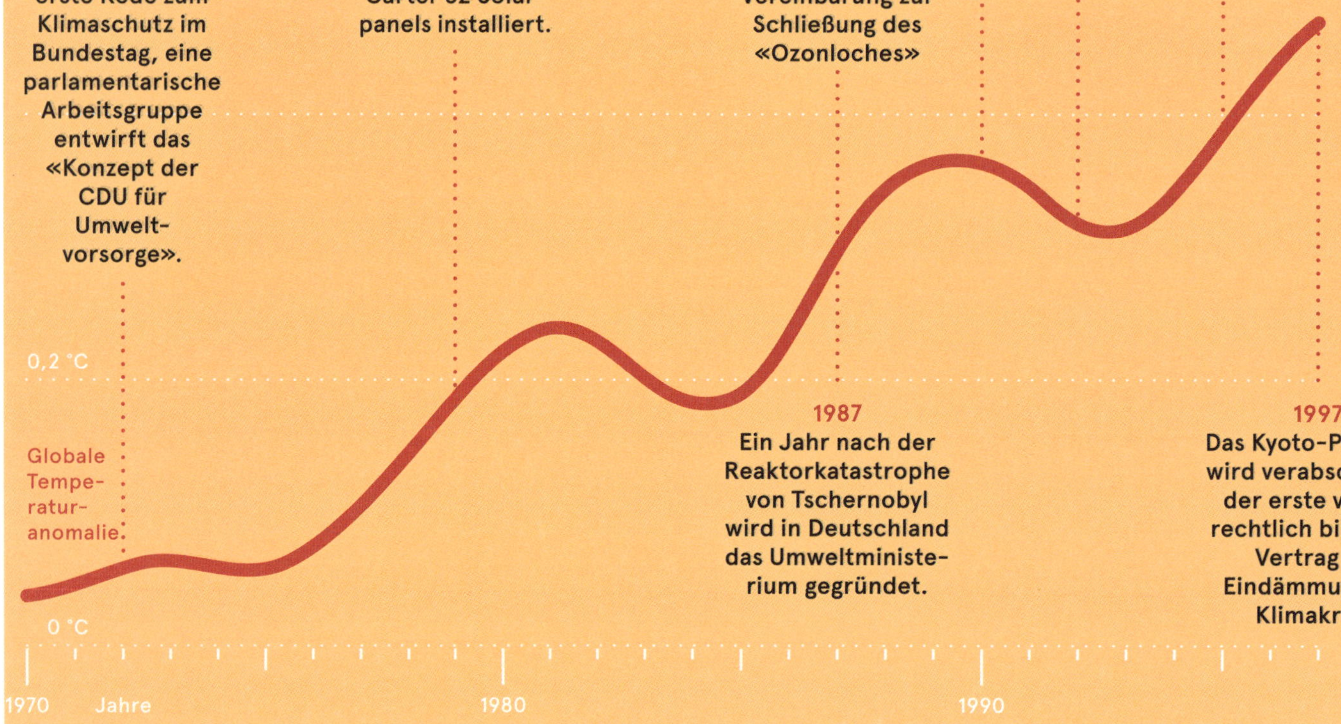

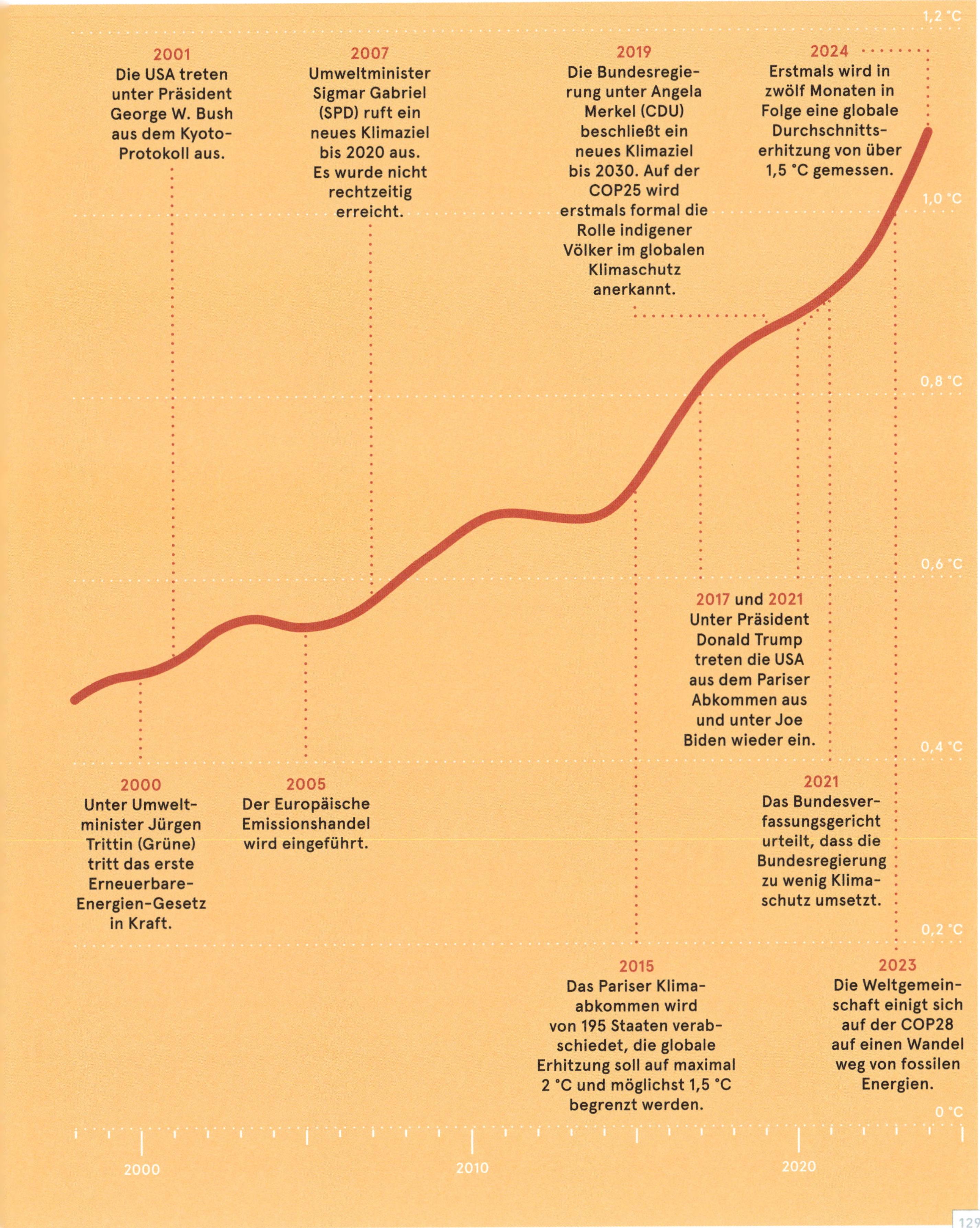
1,2 °C
1,0 °C
0,8 °C
0,6 °C
0,4 °C
0,2 °C
0 °C
2000
2010
2020
2000
Unter Umweltminister Jürgen Trittin (Grüne) tritt das erste Erneuerbare-Energien-Gesetz in Kraft.
2001
Die USA treten unter Präsident George W. Bush aus dem Kyoto-Protokoll aus.
2005
Der Europäische Emissionshandel wird eingeführt.
2007
Umweltminister Sigmar Gabriel (SPD) ruft ein neues Klimaziel bis 2020 aus. Es wurde nicht rechtzeitig erreicht.
2015
Das Pariser Klimaabkommen wird von 195 Staaten verabschiedet, die globale Erhitzung soll auf maximal 2 °C und möglichst 1,5 °C begrenzt werden.
2017 und 2021
Unter Präsident Donald Trump treten die USA aus dem Pariser Abkommen aus und unter Joe Biden wieder ein.
2019
Die Bundesregierung unter Angela Merkel (CDU) beschließt ein neues Klimaziel bis 2030. Auf der COP25 wird erstmals formal die Rolle indigener Völker im globalen Klimaschutz anerkannt.
2021
Das Bundesverfassungsgericht urteilt, dass die Bundesregierung zu wenig Klimaschutz umsetzt.
2023
Die Weltgemeinschaft einigt sich auf der COP28 auf einen Wandel weg von fossilen Energien.
2024
Erstmals wird in zwölf Monaten in Folge eine globale Durchschnittserhitzung von über 1,5 °C gemessen.

Gespräche mit Autolobbyist:innen:
80

Das Autoministerium

Verkehrsminister Andreas Scheuer (CSU) war nicht für seinen ökologischen Eifer bekannt, die Zahl der Lobbygespräche wirft allerdings etwas größere Fragen auf. Und beantwortet sinnbildlich, warum so viele sinnvolle und rationale Klimaschutzmaßnahmen im Verkehr bis heute nicht eingeführt wurden. It's the lobby, stupid.

Gespräche mit Umweltverbänden:
1

in der Legislatur von Andreas Scheuer (2017–2021)

Wie ein Klimagesetz entsteht

Green Deal, Emissionshandel, Flottengrenzwerte, Plastikverbot: Entscheidende Fortschritte in der Klima- und Umweltpolitik entstehen inzwischen meistens auf EU-Ebene, weitgehend unbeachtet von den nationalen Medien. Am Beispiel des Verbrennerverbots ab 2035 zeigen wir hier, wie ein europäisches Gesetz entsteht – und wie lange es mitunter dauert, die unterschiedlichen Vorstellungen der Parteien und der 27 Mitgliedstaaten in einen Kompromiss zu gießen.

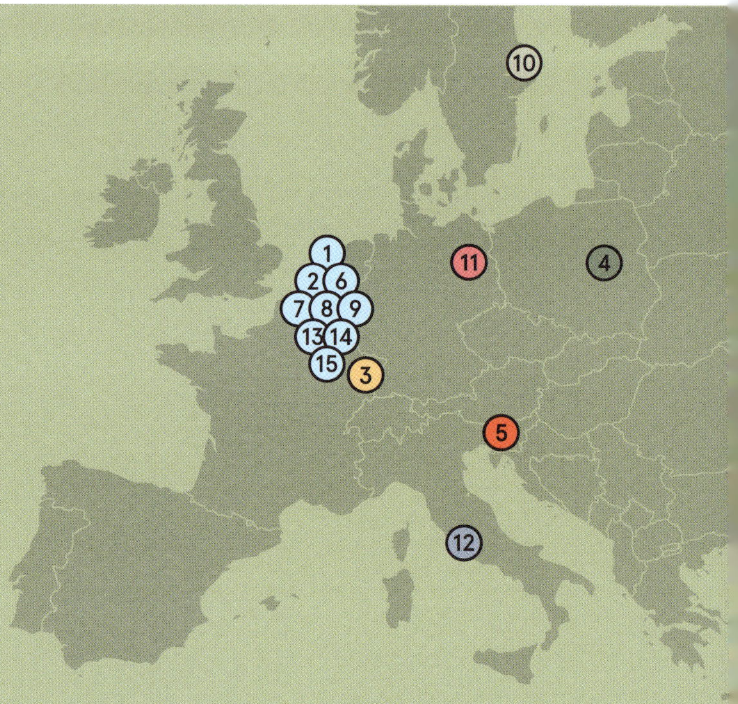

(9)
11. Februar 2023
Brüssel

Das Europäische Parlament beschließt den Kompromiss mit 340 Ja- und 279 Nein-Stimmen bei 21 Enthaltungen. Nun fehlt noch die finale Zustimmung der Mitgliedstaaten.

(8)
1. Dezember 2022
Brüssel

Der Umweltausschuss des Parlaments akzeptiert den Kompromiss.

(7)
16. November 2022
Brüssel

Die EU-Botschafter:innen der Mitgliedstaaten nehmen den vereinbarten Kompromiss an.

(10)
27./28. Februar 2023
Stockholm

Die Verkehrsminister:innen der EU beraten auf einer Sitzung über das Gesetz. Die postfaschistische Regierung Italiens äußert Bedenken: Ein Verbrennerverbot bis 2035 sei übereilt.

(11)
28. Februar 2023
Berlin

Bundesverkehrsminister Volker Wissing kündigt an, dass Deutschland dem Gesetz im Rat nicht zustimmen werde – außer die Kommission erlaube nach 2035 neben Elektroautos auch Verbrennungsmotoren mit klimaneutral hergestellten E-Fuels.

(12)
2. März 2023
Rom

Italien kündigt seine Ablehnung des Verbrenneraus an.

(1)
14. Juli 2021
Brüssel

Die EU-Kommission schlägt eine neue Richtlinie vor. Demnach dürfen ab 2035 in der EU keine neuen Autos mit Verbrennungsmotor mehr zugelassen werden.

(2)
11. Mai 2022
Brüssel

Der Umweltausschuss des Europäischen Parlaments berät über den Vorschlag der Kommission. Er stimmt dem Vorhaben grundsätzlich zu, spricht sich aber für die Änderung einiger Details aus.

(3)
1. Juni 2022
Straßburg

Das Europäische Parlament beschließt auf einer Plenarsitzung den geänderten Entwurf des Umweltausschusses.

(4)
30. Juni 2022
Warschau

Die polnische Regierung gibt nach einer Kabinettssitzung bekannt, das geplante Verbrennerverbot abzulehnen. Es fehle an der Ladeinfrastruktur für Elektroautos, diese hätten zudem zu geringe Reichweiten.

(5)
20. Juli 2022
Kranj, Slowenien

Bei einem informellen Treffen beraten die Umweltminister:innen der Mitgliedstaaten erstmals über das Vorhaben.

(6)
27. Oktober 2022
Brüssel

Vertreter:innen von Parlament, Rat und Kommission verhandeln und einigen sich auf einen Kompromiss.

(13)
25. März 2023
Brüssel

Deutschlands Bundesregierung einigt sich mit der EU-Kommission. Der Vizepräsident der Kommission, Frans Timmermans, kündigt an, eine Ausnahmeregelung für E-Fuels zu erarbeiten.

(14)
28. März 2023
Brüssel

Der Europäische Rat stimmt dem Kompromiss zu. Polen stimmt mit Nein. Bulgarien, Rumänien und Italien enthalten sich.

(15)
25. April 2023
Brüssel

Das Gesetz wird offiziell verkündet.

Verbote: schlechter Ruf, gute Bilanz

Verbote haben einen schlechten Ruf. Eine kleine Auswahl von erfolgreicher Verbotspolitik zeigt allerdings, wie wichtig und effektiv dieses politische Instrument ist. Die Annahme, Verbote würden die Menschen verschrecken, lässt sich kaum belegen. Im Gegenteil: Bis heute sieht man, wie schnell sie wirken können, wenn sie gut begründet sind. Und: wie schnell man sich an sie gewöhnt.

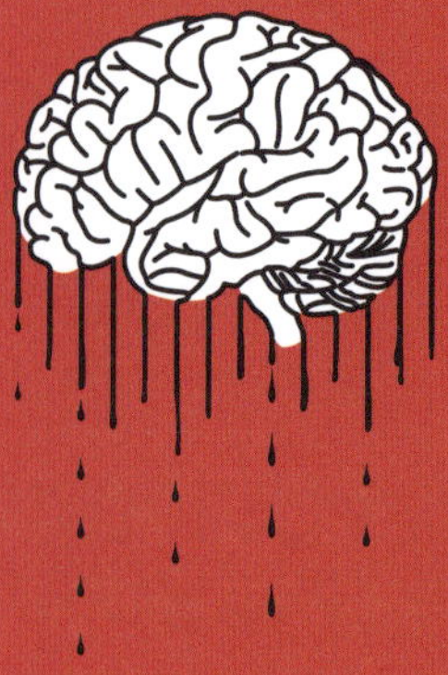

Bleifreies Benzin

1921 entdeckten Ingenieur:innen beim US-Autobauer General Motors, dass die Motoren besser laufen, wenn sie mit bleihaltigem Benzin betrieben werden. Doch dann stellte man fest: Das Blei verursacht Herzerkrankungen, Krebs und schadet der Entwicklung von Kindern – sie werden dümmer. Einer Generation amerikanischer Kinder hat das Blei im Durchschnitt sieben IQ-Punkte gekostet, hat eine Studie gezeigt. Ab den Siebzigerjahren wird bleifreies Benzin verwendet, inzwischen ist der Bleizusatz fast überall verboten.

FCKW-Verbot

Fluorchlorkohlenwasserstoffe (FCKW) sind Chemikalien, die lange u. a. als Kühlmittel in Kühlschränken verwendet wurden. Wenn sie in die Atmosphäre gelangen, zerstören sie die Ozonschicht, die die Erde vor gefährlicher UV-Strahlung schützt. 1987 einigte sich die Staatengemeinschaft auf ein Verbot der FCKW. Inzwischen erholt sich die Ozonschicht. Ganz intakt wird sie aber erst etwa im Jahr 2060 sein, schätzen Forscher:innen.

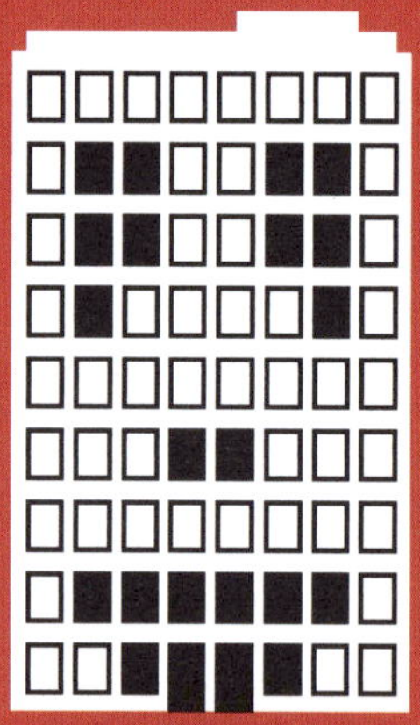

Asbestverbot

Jahrzehntelang wurde Asbest in über 3000 verschiedenen Produkten verbaut. Weil es als eindeutig krebserregend erkannt wurde, ist die Herstellung und Verwendung seit 1993 verboten und hat damit unzählbare Krebserkrankungen verhindert. Bis heute aber sind die Langzeitfolgen spürbar, noch immer erkranken Menschen an den Spätfolgen von Asbestwirkungen.

Glühbirnenverbot

Seit September 2009 ist in der Europäischen Union der Verkauf von herkömmlichen Glühbirnen verboten. Die sind nämlich enorm ineffizient. Nur fünf Prozent des Stroms setzen sie in Licht um. Alternativen wie LEDs sind wesentlich sparsamer. Trotzdem war die Vorschrift sehr umstritten. Die Zahlen sprechen allerdings für sich: Von 2008 bis 2022 sank der Stromverbrauch für Beleuchtung in deutschen Haushalten um etwa zehn Prozent.

Plastiktütenverbot

In Kalifornien sind Einwegplastiktüten seit 2014 verboten. Die Supermärkte bieten seitdem Mehrwegbeutel an, üblicherweise für zehn Cent. Doch die meisten Kund:innen nutzen sie trotzdem nur einmal. Weil die neuen Tüten aus dickerem Plastik gefertigt sind, ist die Müllmenge seit Einführung des Verbots sogar gestiegen. Eigentlich wären die Händler:innen verpflichtet, sich um das Recycling des Plastiks zu kümmern. Kalifornische Politiker:innen wollen die Vorschrift daher nun besser durchsetzen und verschärfen.

Steinkohleausstieg

Seit dem 1. Januar 2019 ist der Abbau von Steinkohle in Deutschland Geschichte. Nach Jahrhunderten der Steinkohleförderung, bei der zwischenzeitlich über 500 000 Menschen im Bergbau arbeiteten, entschied man sich, im Sinne der Energiewende und der Klimaziele hier einen Schlussstrich zu ziehen.

Flottengrenzwerte

Seit 2012 gilt in der EU ein Flottengrenzwert von 130 g CO_2/km, 2021 wurde er auf 95 g CO_2/km reduziert (Flottengrenzwert beschreibt die Obergrenze des durchschnittlichen CO_2-Verbrauchs der Neuwagen eines Herstellers). Nachdem «Selbstverpflichtungen» der Hersteller jahrelang gescheitert waren, sorgen die Grenzwerte mittlerweile für substanzielle Reduktionen bei den Flotten, wobei gesetzliche Schlupflöcher und die in Summe wachsende Zahl an Autos weiterhin das Klimaziel gefährden.

Tempolimit

Seit April 2022 gilt fast überall in Lyon Tempo 30. Die Zahl der Verkehrsunfälle ist seither um 35 Prozent gesunken. Schwere Unfälle gingen gar um 39 Prozent zurück, da hohe Geschwindigkeiten zu schlimmeren Verletzungen führen.

Atomausstieg

Nach jahrzehntelangem Ringen wurde 2023 das Ende der Atomverstromung in Deutschland beschlossen, die Suche nach Endlagern geht weiter, aber von nun an wird kein neuer radioaktiver Müll mehr produziert.

Verbot von Kurzstreckenflügen

Seit 2023 sind Flüge innerhalb Frankreichs verboten, die in 2,5 Stunden mit dem Zug zurückgelegt werden können. Obwohl es reichlich Schlupflöcher in dem Verbot gibt, ist die Signalwirkung stark. Der größte Teil der französischen Bevölkerung befürwortet das Verbot.

Gefahr für Leib und Kleben

Sie blockieren den Verkehr, kleben sich auf Straßen und Landebahnen fest und attackieren Kunstwerke: Ein Teil der Klimabewegung macht europaweit mit radikalen Protestformen auf sich aufmerksam. Die Mehrheit der Bevölkerung empört sich über solche Aktionen. Auch die Justiz scheint wenig Verständnis zu haben. Das zeigt diese Sammlung ziemlich drastischer Strafen, zu denen Aktivist:innen verurteilt wurden.

- Strafen für Klimaaktivist:innen
- Strafen für andere Täter:innen

Den Haag

Haftstrafe: 2 Monate ohne Bewährung
Urteil: Februar 2022
Tat: Bewerfen der Glasscheibe vor einem Vermeer-Gemälde mit Suppe
Tatvorwurf: Zerstörung und offene Gewalt

London

Haftstrafe: 6 Monate ohne Bewährung
Urteil: Dezember 2023
Tat: Langsames Gehen auf einer Straße
Tatvorwurf: Beeinträchtigung zentraler öffentlicher Infrastruktur

London
Angeklagt: Seriendieb

Haftstrafe: 3 Jahre ohne Bewährung
Urteil: Januar 2024
Tat: Plündern von Kreditkarten aus Schließfächern eines Fitnessstudios, um damit massenweise Designerklamotten und Technikkram zu kaufen und weiterzuverkaufen
Tatvorwurf: Diebstahl und Betrug in 18 Fällen, Gesamtschaden 250 000 Pfund

London

Haftstrafe: 3 Jahre ohne Bewährung
Urteil: August 2023 (zweite Instanz)
Tat: Straßenblockade durch Klettern auf eine Brücke
Tatvorwurf: Stören der öffentlichen Ordnung

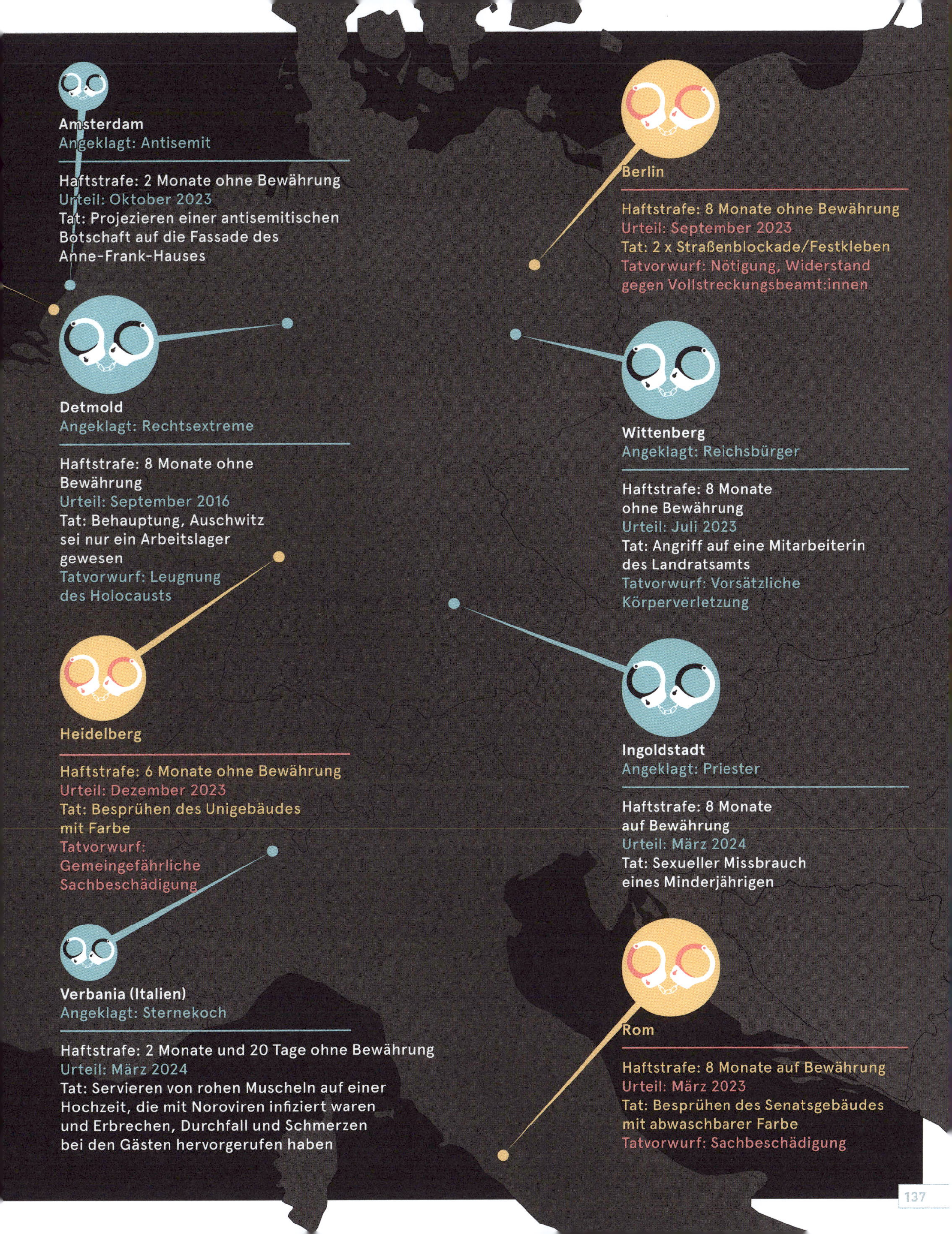
Amsterdam
Angeklagt: Antisemit
Haftstrafe: 2 Monate ohne Bewährung
Urteil: Oktober 2023
Tat: Projezieren einer antisemitischen Botschaft auf die Fassade des Anne-Frank-Hauses
Berlin
Haftstrafe: 8 Monate ohne Bewährung
Urteil: September 2023
Tat: 2 x Straßenblockade/Festkleben
Tatvorwurf: Nötigung, Widerstand gegen Vollstreckungsbeamt:innen
Detmold
Angeklagt: Rechtsextreme
Haftstrafe: 8 Monate ohne Bewährung
Urteil: September 2016
Tat: Behauptung, Auschwitz sei nur ein Arbeitslager gewesen
Tatvorwurf: Leugnung des Holocausts
Wittenberg
Angeklagt: Reichsbürger
Haftstrafe: 8 Monate ohne Bewährung
Urteil: Juli 2023
Tat: Angriff auf eine Mitarbeiterin des Landratsamts
Tatvorwurf: Vorsätzliche Körperverletzung
Heidelberg
Haftstrafe: 6 Monate ohne Bewährung
Urteil: Dezember 2023
Tat: Besprühen des Unigebäudes mit Farbe
Tatvorwurf: Gemeingefährliche Sachbeschädigung
Ingoldstadt
Angeklagt: Priester
Haftstrafe: 8 Monate auf Bewährung
Urteil: März 2024
Tat: Sexueller Missbrauch eines Minderjährigen
Verbania (Italien)
Angeklagt: Sternekoch
Haftstrafe: 2 Monate und 20 Tage ohne Bewährung
Urteil: März 2024
Tat: Servieren von rohen Muscheln auf einer Hochzeit, die mit Noroviren infiziert waren und Erbrechen, Durchfall und Schmerzen bei den Gästen hervorgerufen haben
Rom
Haftstrafe: 8 Monate auf Bewährung
Urteil: März 2023
Tat: Besprühen des Senatsgebäudes mit abwaschbarer Farbe
Tatvorwurf: Sachbeschädigung

In 21 Politiker:innen-Ausreden um die Welt

Wenn Politiker:innen in Deutschland «Aber China …» sagen, wenn sie auf ihre Klimabilanz hingewiesen werden – was sagen eigentlich die Politiker:innen in China? Eine Suche in den Tiefen der internationalen Klimapolitik offenbart: Egal in welchem Land, es wird überall mit dem Finger auf das Ausland gezeigt. Andersherum offenbart das auch eine unbequeme Wahrheit: Jedes Land und jede Regierung, die die eigenen Klimaziele verschleppt, wird garantiert zur nächsten Ausrede für andere Regierungen überall.

Xi Jinping, Staatspräsident, China, 2017:

«Wir müssen sicherstellen, dass dieses Unterfangen nicht entgleist. Alle Beteiligten müssen zusammenarbeiten, um das Pariser Klimaabkommen umzusetzen.»

Christian Lindner, FDP-Parteichef, Deutschland, 2021:

«Wir werden China, Indien, Afrika oder Südamerika nicht sagen können: Verzichtet auf Wachstum und Wohlstand.»

Wang Yi, Außenminister, China, 2023:

Die Bemühungen der Industrieländer zur Eindämmung des Klimawandels reichen laut Wang Yi noch lange nicht aus, die Industrieländer sollten die Führung bei der deutlichen Reduzierung der Emissionen übernehmen und viel früher als 2050 Netto-Null-Emissionen erreichen.

Friedrich Merz, CDU-Parteichef, Deutschland, 2023:

«Und die Welt […] geht nun in der Tat morgen nicht unter.»

Sri Mulyani Indrawati, Finanzminister, Indonesien, 2023:

«Da wir Kohle haben, sollten wir sie nutzen. Europäische Länder, die USA, sogar Japan verbrennen weiter Kohle. Aber wenn wir in Indonesien es machen wollen, soll es ein Problem sein?»

Yasutoshi Nishimura, Wirtschaftsminister, Japan, 2023:

«Würden wir sofort und drastisch die Kohleverstromung runterfahren, gäbe es Probleme in der Energieversorgung.»

Cyril Ramaphosa, Staatspräsident, Südafrika, 2023:

«Es gibt Anlass zu großer Sorge, dass wohlhabendere Länder ihren Verpflichtungen nicht nachgekommen sind, jährlich 100 Milliarden US-Dollar für Entwicklungsländer für Klimaschutzmaßnahmen zu mobilisieren.»

Wolfgang Kubicki, Parlamentsvizepräsident, Deutschland, 2019:

«Wenn es nicht gelingt, das Bevölkerungswachstum in den Griff zu kriegen, können wir uns alle Überlegungen zum Erreichen der Weltklimaziele in die Haare schmieren.»

Narendra Modi, Premierminister, Indien, 2023:

«Obwohl in Indien 17 Prozent der Weltbevölkerung leben, beträgt Indiens Beitrag zu den weltweiten Emissionen weniger als vier Prozent.»

Graham Stuart, Minister für Energiesicherheit und Netto-Null, UK, 2023:

«Wenn euch die Klimakrise wirklich wichtig ist, dann ist das UK das letzte Land, um das ihr euch sorgen müsst. Wir sind nicht das Problem.»

Prinz Abdulaziz bin Salman, Energieminister, Saudi-Arabien, 2023:

«Wenn andere Länder glauben, dass dies [der Ausstieg aus fossilen Energien] die höchste moralische Aufgabe ist, fantastisch. Dann sollen sie mal machen, und dann sehen wir, was sie damit erreichen.»

Giorgia Meloni, Ministerpräsidentin, Italien, 2023:

«Ultra-ökologischer Fanatismus» gefährde die Wirtschaft.

Gaston Browne, Premierminister, Antigua und Barbuda, 2021:

«Diese Hurrikans in der Karibik und im Pazifik haben das gesamte jährliche BIP der betroffenen Nationen ausgelöscht und in einigen Fällen Inseln völlig unbewohnbar gemacht. [...] Kleine Inselstaaten erwarten von den reichsten Nationen der Welt, dass sie liefern.»

Donald Trump, späterer Präsident, USA, 2012:

«Das Konzept der globalen Erwärmung wurde von und für die Chinesen erfunden, um der US-amerikanischen Produktion im Wettbewerb zu schaden.»

Tina Bru, Öl- und Energieministerin, Norwegen, 2021:

«Wir werden die Welt mit Energie versorgen, solange die Nachfrage da ist.»

Recep Tayyip Erdoğan, Präsident, Türkei, 2023:

«Während es niemanden stört, dass die Kohleproduktion in Europa erhöht wird, werden in der Türkei provokante Aktionen durchgeführt, im Namen der Liebe zu den Bäumen.»

Justin Trudeau, Premierminister, Kanada, 2017:

«Kein Land würde 173 Milliarden Barrel Öl im Boden finden und es da lassen.»

Wojciech Dobrołowicz, Bürgermeister von Bogatynia, Polen, 2023:

«Die Deutschen und die Tschechen haben auch Kohlekraftwerke, ich verstehe nicht, warum alle uns angreifen.»

Irfaan Ali, Präsident, Guyana, 2023:

«Die Einnahmen aus Öl und Gas müssen für den Aufbau einer Wirtschaft und eines Landes verwendet werden, das nicht von Öl und Gas abhängig ist.»

Scott Morrison, Premierminister, Australien, 2021:

«Letztendlich werden Konsumentscheidungen die Richtung weisen.»

Jair Bolsonaro, Präsident, Brasilien, 2019:

«Die Erzählung, dass der Amazonas-Regenwald brenne, ist eine Lüge.»

Hilda Heine, Präsidentin, Marshallinseln, 2020:

«Während die Welt über den Klimawandel redet, ist er für uns längst eine existenzielle Gefahr.»

Die Zitate (außer von Trump und Heine) stammen aus der Zeit der jeweiligen Amtsinhabe.

Rechtsweg nicht ausgeschlossen

Für das Jahr 2022 zählten die Herausgeber der Climate Change Litigation Databases weltweit mehr als 250 Klagen im Zusammenhang mit dem Klimawandel. Damit hat sich die Zahl der Verfahren seit 2015 verdoppelt. Mehr als die Hälfte der Verfahren entfällt auf die USA. Viele der Prozesse laufen noch. Doch wo bereits ein rechtskräftiges Urteil vorliegt, haben die Kläger in mehr als der Hälfte der Fälle zumindest teilweise recht bekommen.

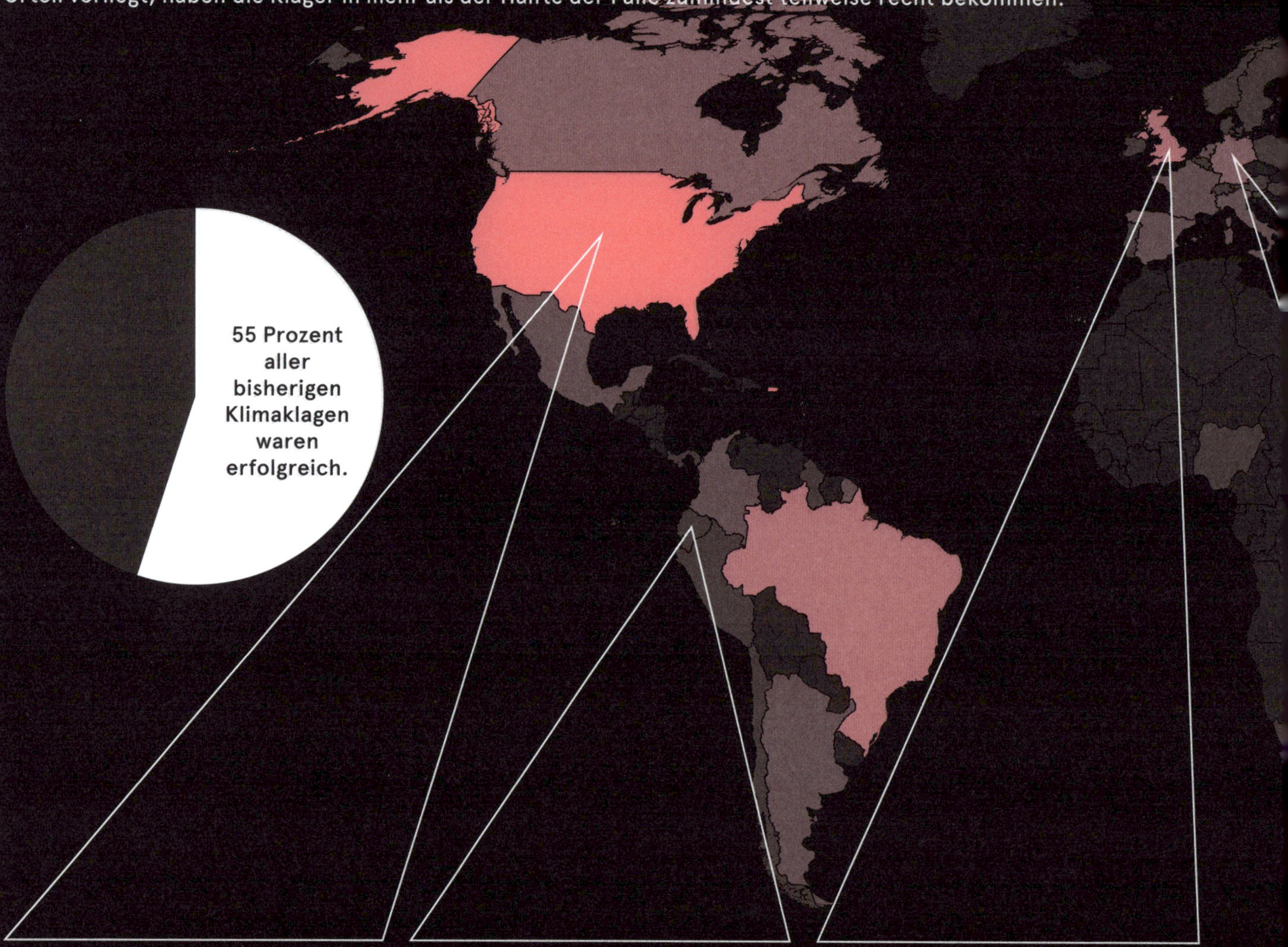

Vereinigte Staaten

16 Kinder und Jugendliche verklagten den Bundesstaat Montana, weil dieser bei der Entscheidung über Öl- und Gasförderprojekte die Folgen für das Klima nicht ausreichend berücksichtige. In erster Instanz waren die Jugendlichen 2023 erfolgreich; die Regierung kündigte an, in Berufung zu gehen.

Ecuador

Neun Mädchen aus den Provinzen Sucumbíos und Orellana legten 2020 Verfassungsbeschwerde ein, weil die Regierung das Abfackeln von Gasen bei der Ölförderung erlaubt habe. Bei diesem Prozess wird viel CO_2 freigesetzt. In zweiter Instanz bekamen die Mädchen recht: Das Abfackeln stehe in Widerspruch zu Ecuadors internationalen Klimaschutzverpflichtungen.

Vereinigtes Königreich

Die Brüder Brian und Michael Quinn aus Nordirland klagten 2013, weil ihr Bauantrag für ein Windrad abgelehnt wurde. Das Gericht gab ihnen recht und stellte fest, dass die Genehmigungsbehörde die Bedeutung erneuerbarer Energien für die Klimaziele des Vereinigten Königreichs nicht ausreichend berücksichtigt habe.

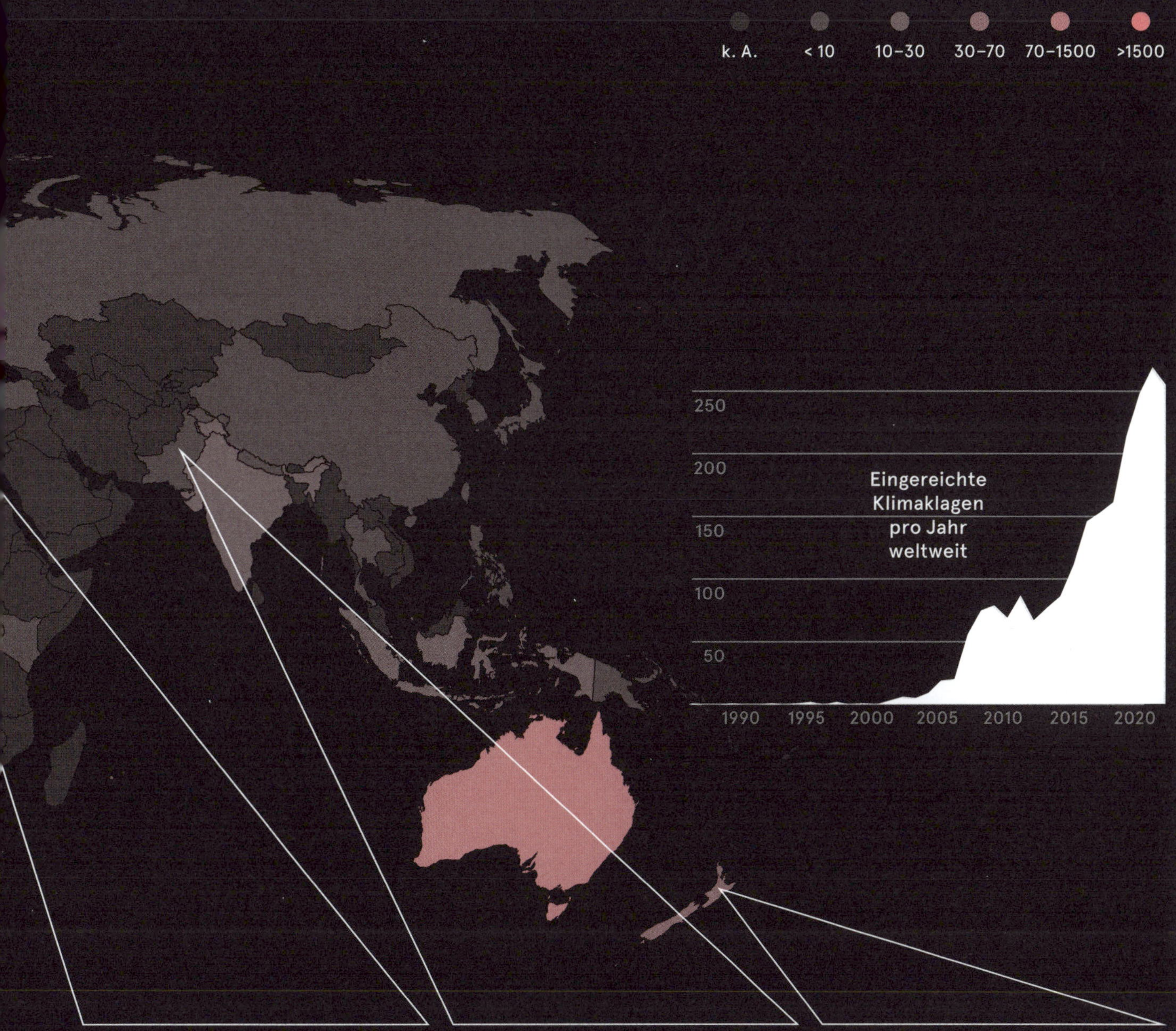

Deutschland

2021 gab das Bundesverfassungsgericht einer Beschwerde von jungen Menschen und Umweltorganisationen recht und erklärte das Klimaschutzgesetz der damaligen Bundesregierung für verfassungswidrig. Die CO_2-Emissionen würden zu langsam sinken und damit folgendenden Generationen zu große Anstrengungen aufbürden, argumentierte das Gericht.

Pakistan

Der Bauer Ashgar Leghari verklagte die Regierung, weil deren unzureichende Klimapolitik die Wasser- und Nahrungsversorgung gefährde und damit seine Grundrechte verletze. Das Gericht gab ihm 2015 recht und verpflichtete die Regierung unter anderem zum Aufstellen eines Sofortprogramms und zum Einrichten einer Klimaschutzkommission unter Beteiligung von Nichtregierungsorganisationen und unabhängigen Expert:innen.

Neuseeland

2014 klagte eine Familie aus dem Südseestaat Tuvalu, weil sie keine Aufenthaltserlaubnis bekommen hatte. Die Familie argumentierte, dass sie bei einer Rückkehr nach Tuvalu den Folgen des Klimawandels ausgesetzt sei. Das Gericht gewährte ihr Bleibestatus, erkannte die Klimakrise jedoch nicht als Asylgrund an.

Das ist mein gutes Recht

Falls es an dieser Stelle noch juristische Verwirrungen gibt.

Manche Menschen denken, sie hätten ein Recht auf:

IMMER MEHR AUTOS

«Das Auto bleibt Ausdruck persönlicher Freiheit.»

Christian Lindner
FDP
2021

PRIVAT-FLUG-ZEUG

«Fliegen war schon immer der Traum meiner Jugend.»

Friedrich Merz
CDU
2022

IMMER MEHR AUTO-BAHNEN

«Autobahnen sind in Beton gegossene #Freiheit.»

Christoph Meyer
FDP
2024

WURST FÜR ALLE

«Wir sagen in Bayern: Ein Leben ohne Bratwürste ist möglich, aber doch nicht wirklich sinnvoll, liebe Freunde. Lasst den Leuten die Freiheit zu essen, was sie wollen.»

Markus Söder
CSU
2023

RASEN

«Freie Fahrt für freie Bürger!»

Automobillobby
zeitlos

Worauf sie ein Recht haben:

§

Artikel 20a, Grundgesetz:

«Der Staat schützt auch in Verantwortung für die künftigen Generationen die natürlichen Lebensgrundlagen und die Tiere im Rahmen der verfassungsmäßigen Ordnung durch die Gesetzgebung und nach Maßgabe von Gesetz und Recht durch die vollziehende Gewalt und die Rechtsprechung.»

Das Bundesverfassungsgericht im März 2021 zum Artikel 20a, Grundgesetz:

«Art. 20a GG verpflichtet den Staat zum Klimaschutz. Dies zielt auch auf die Herstellung von Klimaneutralität. [...] Die Schonung künftiger Freiheit verlangt auch, den Übergang zu Klimaneutralität rechtzeitig einzuleiten. [...] Das Klimaschutzgebot verlangt vom Staat international ausgerichtetes Handeln zum globalen Schutz des Klimas und verpflichtet, im Rahmen internationaler Abstimmung auf Klimaschutz hinzuwirken. Der Staat kann sich seiner Verantwortung nicht durch den Hinweis auf die Treibhausgasemissionen in anderen Staaten entziehen.»

7 Wirtschaftlicher Wandel

Vor 200 Jahren, zur Zeit der industriellen Revolution und der Elendsromane von Charles Dickens, lebten drei Viertel der Menschheit in extremer Armut. Heute? Sind es nur noch zehn Prozent. Hunderte Millionen sind also in der Zwischenzeit der Armut entkommen.

Zugleich ist die Weltbevölkerung enorm gewachsen. Das gelang einerseits durch große Fortschritte in Landwirtschaft und Medizin in Wissenschaft und Technik: durch Erfindungen wie Kunstdünger, Penizillin, die Eisenbahn und den Kühlschrank. Ebenso wichtig war jedoch die Entstehung des modernen Wirtschaftssystems. Erst globale Produktionsketten und Handelswege machten es möglich, Fortschritt und Wohlstand in (fast) jeden Winkel der Erde zu bringen. Doch dieser Fortschritt *made by capitalism* hat einen hohen Preis. Zum einen für die Menschheit: Zahllose Menschen schufteten und schuften in Fabriken, im Bergbau und in prekären Dienstleistungsjobs. Aber auch für die Natur: Tier- und Pflanzenarten sterben aus, Flüsse sind verschmutzt, Ozeane vermüllt, der Planet überhitzt.

Um den Wohlstand zu halten und auch dem Rest der Menschheit aus der Armut zu helfen, sind daher die entscheidenden Fragen: Wie lässt sich wirtschaftliche Entwicklung so organisieren, dass es sozial gerecht und ökologisch nachhaltig zugeht? Geht das überhaupt? Oder müssen wir uns vom Wachstum verabschieden, um den Planeten zu retten und damit uns selbst?

Grünes Wachstum oder das Ende des Wachstums, diese Frage spaltet Klimawissenschaftler:innen und -aktivist:innen.

Auf einem endlichen Planeten kann es kein endloses Wachstum geben, so argumentiert das eine Lager. Klingt logisch, ist aus Sicht des anderen Lagers aber zu kurz gedacht. Ein simples Beispiel verdeutlicht, warum die Wirtschaft wachsen kann, ohne dass der Ressourcenverbrauch steigt. Wer ins Restaurant geht, anstatt zu Hause selbst zu kochen, isst deswegen ja nicht mehr. Und

Energie braucht es sogar weniger, wenn eine:r für viele kocht statt jede:r für sich. Außerdem entstehen im Restaurant Umsätze und Arbeitsplätze, somit Wirtschaftswachstum.
Ein weiteres Argument dafür, auf grünes Wachstum zu setzen: Klimaschutz durchzusetzen ist ohnehin schon schwierig genug, gegen den Widerstand der mächtigen fossilen Industrien, gegen Ölimperien, Gaslobbyismus und Autokonzerne. Wer nicht nur den fossilen, sondern gleich den gesamten Kapitalismus infrage stellt – und sei es aus noch so guten Gründen –, hat den gesamten Reichtum der Welt gegen sich. Die Erfolgsaussichten wären gering.
Pragmatisch betrachtet, kann es also Sinn ergeben, den Kapitalismus in Kauf zu nehmen, um das Klima zu retten. Vielen Ländern gelingt es auch längst, die CO_2-Emissionen zu reduzieren, während die Wirtschaft weiter wächst (Seite 164/165). Doch die Wende passiert zu langsam. Zudem taucht in der Bilanz nicht auf, dass Natur verloren geht, dass Gift in den Böden und im Wasser landet, dass Arbeiter:innen in anderen Ländern ausgebeutet werden. Der Beweis, dass nachhaltiger Kapitalismus möglich ist, fehlt bislang.
Auf einen Punkt zumindest können sich alle einigen: Wachstum per se schafft noch kein gutes Leben. Die Wirtschaft der USA beispielsweise wächst Jahr für Jahr ordentlich, doch die Amerikaner:innen leben nicht länger, schon seit 2010 stagniert die Lebenserwartung laut Daten der Vereinten Nationen.
Wachstum allein macht nicht glücklich. Aber gibt es Glück ganz ohne Wachstum? Und wer soll das entscheiden – die Menschen in Mitteleuropa, die schon alles haben? Oder nicht eher die ärmere Hälfte der Weltbevölkerung, die zu den CO_2-Emissionen in der Atmosphäre kaum beigetragen hat, die aber gerne auch fließendes Wasser hätte, eine Krankenversicherung und Urlaub am Meer? Denn so viel steht fest: Die negativen Folgen des fossilen Lebensstils tragen vor allem die Armen. Das gilt global genauso wie innerhalb Deutschlands (Seite 146/147; 158/159). Am Verkauf von Öl und Gas verdienen indessen zahlreiche Regime, die ihre Bevölkerung unterdrücken (Seite 154/155). Dabei wären erneuerbare Energien inzwischen deutlich günstiger (Seite 156/157). Wo ist die Marktwirtschaft, wenn man sie mal braucht?

Klima und Kontostand

CO_2 entsteht auch beim Atmen, da immerhin dürften alle etwa gleich viel verursachen. Doch darüber hinaus ist der Beitrag zur Erderhitzung ganz stark eine Frage der Klasse: je höher der Kontostand, desto größer die Häuser, desto dicker die Autos, desto häufiger die Flugreisen.

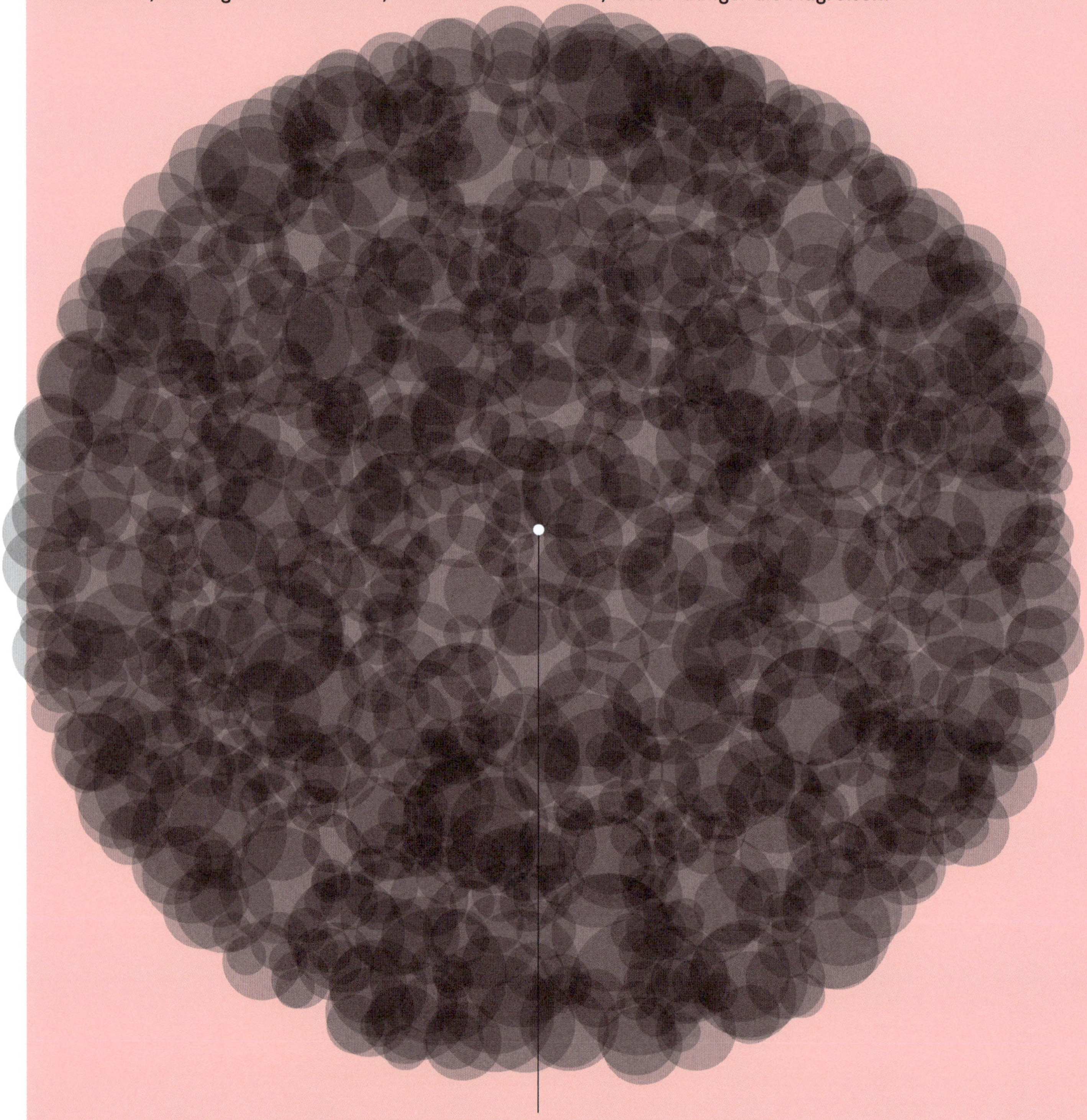

Eine superreiche Person in Deutschland verursacht so viel CO_2 …

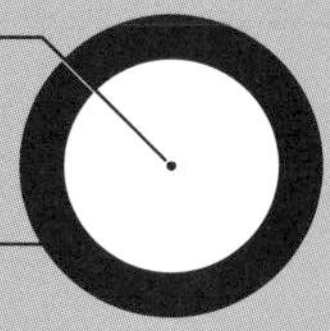
Unter *superreich* verstehen wir hier eine Person aus den Top 0,1 %, also den 80 000 reichsten Deutschen.
Unter *arm* verstehen wir jemand aus der ärmeren Hälfte.

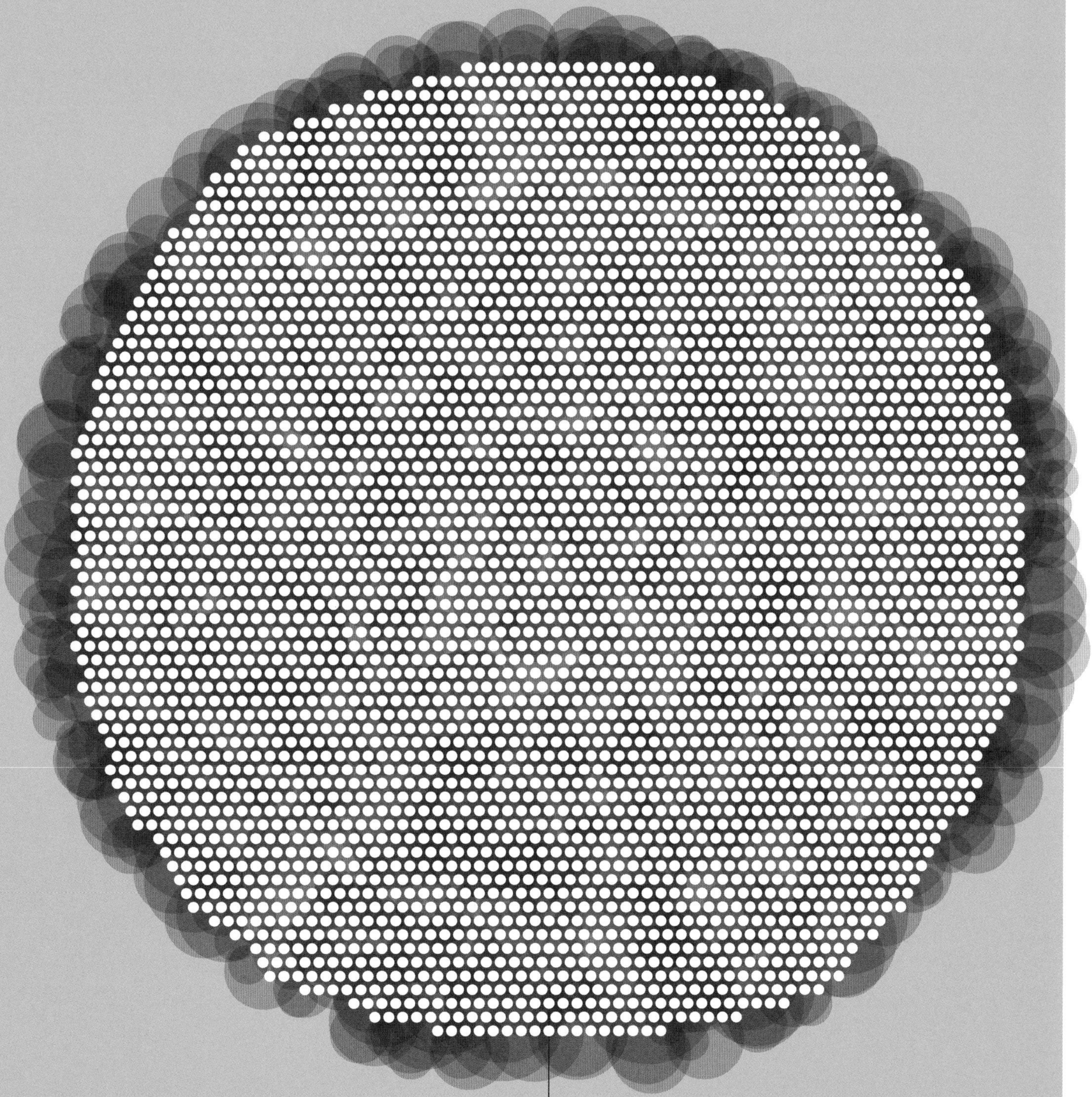
… wie 4000 arme Deutsche: 347,5 Tonnen pro Jahr.

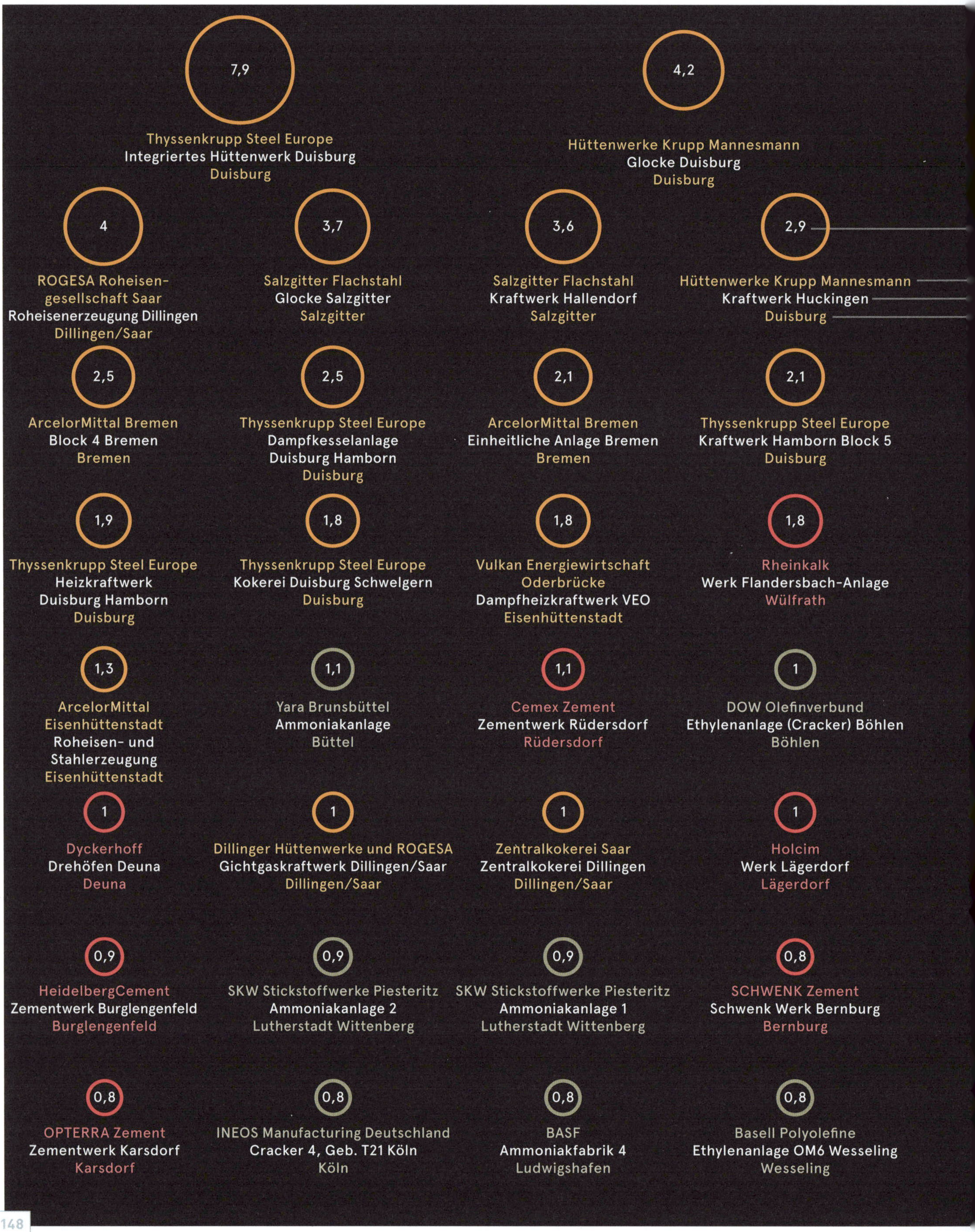
7,9
Thyssenkrupp Steel Europe
Integriertes Hüttenwerk Duisburg
Duisburg
4,2
Hüttenwerke Krupp Mannesmann
Glocke Duisburg
Duisburg
4
ROGESA Roheisen-gesellschaft Saar
Roheisenerzeugung Dillingen
Dillingen/Saar
3,7
Salzgitter Flachstahl
Glocke Salzgitter
Salzgitter
3,6
Salzgitter Flachstahl
Kraftwerk Hallendorf
Salzgitter
2,9
Hüttenwerke Krupp Mannesmann
Kraftwerk Huckingen
Duisburg
2,5
ArcelorMittal Bremen
Block 4 Bremen
Bremen
2,5
Thyssenkrupp Steel Europe
Dampfkesselanlage
Duisburg Hamborn
Duisburg
2,1
ArcelorMittal Bremen
Einheitliche Anlage Bremen
Bremen
2,1
Thyssenkrupp Steel Europe
Kraftwerk Hamborn Block 5
Duisburg
1,9
Thyssenkrupp Steel Europe
Heizkraftwerk
Duisburg Hamborn
Duisburg
1,8
Thyssenkrupp Steel Europe
Kokerei Duisburg Schwelgern
Duisburg
1,8
Vulkan Energiewirtschaft Oderbrücke
Dampfheizkraftwerk VEO
Eisenhüttenstadt
1,8
Rheinkalk
Werk Flandersbach-Anlage
Wülfrath
1,3
ArcelorMittal Eisenhüttenstadt
Roheisen- und Stahlerzeugung
Eisenhüttenstadt
1,1
Yara Brunsbüttel
Ammoniakanlage
Büttel
1,1
Cemex Zement
Zementwerk Rüdersdorf
Rüdersdorf
1
DOW Olefinverbund
Ethylenanlage (Cracker) Böhlen
Böhlen
1
Dyckerhoff
Drehöfen Deuna
Deuna
1
Dillinger Hüttenwerke und ROGESA
Gichtgaskraftwerk Dillingen/Saar
Dillingen/Saar
1
Zentralkokerei Saar
Zentralkokerei Dillingen
Dillingen/Saar
1
Holcim
Werk Lägerdorf
Lägerdorf
0,9
HeidelbergCement
Zementwerk Burglengenfeld
Burglengenfeld
0,9
SKW Stickstoffwerke Piesteritz
Ammoniakanlage 2
Lutherstadt Wittenberg
0,9
SKW Stickstoffwerke Piesteritz
Ammoniakanlage 1
Lutherstadt Wittenberg
0,8
SCHWENK Zement
Schwenk Werk Bernburg
Bernburg
0,8
OPTERRA Zement
Zementwerk Karsdorf
Karsdorf
0,8
INEOS Manufacturing Deutschland
Cracker 4, Geb. T21 Köln
Köln
0,8
BASF
Ammoniakfabrik 4
Ludwigshafen
0,8
Basell Polyolefine
Ethylenanlage OM6 Wesseling
Wesseling

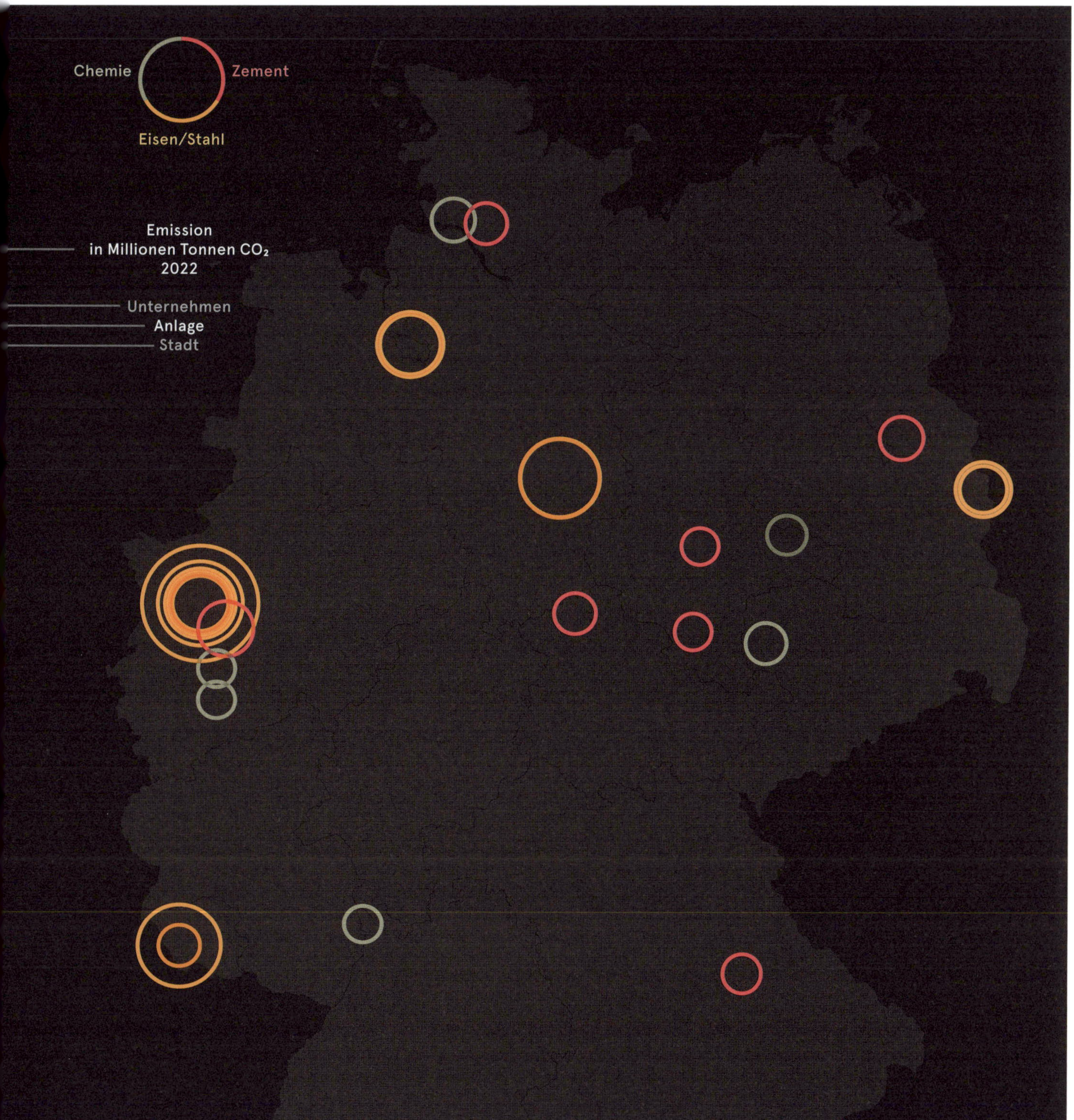

Deutschlands schmutzigste Fabriken

Diese 30 Industrieanlagen sind alleine für acht Prozent aller CO_2-Emissionen in Deutschland verantwortlich. Sie gehören allesamt zu den Branchen Stahl, Zement und Chemie. Die Anlagen von Thyssenkrupp in Duisburg verursachen alleine mehr Emissionen als ganz Litauen. Während etwa im Stromsektor die Energiewende in vollem Gange ist, gehen die Emissionen der Industrie seit 15 Jahren kaum zurück.

Klimaleugnung in jeder Form

Was die Chef:innen der größten fossilen Konzerne über die Klimakrise erzählen, ist sehr lehrreich. Zum Beispiel stellt man fest, wie sehr sich die Klimaleugnung im Laufe der Zeit verändert hat. Längst wird nicht mehr «nur» die Klimaforschung infrage gestellt. In gewissen Chefetagen, wo Klimaschutz etwa Profite bedroht, wird man regelrecht kreativ.

Leugnung der Klimawissenschaft

1997
«Antworten auf die Fragen der globalen Erwärmung verlangen nach genaueren Daten. Heute haben wir das Wissen noch nicht.» ExxonMobil (Ölkonzern), Werbeanzeige

2010
«Es ist absurd, dass Leute, die uns nicht sagen können, wie das verdammte Wetter nächsten Dienstag sein wird, mit absoluter Präzision vorhersagen wollen, wie die verdammten globalen Temperaturen in 100 Jahren sein werden. Das ist Bullshit.» Michael O'Leary, CEO, Ryanair (Fluggesellschaft)

2012
«Der Klimawandel ist beherrschbar, weil uns die Sonne und die Meeresströmungen durch deren kühlende Wirkung genügend Zeit verschaffen, uns darauf einzustellen. In Deutschland werden wir uns ohnehin locker anpassen können.» Fritz Vahrenholt, damaliger RWE-Manager

Leugnung der eigenen Verantwortung

2004
«So reduzierst du deinen CO_2-Fußabdruck!» British Petroleum (BP), Werbekampagne. Die 100-Millionen-US-Dollar-Kampagne sollte den Fokus von Ölkonzernen hin zum Endverbraucher verschieben.

2023
«Die Ölproduzenten für den Klimawandel verantwortlich zu machen, ist, wie Bäuer:innen die Schuld dafür zu geben, dass es übergewichtige Menschen gibt. Die Ölkonzerne sind nicht das Problem, die Konsumenten sind es.» Majid Jafar, CEO, Crescent Petroleum (Ölkonzern)

2024
«Das schmutzige Geheimnis, über das niemand spricht, ist, wie viel all das kosten wird und wer bereit ist, dafür zu zahlen. Die Menschen, die diese Emissionen verursachen, müssen sich dessen bewusst sein und den Preis dafür zahlen.» Darren Woods, CEO, ExxonMobil (Ölkonzern)

Greenwashing: Leugnung der eigenen Schädlichkeit

2006
«Es ist uns gelungen, unseren internen CO_2-Verbrauch zu reduzieren, und wir investieren in alternative Energiequellen wie Sonne und Wind.»
John Browne, CEO, BP (Ölkonzern). 93 % der Investitionen von BP gingen danach weiterhin in fossile Energien.

2020
«Beim Klimaschutz spielen wir eine ganz zentrale Rolle.»
Christian Sewing, CEO, Deutsche Bank. Kurz danach wurde eine Fondstochter der Deutschen Bank wegen Greenwashing angeklagt. Die Deutsche Bank gehört zu den weltweit Top 25 Banken mit den größten fossilen Investitionen.

2023
Die WM in Katar werde «der erste klimaneutrale Weltcup der Geschichte».
FIFA. Schweizer Aufsichtsbehörden rügten die FIFA für «falsche und verwirrende» Klimaversprechen.

Leugnung der verfügbaren Lösungen

2023
«Menschen werden nicht aufhören zu fliegen, und wir haben keine Möglichkeiten, erneuerbare Treibstoffe in den notwendigen Mengen zu bekommen. Wollt ihr, dass Menschen herumrennen und Bratöl einsammeln?»
Michael O'Leary, CEO, Ryanair (Fluggesellschaft)

2023
«Fleisch ist ein wertvolles, wenn nicht das wertvollste Lebensmittel, das wir haben. Ernährungsexperten warnen schon jetzt vor einer zunehmenden individuellen Mangelernährung, wenn ständig gegen Fleisch geredet wird.»
Clemens Tönnies, Miteigentümer, Tönnies Holding (Fleischkonzern)

2024
«Wir sollten das Märchen von einem Ausstieg aus Öl und Gas beerdigen. […] In der realen Welt scheitert die jetzige Strategie der Energiewende an jeder Front.»
Amin Nasser, CEO, Saudi Aramco (Ölkonzern)

Verzögerung

2021
«Klar ist, dass unser CO_2-Ausstoß hoch ist. Aber wir können uns auch nicht über Nacht komplett ändern.»
Dominik von Achten, CEO, HeidelbergCement (Zementkonzern, zweitgrößter CO_2-Emittent Deutschlands)

2022
«Es lässt sich nicht vermeiden, dass die Energiewende Zeit braucht.»
Sultan Al Jaber, CEO, Abu Dhabi National Oil Company (Ölkonzern)

2024
«Wenn wir uns zu sehr beeilen oder die Dinge schiefgehen, werden wir eine Krise erleben, die wir nie vergessen werden.»
Jean Paul Prates, CEO, Petrobras (Ölkonzern)

Einer repariert's, vier reißen's wieder auf

Deutschland gibt viel Steuergeld für Umweltschutz aus. Viermal höher ist allerdings der Betrag, der jedes Jahr in klimaschädliche Subventionen fließt. Dazu gehören etwa Steuerrabatte auf Diesel, Flugbenzin und Dienstwagen sowie Erleichterungen für die energieintensive Industrie. Subventionen der Bundesländer kommen noch dazu, für sie gibt es keine Statistik.

Umweltschädliche Subventionen (2018):
65,4 Milliarden Euro

**Staatliche Ausgaben
für Umweltschutz (2018):
11,6 Milliarden Euro**

Tanken für den Folterknast

Politikwissenschaftler:innen bewerten jedes Land danach, wie frei und demokratisch es dort zugeht: Dürfen alle Büger:innen wählen? Laufen die Wahlen frei und fair ab? Gibt es eine freie Presse? Überträgt man diese Bewertung auf die Liste der größten Erdölproduzenten, stellt man fest: Viele von ihnen gehören zu den unfreiesten Ländern der Welt.

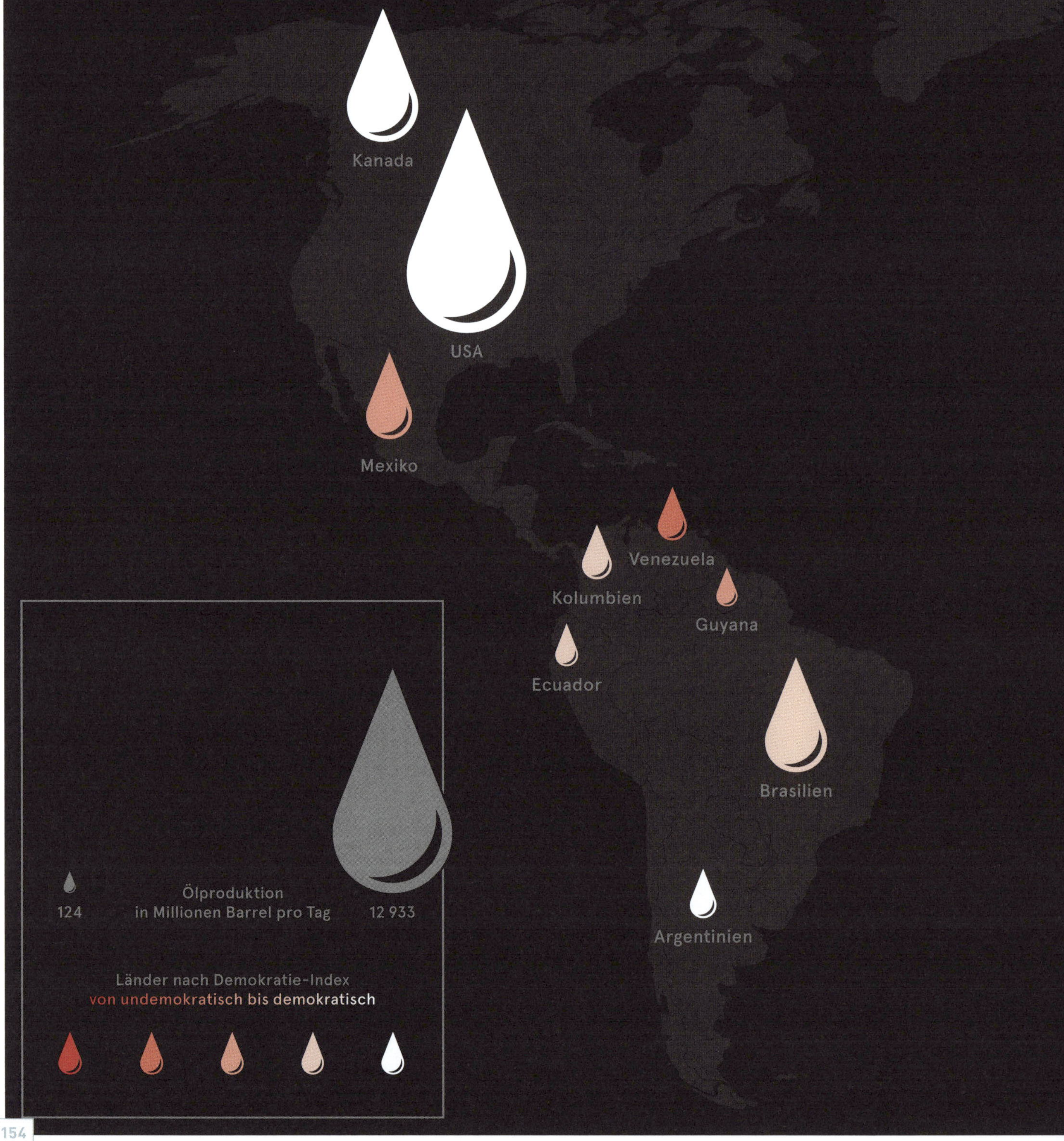

Norwegen
Vereinigtes Königreich
Kasachstan
Russland
Algerien
Libyen
Ägypten
China
Indien
Vietnam
Thailand
Tschad
Nigeria
Ghana
Südsudan
Malaysia
Republik Kongo
Gabun
Aser-baidschan
Turk-menistan
Indonesien
Iran
Angola
Irak
Kuwait
Katar
Australien
Bahrain
Saudi-Arabien
Oman
VAE

Sonne zum Spottpreis

Solarmodule sind in den letzten dreißig Jahren billiger geworden. Nicht ein bisschen billiger, sondern rasant – der Preis ist um das Vierzigfache gefallen. Das Beste daran: Wenn das Modul erst mal installiert ist, scheint die Sonne sogar für umsonst drauf.

1990

11,49

Weltweiter Preis
in US-Dollar je Watt,
inflationsbereinigt

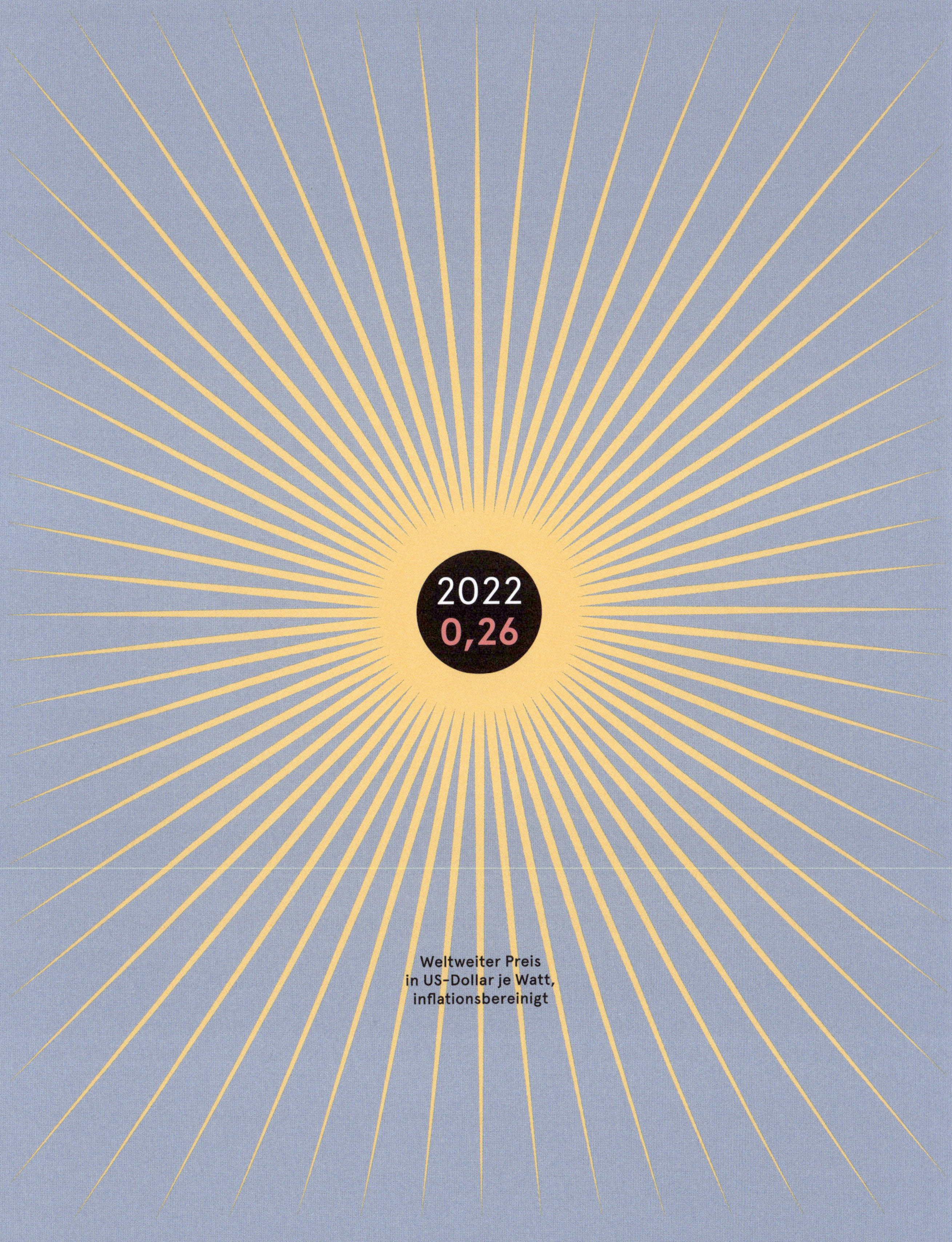
2022
0,26
Weltweiter Preis
in US-Dollar je Watt,
inflationsbereinigt

Dein Lamborghini ist meine Lungenkrankheit

Ein fossiler, PS-intensiver Lebensstil lässt nicht nur die CO_2-Konzentration hoch oben in der Atmosphäre ansteigen, er erzeugt auch Lärm und schlechte Luft bei uns hier unten. Davon betroffen sind meistens jene, die selbst wenig zum Problem beitragen.

Bezieher:innen von hohen Einkommen … … fahren 1,3 Autos pro Haushalt, … sind im Durchschnitt

Bezieher:innen von niedrigen Einkommen … … fahren 0,6 Autos pro Haushalt, … sind im Durchschnitt

mit 133 PS unterwegs,

... leiden zu 6,4 % unter Luftverschmutzung und Lärm.

mit 104 PS unterwegs,

... leiden zu 12,6 % unter Luftverschmutzung und Lärm.

Zählt jeder Job gleich viel?

Viel wird darüber gesprochen, was nach dem Kohleausstieg aus den Arbeitsplätzen werden soll und den Menschen, die gerade noch im Bergbau und in den Kraftwerken arbeiten. Was dabei etwas untergeht: Schon heute verdienen viel mehr Menschen ihr Geld mit erneuerbaren Energien. Tendenz steigend.

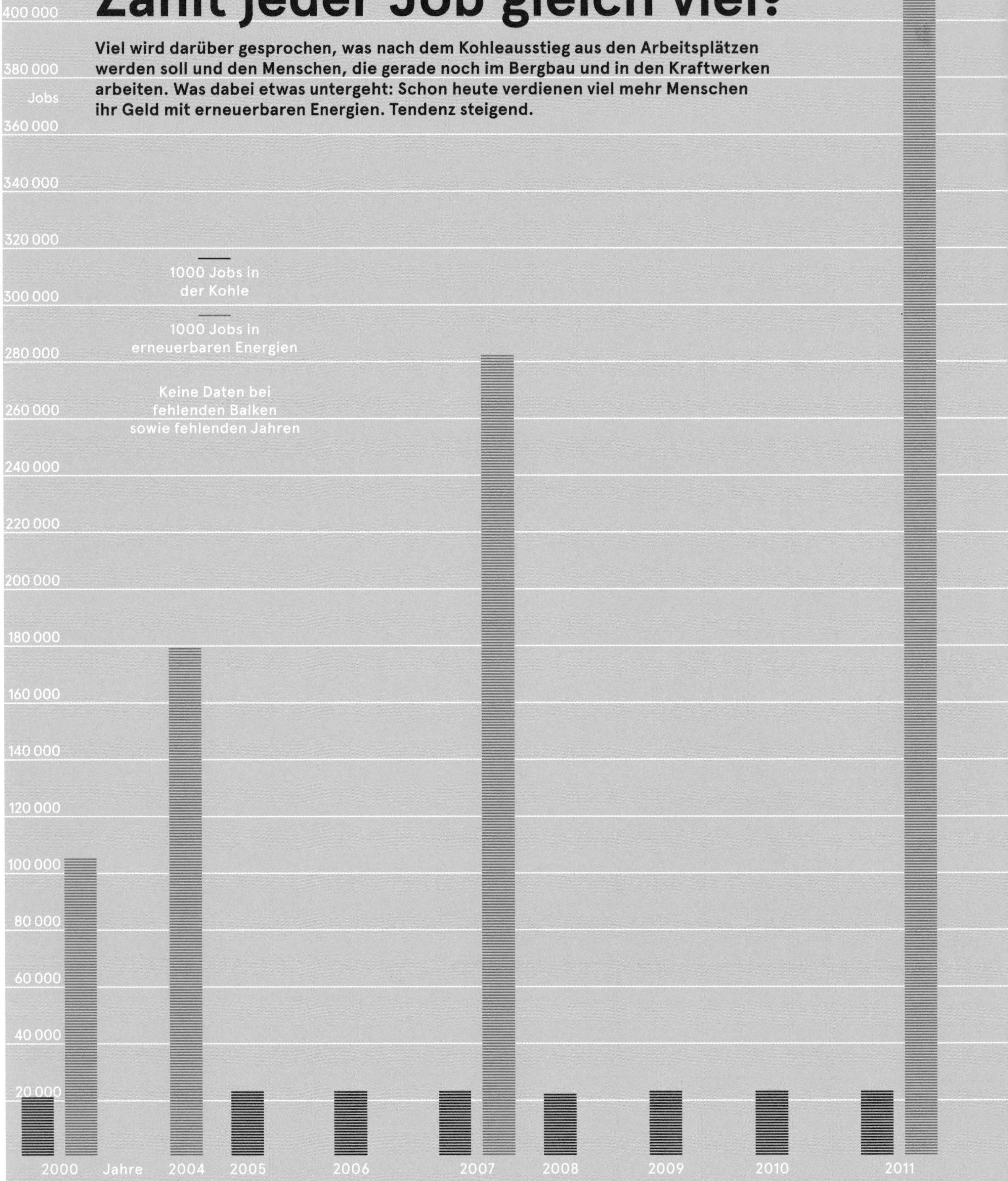

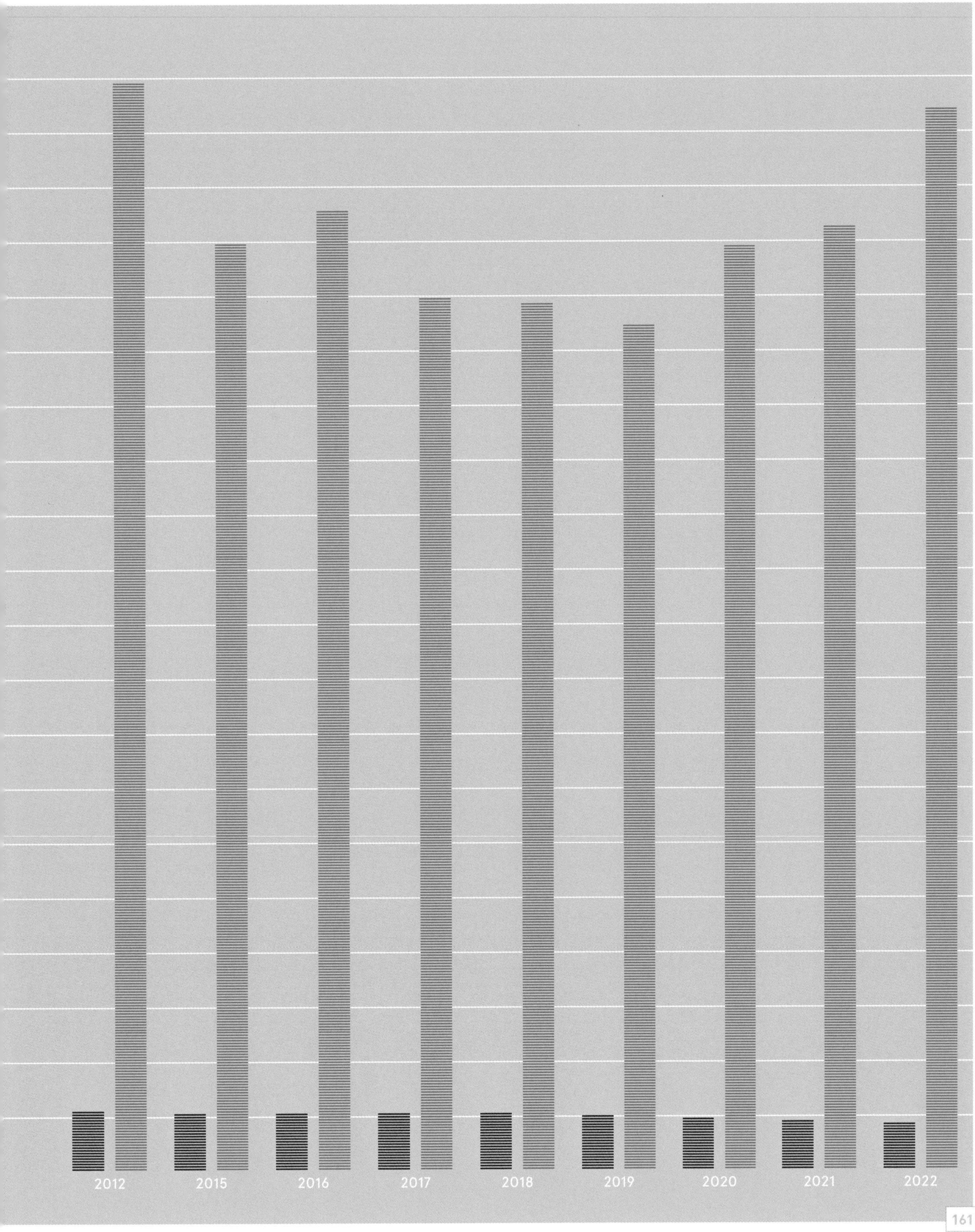
2012
2015
2016
2017
2018
2019
2020
2021
2022

Gutes Klima, guter Job

Längst ist das Klima auch hier Thema: am Arbeitsplatz. Wer nach einem Job sucht, der achtet immer mehr darauf, ob sich der:die Arbeitgeber:in für das Klima einsetzt und wie viel Nachhaltigkeit einen am Arbeitsplatz erwartet. Früher hieß es, Klimaschutz würde Jobs kosten, heute heißt es: Arbeitgeber:innen, die die besten Leute für sich gewinnen wollen, legen beim Klimaschutz lieber los.

Für 18 % der Berufseinsteiger:innen ist Klimaschutz im und durch das Unternehmen das wichtigste Kriterium.

40 % der Arbeitnehmer:innen erwägen es, den Job zu kündigen, wenn der:die Arbeitgeber:in gegen Nachhaltigkeitskriterien verstößt.

Für 61 % der Arbeitnehmer:innen ist ein:e ethisch agierende:r Arbeitgeber:in wichtiger als ein hohes Gehalt.

2021 wurden rund 14 % mehr Ausbildungsverträge in grünen Berufen abgeschlossen als noch im Jahr 2013.

Für 81 % der 20- bis 29-Jährigen in Deutschland ist die Haltung ein:er potenziellen Arbeitgeber:in zum Klima ein wichtiges Kriterium.

2 Millionen Deutsche arbeiten heute schon in «green jobs» (Jobs rund um nachhaltige Technologien). Dazu kommen Bus- und Bahnfahrer:innen, ökologische Landwirt:innen und viele weitere, die ohnehin schon in der Nachhaltigkeit arbeiten.

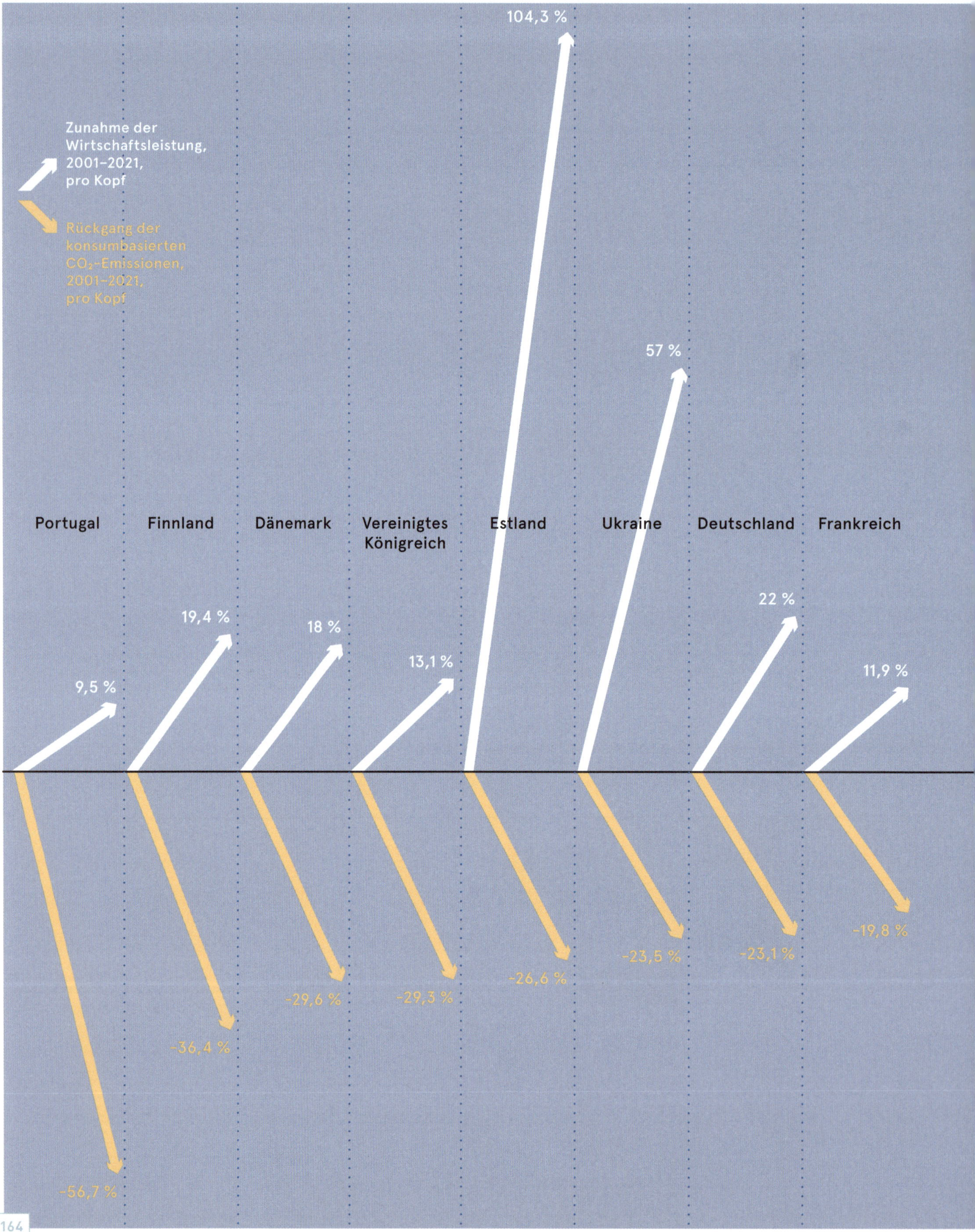

Zunahme der Wirtschaftsleistung, 2001–2021, pro Kopf
Rückgang der konsumbasierten CO_2-Emissionen, 2001–2021, pro Kopf
Portugal
Finnland
Dänemark
Vereinigtes Königreich
Estland
Ukraine
Deutschland
Frankreich
104,3 %
57 %
22 %
19,4 %
18 %
13,1 %
11,9 %
9,5 %
-19,8 %
-23,5 %
-23,1 %
-26,6 %
-29,6 %
-29,3 %
-36,4 %
-56,7 %

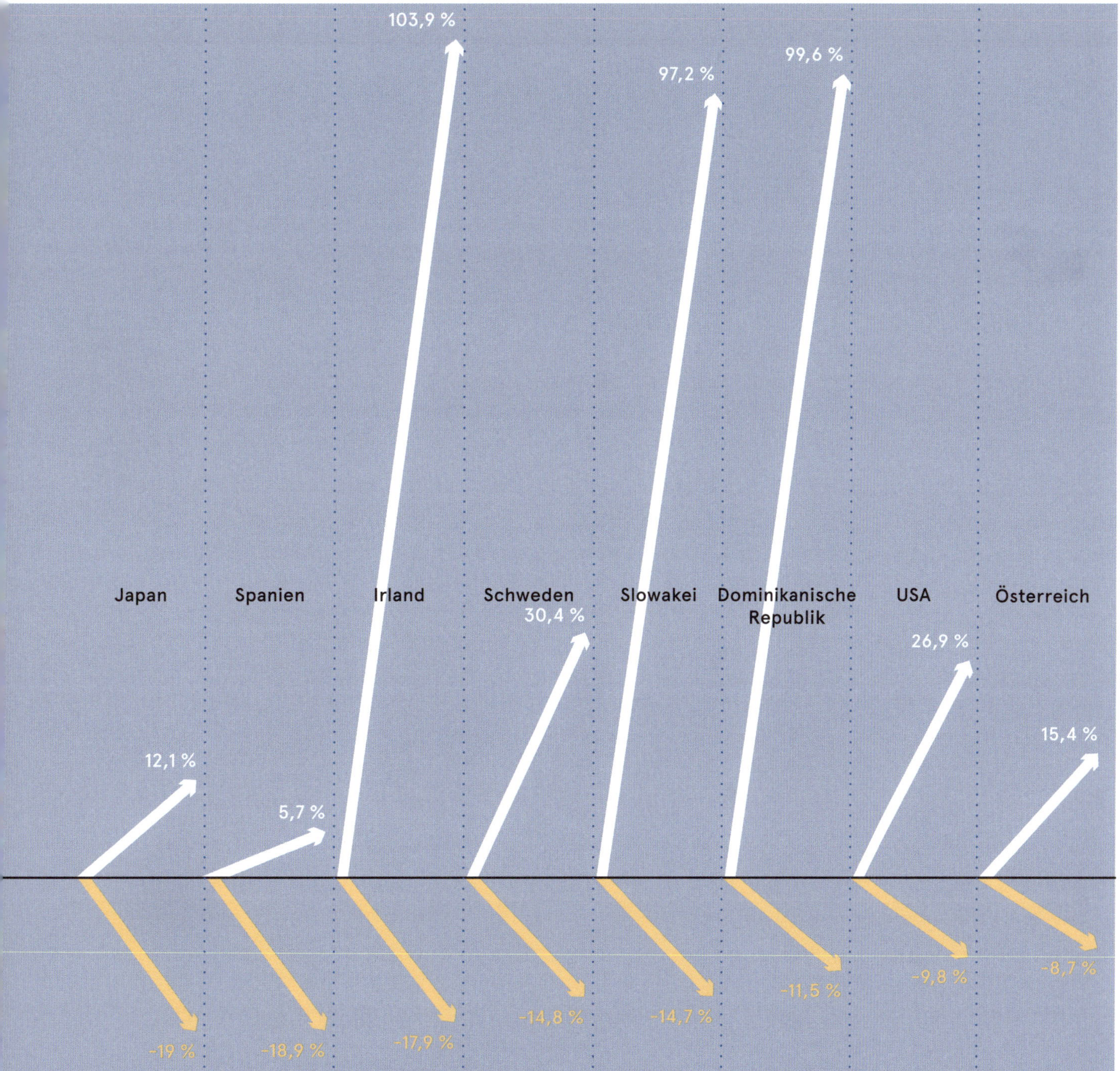

Grünes Wachstum ist möglich

Geht Klimaschutz nur auf Kosten des Wohlstands? Diese Länder beweisen das Gegenteil: Ihre CO_2-Emissionen sinken seit Jahren, die Wirtschaft wächst trotzdem weiter. Dabei sind auch die Emissionen berücksichtigt, die bei der Herstellung von Produkten in anderen Ländern entstehen, wenn diese später importiert werden.

8 Technologischer Wandel

Wenn im Zusammenhang mit dem Klimawandel von Technologie die Rede ist, dann meistens in Verbindung mit einem zweiten Substantiv: Offenheit. In der deutschen klimapolitischen Debatte ist der Begriff inzwischen derart allgegenwärtig – man wundert sich direkt, dass unter «Technologieoffenheit» bislang nichts im Duden steht. Immerhin, den Eintrag «technologieoffen» gibt es. Bedeutung: «nicht auf eine Technologie festgelegt; bereit für verschiedene technische Lösungen.»

Wer könnte dagegen etwas einwenden? Der Klimawandel als gesamtplanetare Bedrohung ist so weitreichend, der deshalb erforderliche Umbau des gesamten Wirtschaftens so umfassend, natürlich geht das nicht mit einer Technologie. Selbst «verschiedene technische Lösungen» scheint zu bescheiden: Es braucht alle! Alle Technologien, die Ingenieur:innen bislang gefunden haben, und einige bis dato unerforschte darüber hinaus.

Seltsamerweise muss die Technologieoffenheit meistens für eine gegenteilige Argumentation herhalten. Als Plädoyer, eben allerhand real existierende Technologien lieber nicht zu nutzen, gestützt auf die Hoffnung, später etwas viel Besseres zu (er-)finden, womit sich dann das Klimaproblem schon wird lösen lassen.

Als ob.

Natürlich, Weiterforschen ist immer gut. Und es stimmt ja: Wenn Physiker:innen der Durchbruch bei der Kernfusion gelänge, wäre das tatsächlich ein Gamechanger, mit dem viele Energiesorgen über Nacht erledigt wären. Nur weiß halt niemand, ob dieser Durchbruch passieren wird. Und wann.

Warum also nicht auf jene wundersamen Technologien setzen, die schon da sind? Wer sich einmal angeschaut hat, wie ungeheuer effizient eine Wärmepumpe arbeitet (Seite 180/181) – der will sein Haus doch nie wieder anders heizen. Wer gesehen hat, wie viele Schiffe tagtäglich über die Weltmeere schippern, nur um das Benzin für unsere Autos zu liefern (Seite 178/179) – der kann nicht wirklich wollen, dass die gleichen Tanker künftig mit E-Fuels vollgepumpt werden. Wo sich doch als Alternative das Elektroauto aufdrängt, geladen mit Strom aus Wind (Seite 176/177) und Sonne (Seite 170–173) – die Tanker wären dann überflüssig. Hätten Wale und Seevögel etwas mitzureden, die Entscheidung wäre klar.

Aber Moment, so ein Elektroauto zu bauen braucht doch ungeheuer viel Energie und Ressourcen? Stimmt. Aber halt auch nur in der Herstellung. Über die Lebenszeit gerechnet, ist die Ökobilanz klar besser als die eines jeden Verbrenners (Seite 174/175). Das gilt umso mehr, je grüner der Strom wird, mit dem das Auto lädt. «Ja, man muss etwas Lithium und Kobalt abbauen, um ein Solarpanel oder eine Windturbine oder eine Batterie zu bauen», schreibt der amerikanische Klimaaktivist Bill McKibben, «und ja, wir müssen das so human und umweltfreundlich wie möglich tun – aber wenn man das Panel einmal gebaut und über den Ozean dorthin verschifft hat, wo es gebraucht wird, war's das: Ein Vierteljahrhundert lang steht es da, und die Sonne liefert die Energie, einfach indem sie über den Horizont steigt.»

Technologieoffenheit ist also erst einmal eine super Sache. Sie sollte nur Offenheit für jene Technologien mit einschließen, die heute schon am Start sind. Und das sind ziemlich viele: «Wir haben 95 Prozent der nötigen Technologien schon heute wirtschaftlich einsatzbereit», schreibt der Stanford-Professor Mark Jacobson. «Wir wissen auch, wie wir den Rest bauen können, vor allem für Flugzeuge und Schiffe und ein paar Industriebereiche. Wir brauchen keine Wundertechnologien, um diese Probleme zu lösen. Wir brauchen nur gemeinsame Willenskraft.»

Die inoffizielle Geschichte des nachhaltigen Wandels

Was waren die großen Erfindungen der jüngeren Geschichte? Was wird in der Geschichtsschreibung als historisch verstanden – und was immer wieder ausgeblendet? Nicht nur die Gegenwart ist fossil geprägt, auch unser eigenes Verständnis von technologischer Entwicklung ist es. Nachhaltige Innovationen gibt es schon seit Jahrhunderten, viele von ihnen wurden verdrängt oder vergessen. Höchste Zeit, sie sichtbar zu machen.

Nachhaltige Geschichte:

1300 v. Chr.
Im ägyptischen Reich werden mit Windtürmen Häuser gekühlt – die ersten Klimaanlagen der Welt entstehen.

1031
In Japan werden die weltweit ersten Recyclingsysteme für Altpapier aufgebaut.

1180
Die ersten europäischen Windmühlen werden gebaut.

1334
In Frankreich wird warmes Thermalwasser umgeleitet, um mehrere Häuser gleichzeitig zu heizen – die Fernwärme ist erfunden.

1863
Die erste U-Bahn der Welt geht in London in Betrieb.

Fossile Geschichte:

1712
Thomas Newcomen erfindet die erste Dampfmaschine.

1879
Die erste Glühbirne für den Massengebrauch wird von Thomas Edison entwickelt.

1882
Das erste Kohlekraftwerk geht in New York City in Betrieb.

1886
Carl Benz meldet Patent für das erste Verbrennerauto an.

1903
erster motorisierter Flug der Brüder Wright

1881
Gustave Trouvé entwickelt das erste Elektroauto.

1881
In Groß-Lichterfelde bei Berlin geht nach einer Erfindung von Werner von Siemens die erste elektrische Straßenbahn der Welt in Betrieb.

1883
Das erste Windrad steht in Wien.

1913
Die erste Solaranlage der Welt geht in Kairo in Betrieb.

1992
Die erste Sprinter-Strecke der Deutschen Bahn bringt Menschen ohne Zwischenhalt von Großstadt zu Großstadt.

1912
Jungfernfahrt der Titanic

1924
Die erste längere Autobahn eröffnet in Italien.

1969
erste bemannte Mondlandung

1980
Eröffnung des Gotthard-Straßentunnels

2010
Einweihung des Burj Khalifa, des höchsten Gebäudes der Welt

Platz an der Sonne

Ließe sich der Energiebedarf der Menschheit komplett mit Solarenergie decken? Ein paar Schwierigkeiten gibt es da schon, vor allem die: Wie lässt sich der Strom am besten zwischenspeichern für jene Phasen, in denen die Sonne nicht scheint? Während Ingenieur:innen und Forscher:innen dafür Lösungen entwickeln, steht eins schon mal fest: Am Platz wird es nicht scheitern. Ein Bruchteil der Erdoberfläche würde reichen, um alle nötigen Solarpanels aufzustellen.

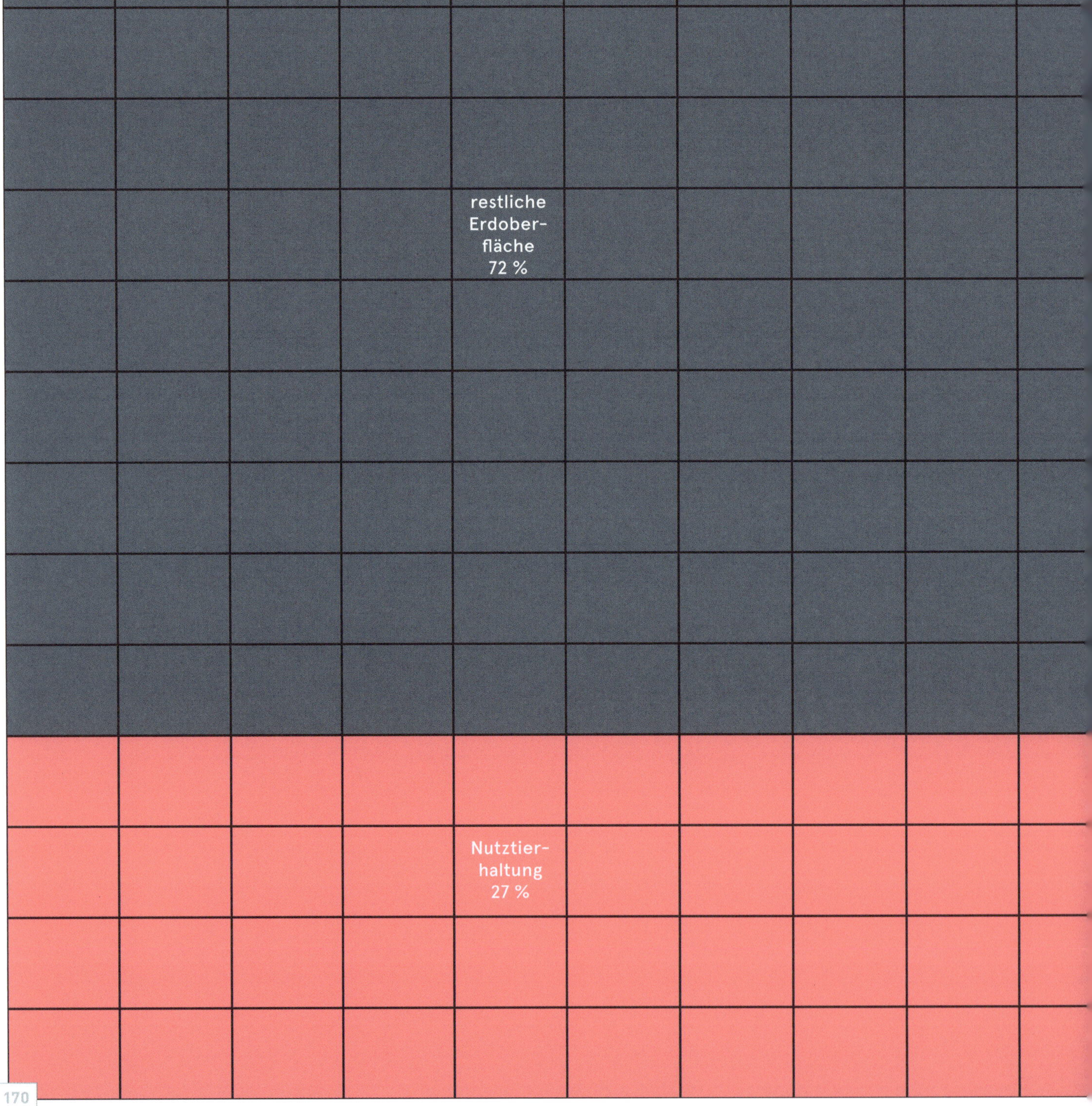

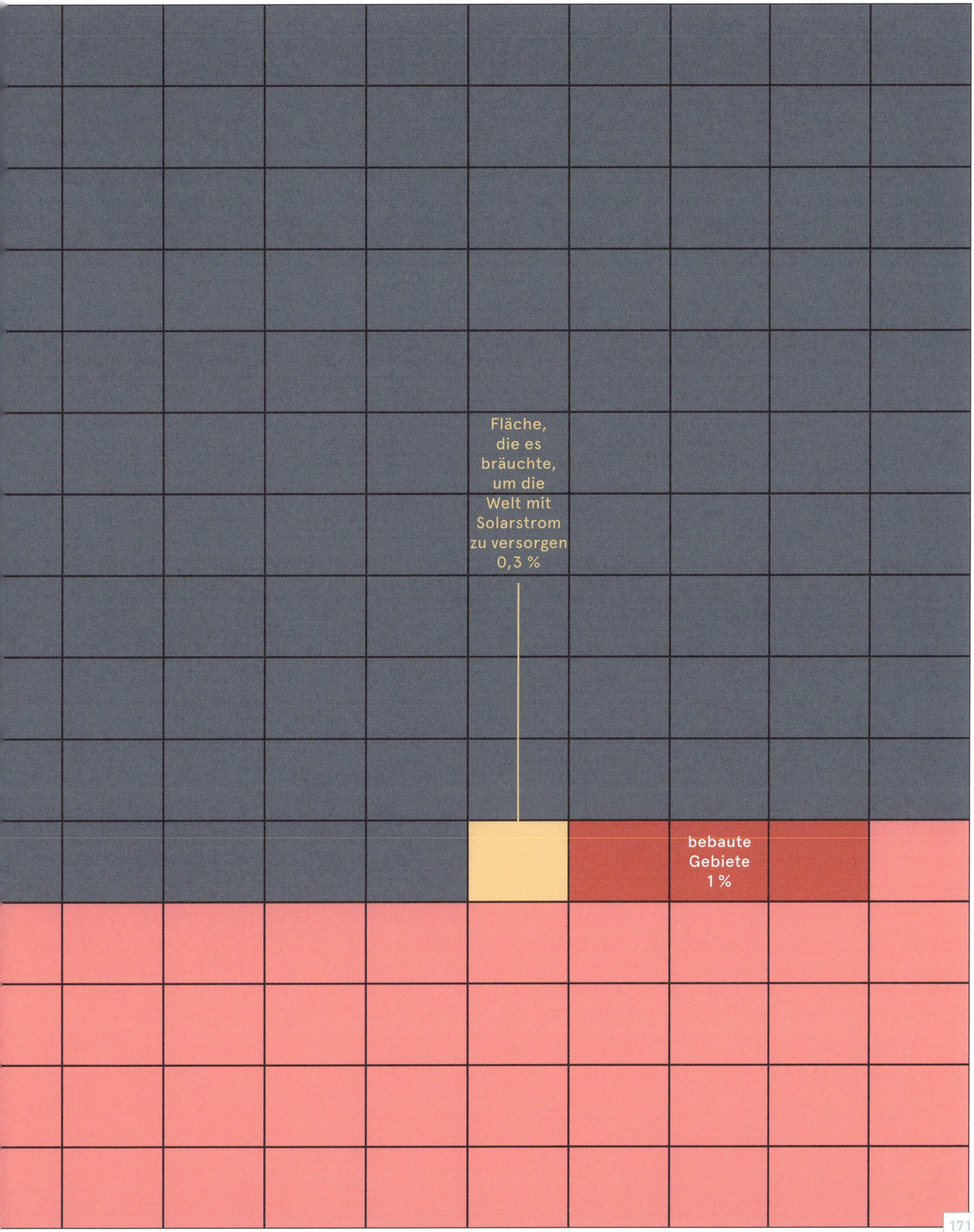
Fläche, die es bräuchte, um die Welt mit Solarstrom zu versorgen 0,3 %
bebaute Gebiete 1 %

Der Ausbau von einem Gigawatt Solarenergie dauerte …
… 2004:
365 Tage (1 Jahr)

Tempo 300

In weniger als 20 Jahren hat sich die Geschwindigkeit, mit der weltweit neue Solaranlagen montiert werden, mehr als verdreihundertfacht.

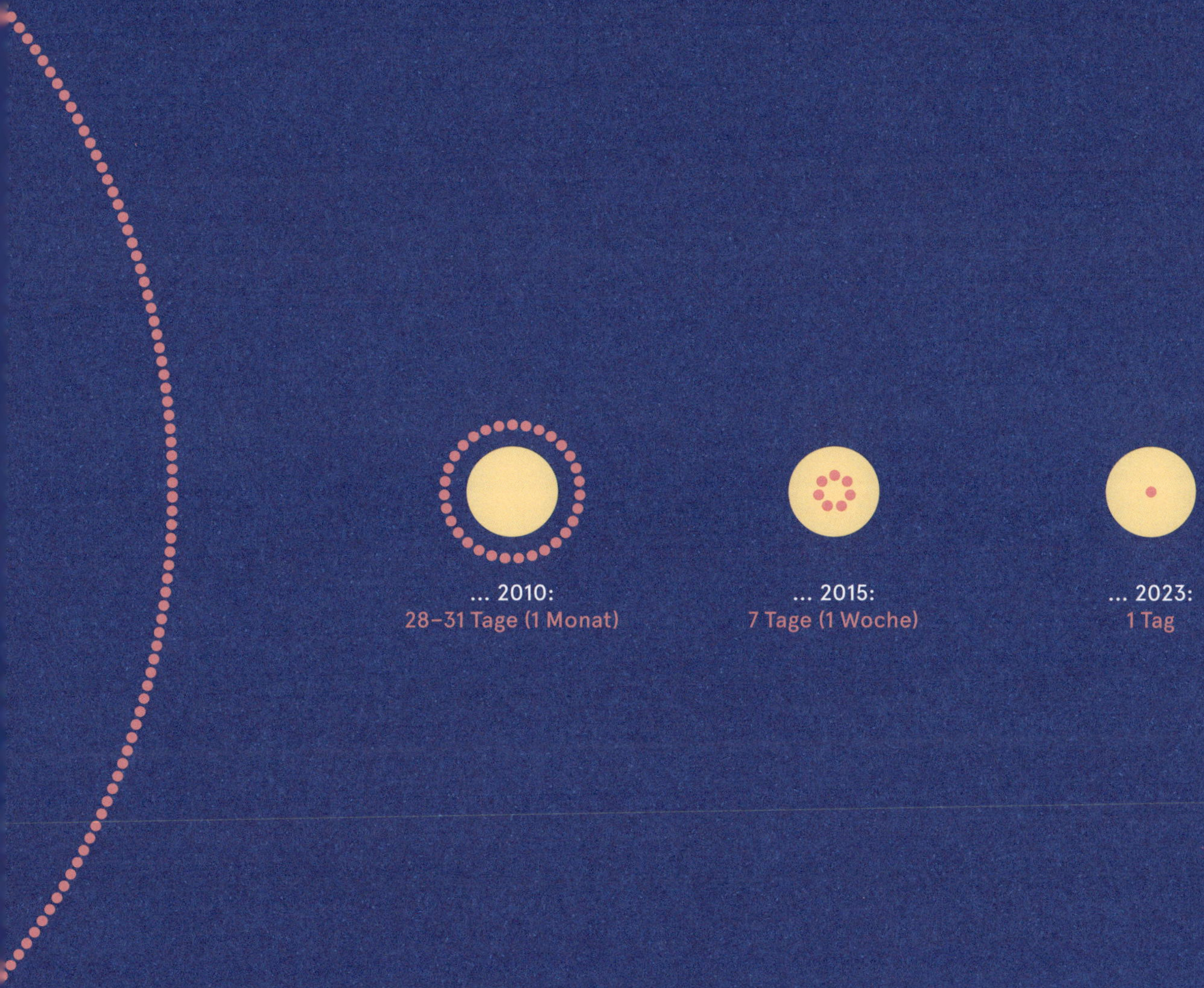

Fürs Klima rechnet sich das E-Auto

Weil die Herstellung von Batterien sehr viel Energie kostet, rollen Elektroautos mit einer schlechteren Klimabilanz aus der Fabrik als Verbrenner. Doch auf der Straße verursachen sie weniger CO_2. Bis zur Verschrottung entstehen beim Verbrenner daher insgesamt mehr Emissionen. Je nachdem, wer rechnet und von welchen Annahmen man ausgeht, unterscheiden sich die Zahlen zwar etwas, aber am Ende liegt das E-Auto inzwischen immer vorn.

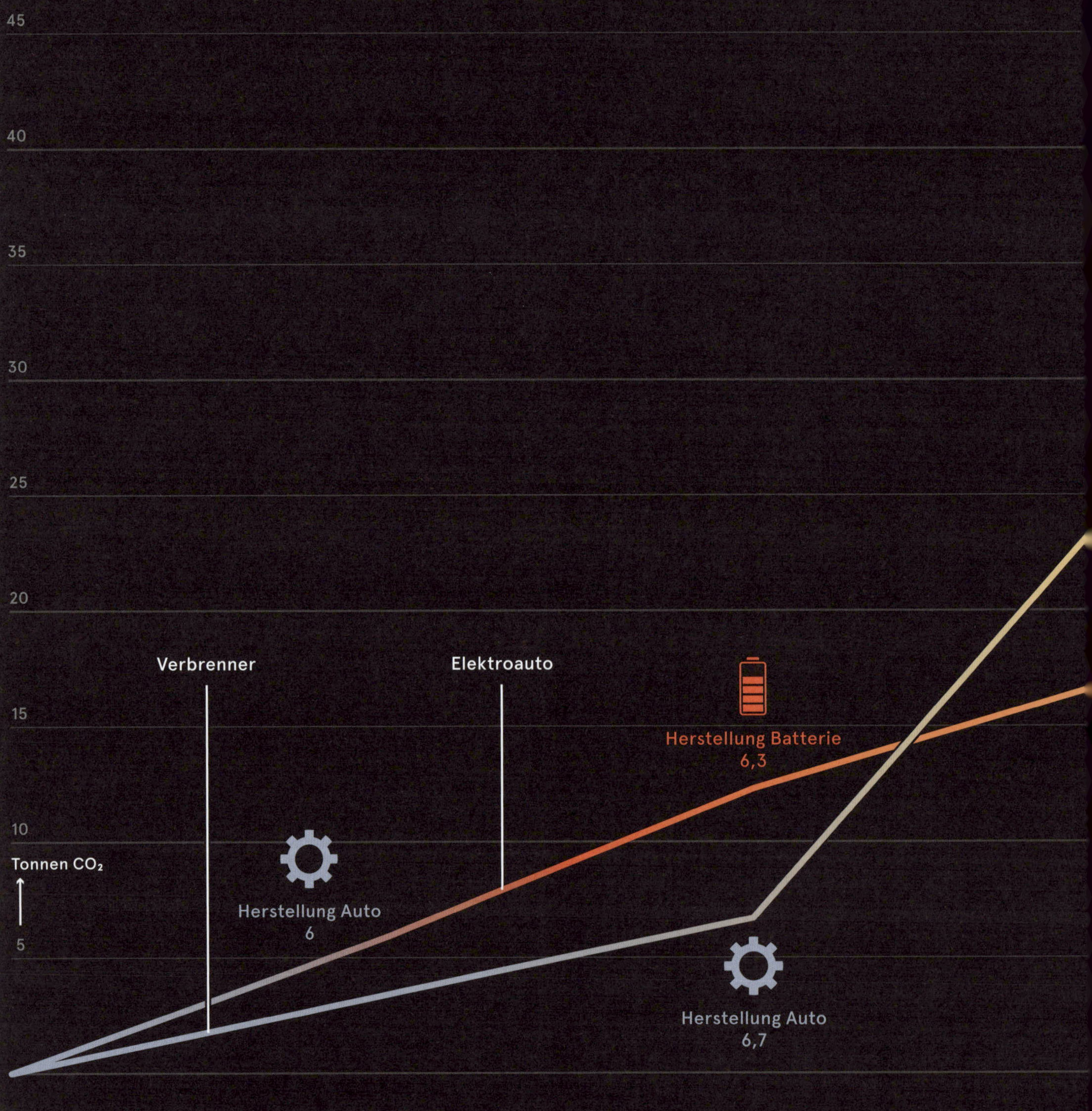

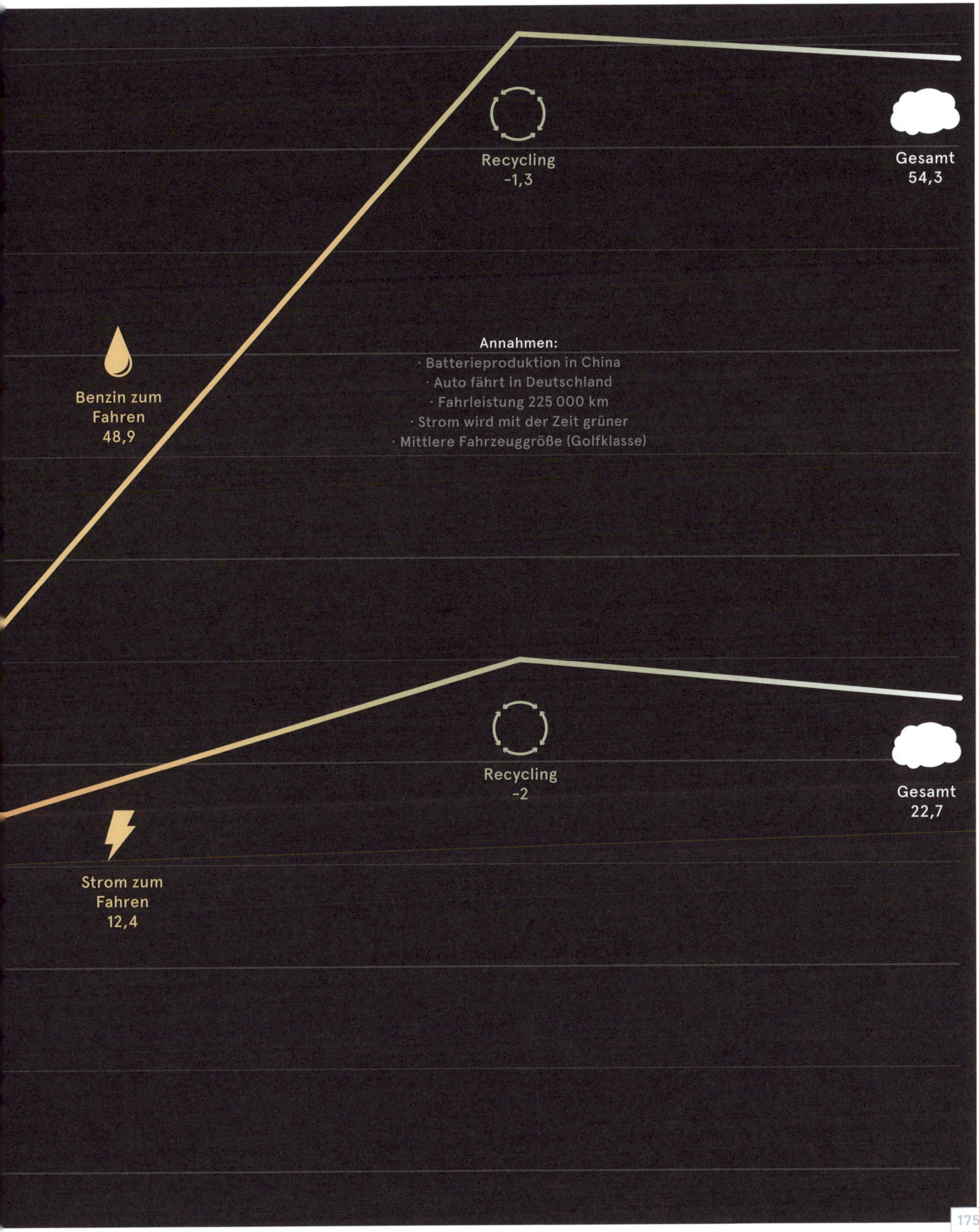
Recycling
-1,3
Gesamt
54,3
Annahmen:
· Batterieproduktion in China
· Auto fährt in Deutschland
· Fahrleistung 225 000 km
· Strom wird mit der Zeit grüner
· Mittlere Fahrzeuggröße (Golfklasse)
Benzin zum
Fahren
48,9
Recycling
-2
Gesamt
22,7
Strom zum
Fahren
12,4

Drehmoment

Eine einzige Umdrehung eines modernen Windrads erzeugt genügend Strom für…

… das Aufbacken von zehn Tiefkühlpizzen.

… 700 Meter Straßenbahn fahren (ca. zwei Haltestellen).

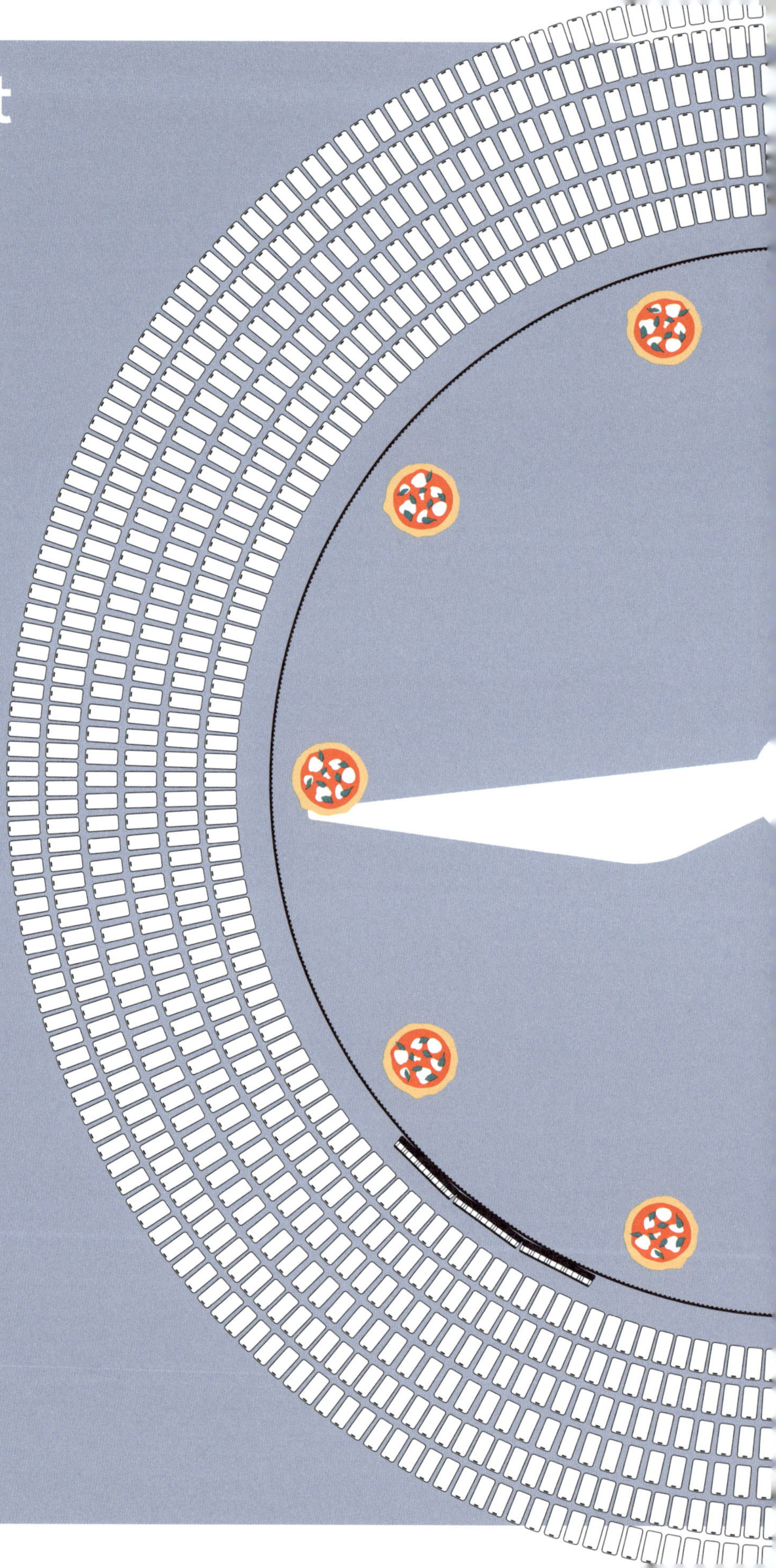

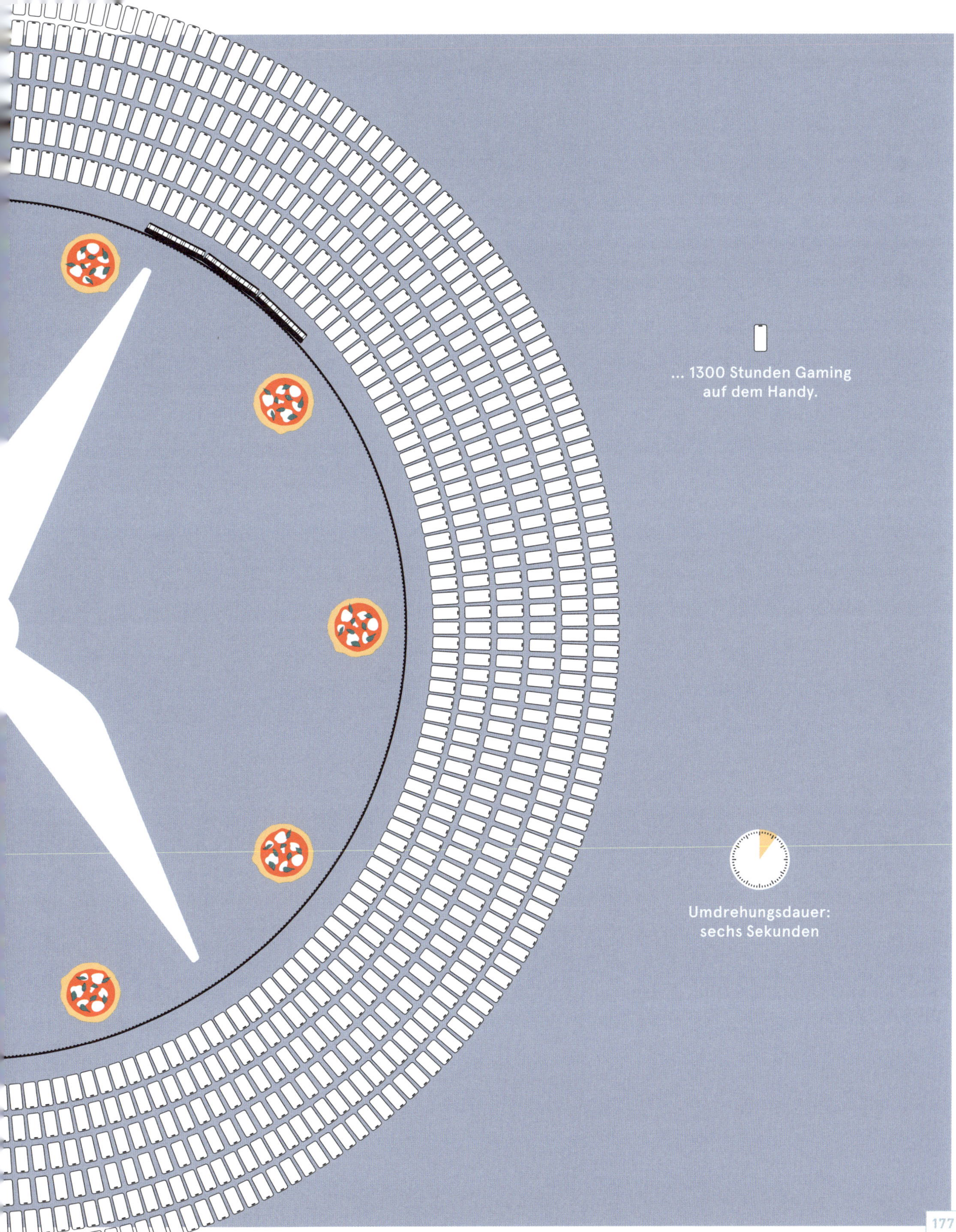
... 1300 Stunden Gaming auf dem Handy.
Umdrehungsdauer: sechs Sekunden

Fast die Hälfte könnte weg

40 Prozent aller Frachtschiffe auf den Weltmeeren transportieren fossile Brennstoffe wie Kohle, Öl und Gas. Riesige Tanker verbrennen also Unmengen an Schiffsdiesel, um noch viel größere Mengen an Diesel (sowie Benzin, Kerosin, Rohöl, Gas und Kohle) um die Welt zu fahren. Damit diese dann in Fahrzeuge gekippt werden können, die sie wiederum verbrennen, um andere Dinge durch die Gegend zu fahren. In einer klimaneutralen Welt wäre auf den Weltmeeren also deutilch weniger los. Auch Solarpanels, Windräder und Batterien müssen zwar transportiert werden, aber sind sie einmal an Ort und Stelle, kommt die Energie immer wieder von selbst nach. Da gibt's kein rotes Lämpchen an der Tankanzeige. Die Ozeane und ihre Lebewesen würden sich freuen: Weniger Schiffe bedeuten weniger Lärm, weniger Abgase, weniger Lecks, Havarien und Wracks.

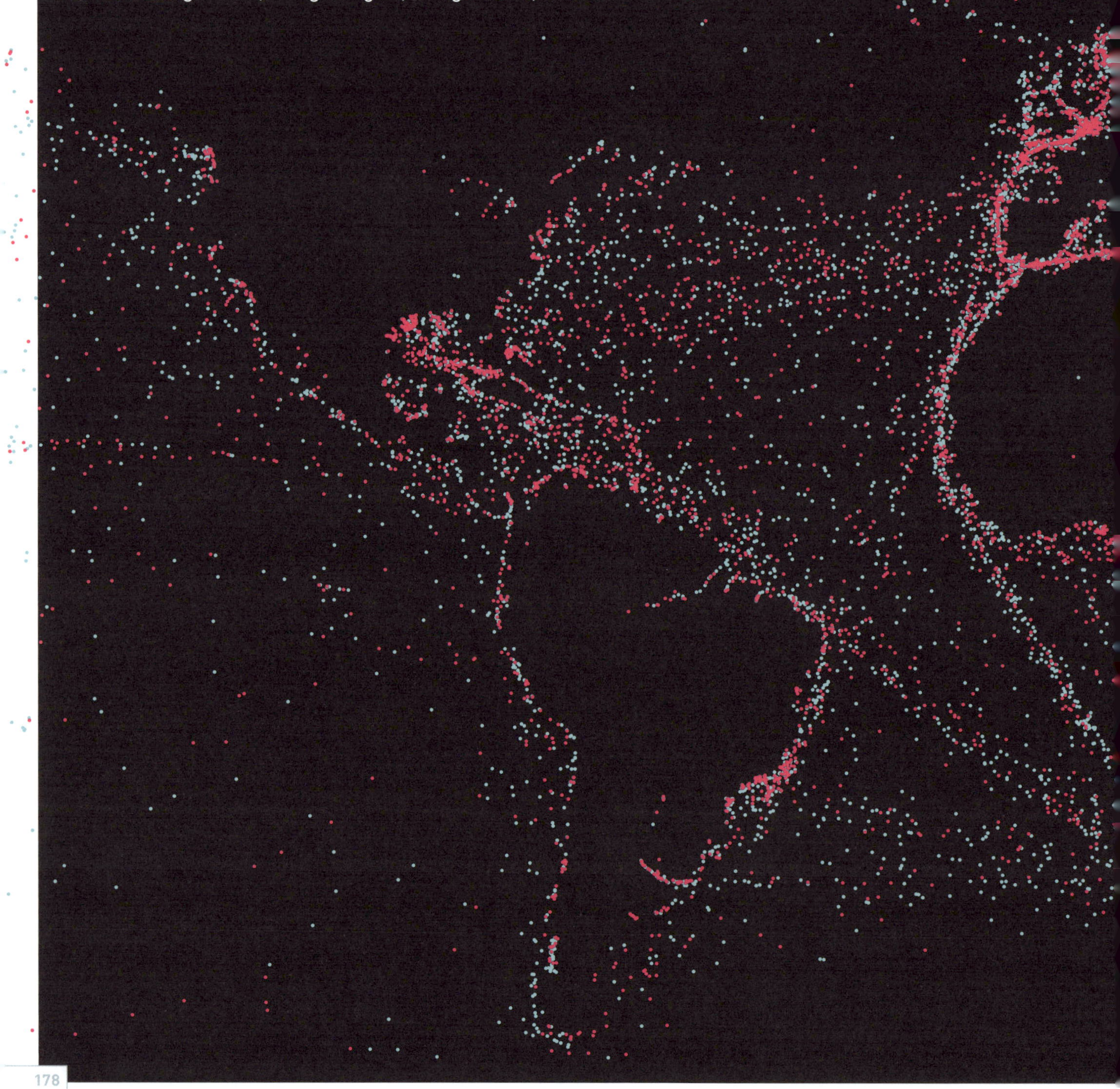

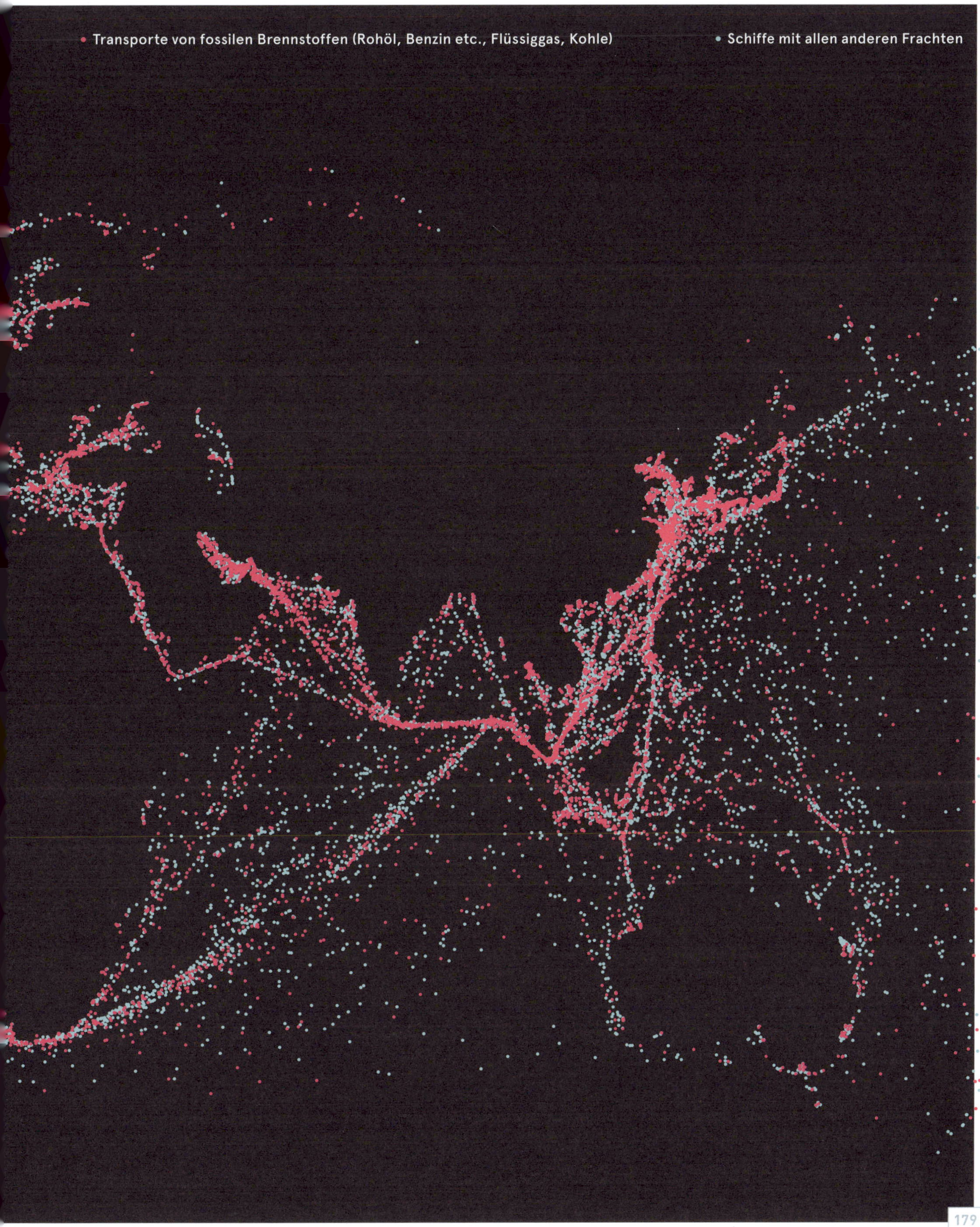
Transporte von fossilen Brennstoffen (Rohöl, Benzin etc., Flüssiggas, Kohle)
Schiffe mit allen anderen Frachten

Die Wunderpumpe

Eine Wärmepumpe erzeugt mehr Energie, als sie verbraucht. Bei Heizungen, die mit Öl, Gas oder Wasserstoff betrieben werden, ist es umgekehrt. Wie passt das mit den Gesetzen der Physik zusammen? Dahinter steckt ein simpler Trick: Wärmepumpen nutzen die frei verfügbare Wärme der Umgebung, meistens die der Luft ums Haus oder des Bodens.

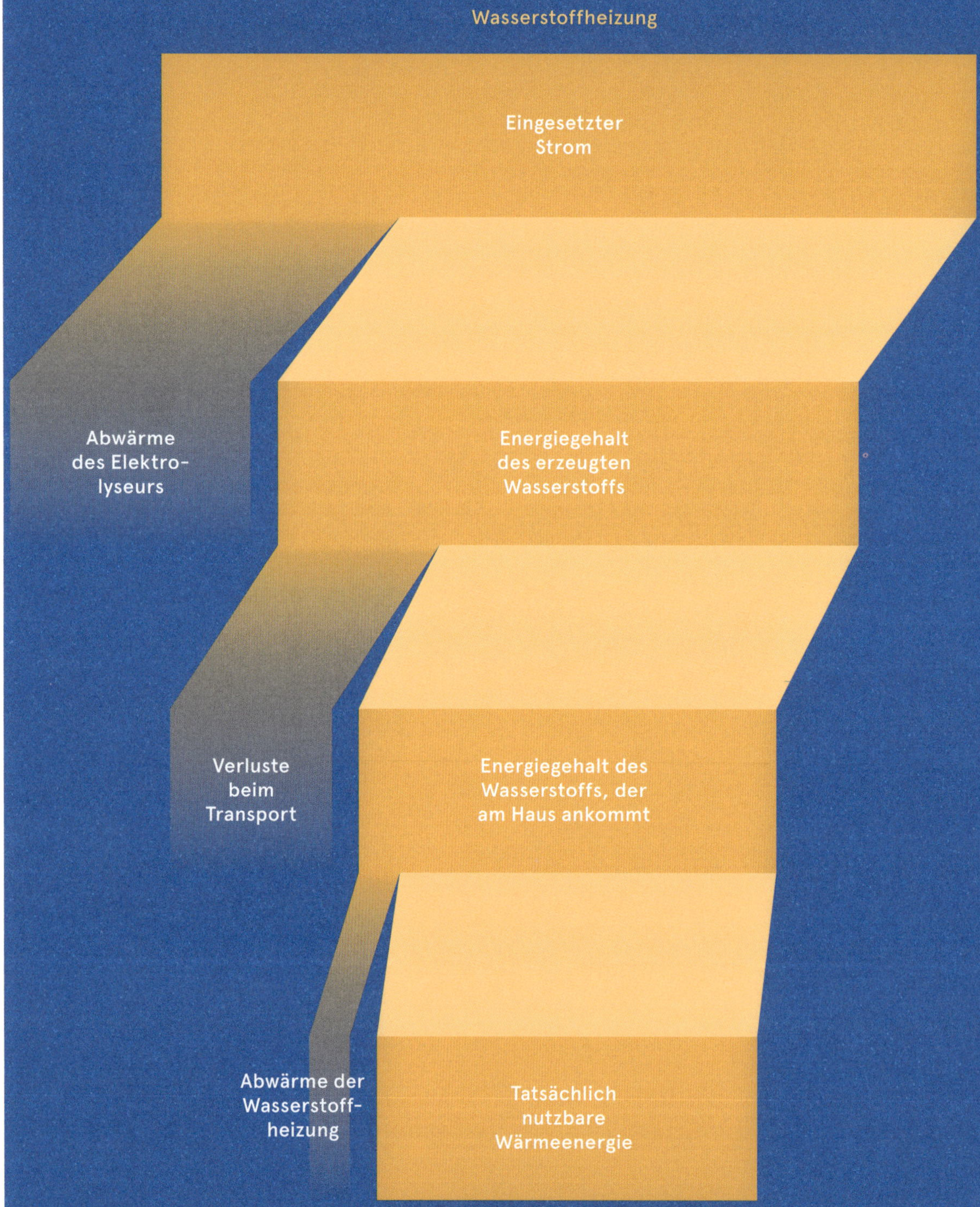

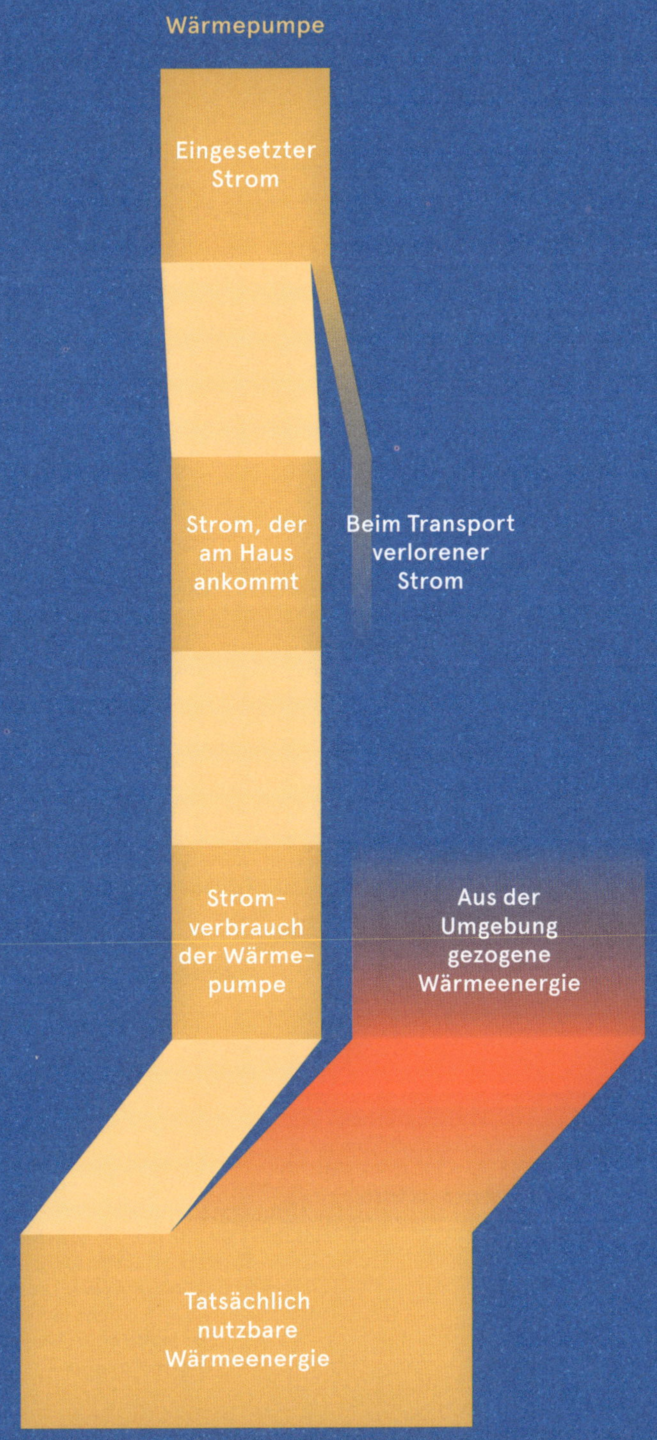
Wärmepumpe
Eingesetzter Strom
Strom, der am Haus ankommt
Beim Transport verlorener Strom
Strom-verbrauch der Wärme-pumpe
Aus der Umgebung gezogene Wärmeenergie
Tatsächlich nutzbare Wärmeenergie

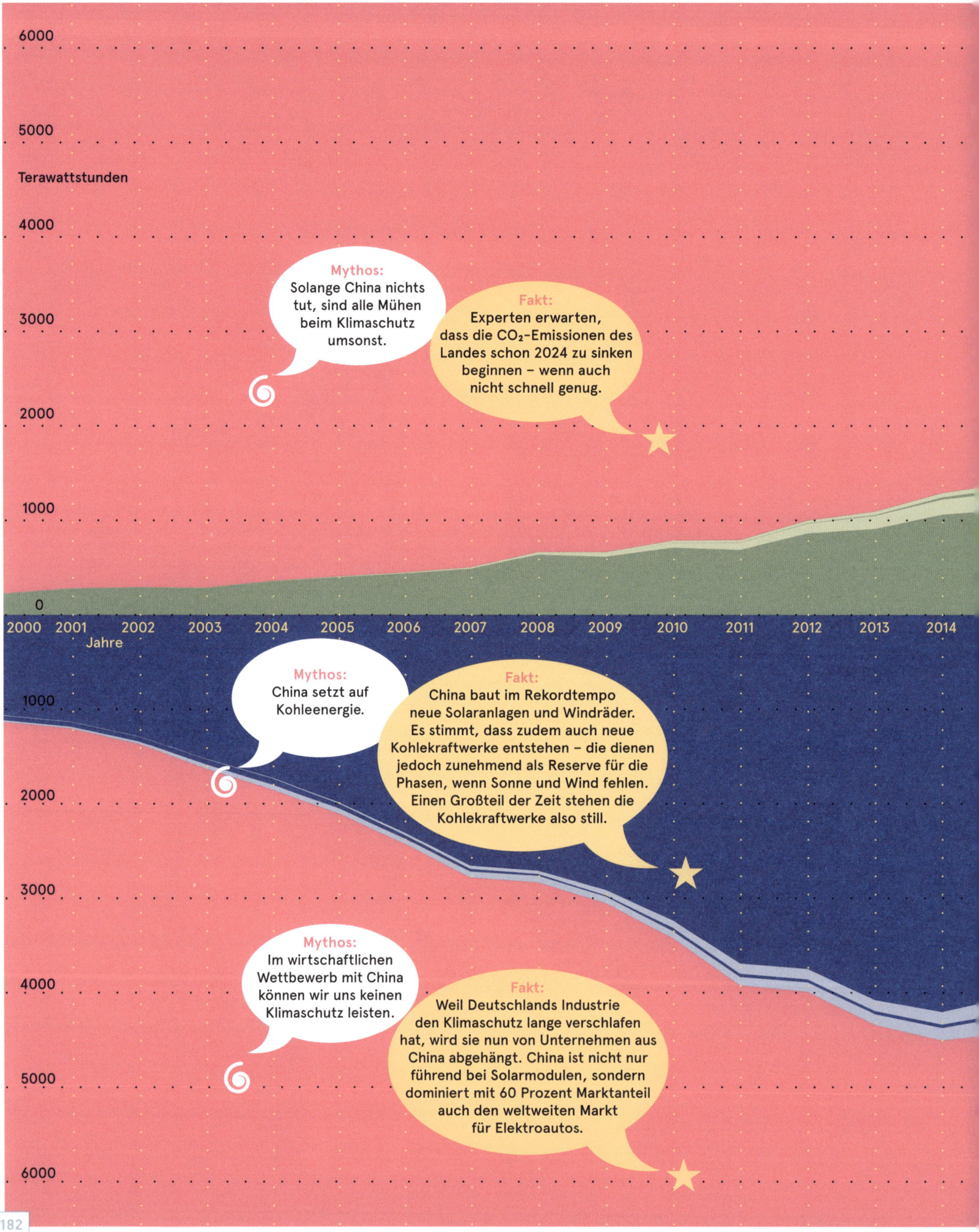

6000
5000
Terawattstunden
4000
3000
2000
1000
0
2000
2001
2002
2003
2004
2005
2006
2007
2008
2009
2010
2011
2012
2013
2014
Jahre
1000
2000
3000
4000
5000
6000
Mythos:
Solange China nichts tut, sind alle Mühen beim Klimaschutz umsonst.
Fakt:
Experten erwarten, dass die CO_2-Emissionen des Landes schon 2024 zu sinken beginnen – wenn auch nicht schnell genug.
Mythos:
China setzt auf Kohleenergie.
Fakt:
China baut im Rekordtempo neue Solaranlagen und Windräder. Es stimmt, dass zudem auch neue Kohlekraftwerke entstehen – die dienen jedoch zunehmend als Reserve für die Phasen, wenn Sonne und Wind fehlen. Einen Großteil der Zeit stehen die Kohlekraftwerke also still.
Mythos:
Im wirtschaftlichen Wettbewerb mit China können wir uns keinen Klimaschutz leisten.
Fakt:
Weil Deutschlands Industrie den Klimaschutz lange verschlafen hat, wird sie nun von Unternehmen aus China abgehängt. China ist nicht nur führend bei Solarmodulen, sondern dominiert mit 60 Prozent Marktanteil auch den weltweiten Markt für Elektroautos.

Aber China!

Wenn es ums Klima geht, muss China ständig als Ausrede herhalten: Solange sich das Land mit den meisten Emissionen nicht bewegt, sei jegliche Mühe hierzulande umsonst. Übersehen wird dabei, dass sich China längst auf den Weg zur Klimaneutralität gemacht hat – und in vielerlei Hinsicht inzwischen schneller vorankommt als Deutschland.

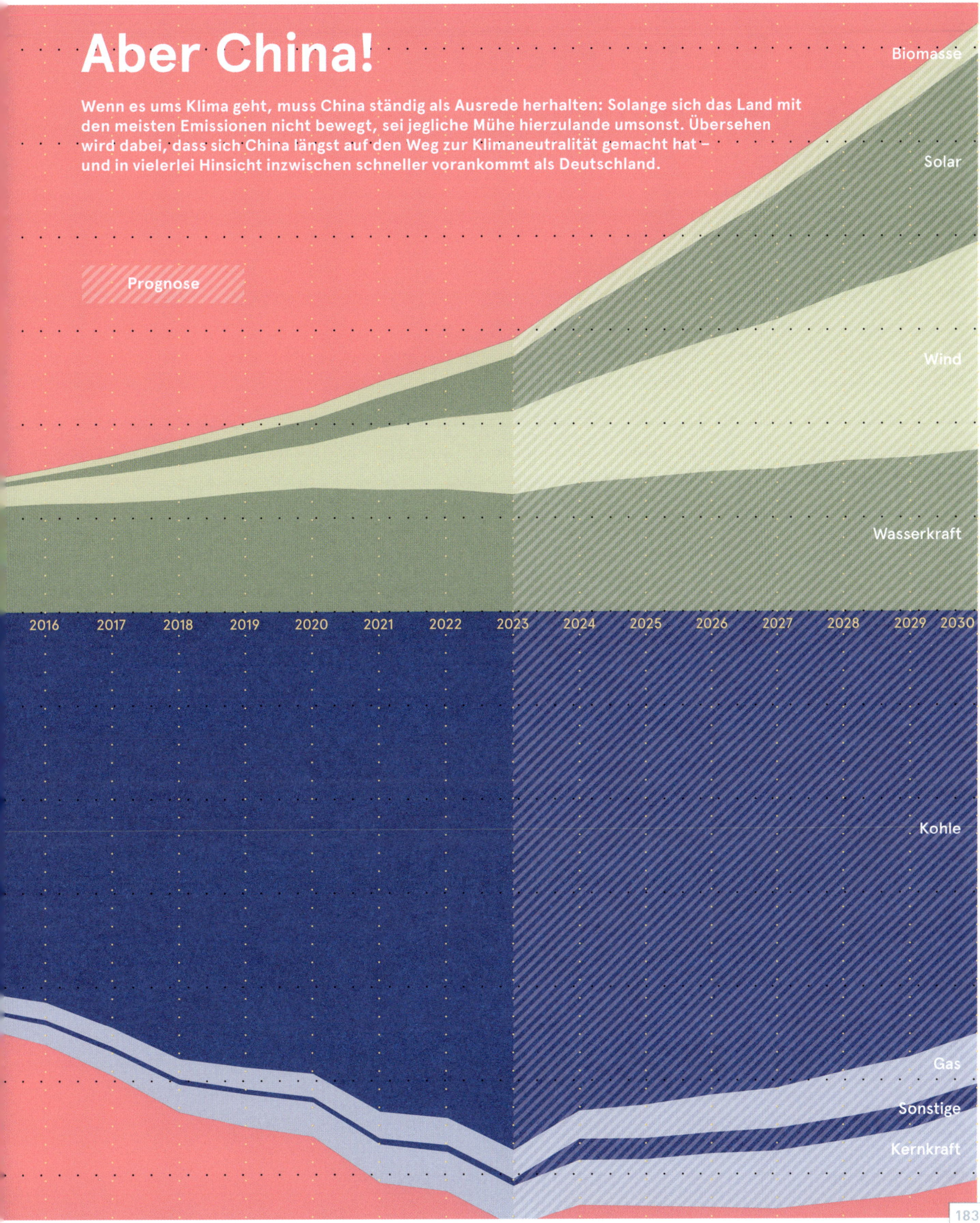

Wo die Energiewende schon vorankommt

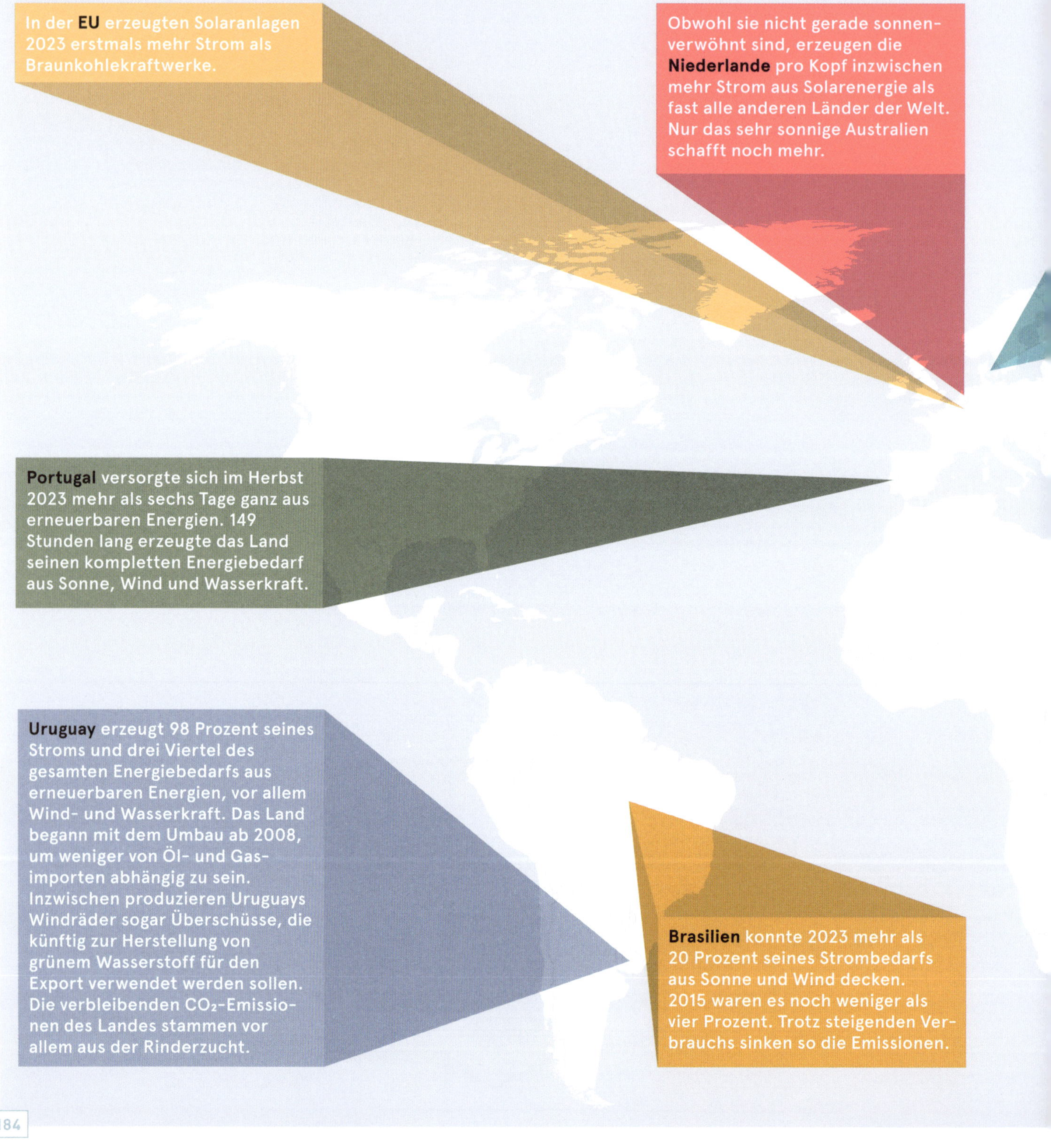

In der **EU** erzeugten Solaranlagen 2023 erstmals mehr Strom als Braunkohlekraftwerke.

Obwohl sie nicht gerade sonnenverwöhnt sind, erzeugen die **Niederlande** pro Kopf inzwischen mehr Strom aus Solarenergie als fast alle anderen Länder der Welt. Nur das sehr sonnige Australien schafft noch mehr.

Portugal versorgte sich im Herbst 2023 mehr als sechs Tage ganz aus erneuerbaren Energien. 149 Stunden lang erzeugte das Land seinen kompletten Energiebedarf aus Sonne, Wind und Wasserkraft.

Uruguay erzeugt 98 Prozent seines Stroms und drei Viertel des gesamten Energiebedarfs aus erneuerbaren Energien, vor allem Wind- und Wasserkraft. Das Land begann mit dem Umbau ab 2008, um weniger von Öl- und Gasimporten abhängig zu sein. Inzwischen produzieren Uruguays Windräder sogar Überschüsse, die künftig zur Herstellung von grünem Wasserstoff für den Export verwendet werden sollen. Die verbleibenden CO_2-Emissionen des Landes stammen vor allem aus der Rinderzucht.

Brasilien konnte 2023 mehr als 20 Prozent seines Strombedarfs aus Sonne und Wind decken. 2015 waren es noch weniger als vier Prozent. Trotz steigenden Verbrauchs sinken so die Emissionen.

Die dänische Insel **Samsø** ist schon seit Jahren klimaneutral. Die 3800 Bewohner:innen haben Windräder auf der Insel und vor der Küste errichtet, Solaranlagen und Wärmepumpen installiert. Sie verbrennen selbst angebautes Stroh in einem Biomassekraftwerk und kompensieren den Spritverbrauch der Fähren zum Festland durch den Export von Ökostrom.

Bhutan ist als erstes Land der Welt klimaneutral geworden und hat sogar negative Emissionen: Der verbleibende CO_2-Ausstoß wird durch den Export von grüner Energie und das Einspeichern von CO_2 in den üppigen Wäldern des Landes mehr als ausgeglichen. Als Energiequelle dient vor allem Wasserkraft. Die Klimapolitik des Königreichs ist Teil der Strategie, anstelle von Wirtschaftswachstum ein möglichst hohes «Bruttonationalglück» anzustreben.

In **Indien** werden Bewässerungskanäle mit Solaranlagen überbaut. So entsteht grüner Strom ohne zusätzlichen Flächenverbrauch. Zugleich spenden die Panels Schatten, so geht weniger Wasser durch Verdunstung verloren.

Kenia erzeugt fast seinen gesamten Strombedarf aus erneuerbaren Quellen. Den größten Beitrag leisten Wasserkraft und Erdwärme. Am Lake Turkana im Norden Kenias steht zudem der größte Windpark Afrikas, dort drehen sich 365 Windräder. In den nächsten Jahren will das Land die letzten fossilen Kraftwerke abschalten. Kenia gehört damit zu den wenigen Ländern weltweit, deren Klimapolitik laut des wissenschaftlichen Climate Action Tracker beinahe kompatibel mit dem 1,5-Grad-Ziel des Pariser Abkommens ist.

Danksagung

Dieses Buch ist ein doppeltes Teamwork. Dahinter stehen zum einen wir drei, Christian, Ole und Luisa. Zum anderen wurde es inspiriert und bestärkt von zahllosen weiteren Menschen aus unseren Umfeldern, die uns auf verschiedenste Weisen entlang unserer Atlas-Reise begleitet haben.

Von Herzen danken wir dem fantastischen Team von Rowohlt, insbesondere unserer Lektorin Katrin Kroll, ohne die dieses Buch nicht denkbar gewesen wäre. Danke, für all die Motivation, Inspiration, Kraft, das Können und die große Geduld bei restlos verpassten Deadlines.

Großer Dank geht aus dem Rowohlt-Team auch an Sandy Weps, Daniel Sauthoff, Julia Münzer, Simon Hamann, Ulrich Wittmaack und Erik Riemenschneider, außerdem an Nadine Helms und das gesamte Korrektor:innen-Team. Wir danken Mark Sohl und Stefan Vajen von der Agentur Alphabeta für die Unterstützung bei der Herstellung des Covers.

Christian dankt Wolfgang Jaschensky und Julius Tröger fürs Türenöffnen; Hannes Munzinger, Johannes Hofmann und Maximilian Bradley für wertvolle Gespräche; Benja Zehr und Claudia Vallentin für Geodaten-Zauberei; den zahlreichen zitierten Wissenschaftler:innen für ihre Arbeit und das schnelle, kompetente und freundliche Beantworten von E-Mails; Dagmar, Roland und Laura für alles und Oskar dafür, dass es dich gibt.

Ole dankt Anna, Greta und August für Geduld, Feedback, Unterstützung und Bespaßung.

Luisa dankt den vielen Menschen, die auf allen möglichen Kanälen, in Gesprächen und Mails Inspirationen und Anstöße für den Atlas geliefert haben. Oftmals konzentriert und viel öfter zufällig und zwischendurch. Danke an die Menschen, die mir den Rücken frei halten, die am Start sind, gerade, wenn Projekte sich stapeln und irgendwo immer wieder eine Buch-Deadline ruft. Danke an endlos viele Fridays-for-Future-Aktivist:innen, danke an den Climate-Action-Kosmos aus den Umweltverbänden und der For-Future-Familie, an die Welt der Geografie, an den wissenschaftlichen Support von Stefan Rahmstorf, Niklas Höhne, Claudia Kemfert und so vielen weiteren, danke an Julia von Hardenberg, Petra Eggers, Robert Schmale, Daniel Boese, Annalena und Patrick Csonka.

Über die Autor:innen

Luisa Neubauer, geboren 1996 in Hamburg, ist eine der weltweit bekanntesten Klimaaktivistinnen. Zuletzt erschien von ihr und ihrer Großmutter Dagmar Reemtsma «Gegen die Ohnmacht» (2022). Seit 2020 hostet sie den Klima-Podcast «1,5 Grad». Die Geografin lebt in Berlin und studiert in Göttingen.

Christian Endt, geboren 1989 in Augsburg, arbeitet als stellvertretender Leiter des Ressorts Daten und Visualisierung in der Redaktion von *ZEIT ONLINE*. Er hat Mathematik und Physik studiert und schreibt schwerpunktmäßig zu den Themen Energie, Klima und Wirtschaft. Der Journalist lebt in Berlin.

Ole Häntzschel, geboren 1979 in München, ist Grafikdesigner und Illustrator. Er ist auf die Gestaltung illustrativer Karten und Infografiken spezialisiert, wurde für seine Arbeiten vielfach ausgezeichnet und unterrichtet Infografik an verschiedenen Hochschulen. Ole Häntzschel lebt mit seiner Familie in Berlin.

Quellen

Datenstand: Mai 2024

Die Lage

Wann kommst du geschneit? 12 | 13

Deutscher Wetterdienst; eigene Auswertung.

Klimaverwirrtes Frühlingserwachen 14 | 15

Yasuyuki Aono/Our World in Data.

CO_2 geht steil 16 | 17

National Oceanic and Atmospheric Administration/Our World in Data.

Die letzten 300 Jahre im Zoom 18 | 19

National Oceanic and Atmospheric Administration/Our World in Data.

2023 war es so heiß wie nie 20 | 21

NASA Goddard Institute for Space Studies: GISS Surface Temperature Analysis.

Aber Deutschland verursacht nur 2 Prozent der weltweiten Emissionen 22 | 23

Global Carbon Budget/Our World in Data.

Keep it underground! 24 | 25

Data for Good/Éclaircies: Carbonbombs.org; Lamboll et al.: Assessing the size and uncertainty of remaining carbon budgets. Nature Climate Change 2023; eigene Auswertung.

Offenes Ende 26 | 27

Our World in Data; Global Carbon Project; IEA; eigene Auswertung.

Geografischer Wandel

Hier rot markiert: alle Länder, die nicht vom Klimawandel betroffen sind 30 | 31

UN-Climate Change/x.com.

Kontinentalverschiebung 32 | 33

J.-F. Bastin et al.: Understanding climate change from a global analysis of city analogues. *Plos One*, 2019.

Die Autohauptstadt 34 | 35

S. Bukow et al.: Infrastrukturatlas. Daten und Fakten über öffentliche Räume und Netze. Heinrich-Böll-Stiftung, 2020: S. 18; Technische Universität Dresden/Move Lab.

Eine Frage des Angebots 36 | 37

ÖV-Atlas 2023. Agora Verkehrswende, 2023.

Die kranke Stadt 38 | 39

D. Begg: The impact of congestion on bus passengers. *Greener Journeys*, 2016; Centre for Economics and Business Research: Verkehr kostet deutsche Wirtschaft 33 Milliarden Euro im Jahr 2030. *Inrix*, 2014; G. Duranton und M. A. Turner: The Fundamental Law of Road Congestion: Evidence from US Cities. *American Economic Review* 101 (6), 2011: S. 2616–52; European State of the Climate 2023. The Copernicus Climate Change Service, 2023; K. Fischer: Hitzeinseleffekt: Warum es in unseren Städten so heiß ist und was dagegen hilft. *National Geographic* 2022; A. Seidler et al.: Einfluss des Lärms auf psychische Erkrankungen des Menschen. Umweltbundesamt, 2023; A. Sinclair et al.: Childhood asthma acute primary care visits, traffic, and traffic-related pollutants. *Journal of the Air & Waste Management Association* 64 (5), 2014.

Die schöne neue Stadt 40 | 41

S. Bader: Strassenverkehr: Besser schlafen dank Tempo 30. Bundesamt für Umwelt (Schweiz), 2019; J. Dill et al.: District Department of Transportation Bicycle Facility Evaluation. District Department of Transportation, 2012; E. Heinrichs et al.: Wirkungen von Tempo 30 an Hauptverkehrsstraßen. Bundesumweltamt, 2016; C. Hoehner et al.: Commuting Distance, Cardiorespiratory Fitness, and Metabolic Risk. *American Journal of Preventive Medicine*, 2012; Institut für Deutsche ökologische Wirtschaftsforschung: So wertvoll sind urbane Gärten. *Natur.de*, 2022; T. Iungman et al.: Cooling cities through urban green infrastructure: a health impact assessment of European cities. *The Lancet*, 2023; R. Marselle et al.: Urban street tree biodiversity and antidepressant prescriptions. *Sci Rep* 10, 2020.

Ausbeuterische Zukunft 42 | 43

A. T. Simkins et al.: A global assessment of the prevalence of current and potential future infrastructure in Key Biodiversity Areas. *Biological Conservation*, 2023.

Eine salzige Suppe 44 | 45

B. van der Pluijm: World's Fresh Water Supply. University of Michigan, Department of Earth & Environmental Sciences, 2016; Where is Earth's Water? United States Geological Survey, 2018.

Wasser und Widerstand 46 | 47

S. Kuzma et al.: Aqueduct. Water Risk Atlas, World Ressources Institute, 2023.

Dann ziehen wir halt auf den Mars?! 48 | 49

S. Ekström und J. Nombela: Wir werden nie auf dem Mars leben. Swissinfo.ch, 2021; C. Grupen und M. Niechciol: Der Mars: Unsere neue Heimat? *Springer Spektrum*, 2022.

Ökologischer Wandel

… des Eisbergs 56 | 57

K. Richardson et al.: Earth beyond six of nine planetary boundaries, *Science Advanced* 9, 2023; J. Rockström, J. Gupta, D. Qin et al.: Safe and just Earth system boundaries. *Nature* 619, 2023: S. 102–111; J. Rockström, W. Steffen, K. Noone, Å. Persson, et.al.: A safe operating space for humanity. *Nature* 461, 2009: S. 472–475.

Es ist nicht nur der Eisbär 58 | 59
C. van Paris: 8 of the World's Ugliest Animals for a Reminder That Earth Is Wonderfully Weird. *Brightly*, 2023; K. Pierre-Louis: Ten of the ugliest animals threatened by climate change. *Popular Science*, 2017; Naturschutzbund Deutschland: Waldrapp; Unansehnlich und gefährdet. *Süddeutsche Zeitung*, 2008; D. Veríssimo and B. Smith: When It Comes to Conservation, Are Ugly Animals a Lost Cause? *Smithsonian Magazine*, 2017; U. Karlowski: Bogenstirn-Hammerhai – Soziale Haie? Deutsche Stiftung Meeresschutz, 2020; V. Wulf: Arm, aber unsexy. *Süddeutsche Zeitung*, 2021.

Wenn's mal wieder länger dauert 60 | 61
M. Astrom & W. Dekker: When will the eel recover? A full life-cycle model. *ICES Journal of Marine Science* 64, 2007; Baur et al.: The science of temperature overshoots. Climate Analytics, 2021; Bowd et al.: Long-term impacts of wildfire and logging on forest soils. *Nature Geoscience*, 2019; Bundesanstalt für Geowissenschaften und Rohstoffe; B.A. Buis: Getting a Handle on Carbon Dioxide. NASA's Jet Propulsion Laboratory, 2019; McClanahan et al.: Toward pristine biomass: reef fish recovery in coral reef marine protected areas in Kenya. Ecological Applications, 2007; Österreichischer Alpenverein, Sektion TK Innsbruck: Verrottungstabelle; University of Colorado Boulder/National Snow and Ice Data Center; WW Australien; Yu et al.: An interrupted time series analysis of the cardiovascular health benefits of a coal coking operation closure. *Environmental Research: Health*, 2023; Zamor et al.: Rapid recovery of a fish assemblage following an ecosystem disruptive algal bloom. *Freshwater Science*, 2014.

Falsch verdächtigt 62 | 63
E. Katovich: Quantifying the Effects of Energy Infrastructure on Bird Populations and Biodiversity. *Environmental Science & Technology*, 2023.

Gimme Moore! 64 | 65
Heinrich-Böll-Stiftung: Mooratlas, 2023; International Energy Agency: CCUS Projects Explorer; Open Parliament TV.

Habe Land, suche Wald 66 | 67
A. Buras & A. Menzel: Projecting Tree Species Composition Changes of European Forests for 2061–2090 Under RCP 4.5 and RCP 8.5 Scenarios. *Frontiers in Plant Science*, 2019; A. Buras & A. Menzel: Waldszenarien. Waldmonitoringzentrum der Technischen Universität München; B. Zehr et al.: Wo Deutschlands Bäume verschwinden. *Zeit Online*, 2024.

Rockstar-Pflanzen 68 | 69
Bäume im Klimawandel. MDR, 2022; Neptungras: Die be- drohte Klima-Superpflanze. Arte, 2024; M. A. Rahman, A. Moser, A. Gold, T. Rötzer, S. Pauleit: Vertical air temperature gradients under the shade of two contrasting urban tree species during different types of summer days. *Science of The Total Environment* 633, 2018; L. Röschel et al.: Klimaschutz durch Meeresnatur. *Potentiale und Handlungsoptionen*, 2022; N. J. Stapper und R. Kricke: Epiphytische Moose und Flechten als Bioindikatoren von städtischer Überwärmung, Standorteutrophierung und verkehrsbedingten Emissionen. *Limprichtia* 24, 2004: S. 187-208.

Gesundheitlicher Wandel

Intro 70 | 71
Air Pollution, World Health Organization.

Wo die Erde unbewohnbar wird 72 | 73
T. M. Lenton et al.: Quantifying the human cost of global warming. *Nature Sustainability*, 2023; J. Bauer et al.: Wo die Erde so gut wie unbewohnbar wird. *Zeit Online*, 2023.

Junge Leute, große Angst 74 / 75
C. Hickman, E. Marks, P. Pihkala, S. Clayton, E. Lewandowski, E. E. Mayall et al.: Climate anxiety in children and young people and their beliefs about government responses to climate change: a global survey. *The Lancet*, 2021.

Tödliche Zukunft 76 | 77
T. Carleton et al.: Valuing the Global Mortality Consequences of Climate Change Accounting for Adaptation Costs and Benefits. *The Quarterly Journal of Economics*, 2022; H. Stevens: Will global warming make temperature less deadly? *Washington Post*, 2023.

Das ist doch krank! 78 | 79
K. Vorah et al.: Global mortality from outdoor fine particle pollution generated by fossil fuel combustion: Results from GEOS-Chem. *Environmental Research* 195, 2021.

Armut macht hitzekrank 80 | 81
H. Mertes et al.: Umweltgerechtigkeit im Handlungsfeld Klimawandel, Hitze und Gesundheit. *UMID*, 2020; Umweltbundesamt, Dessau; A. Kaźmierczak et al.: Urban adaptation in Europe: How Cities and Towns Respond to Climate Change. European Environment Agency, 2020.

Das wird teuer 82 | 83
O. Eitelwein et al.: Quantifying the Impact of Climate Change on Human Health. World Economic Forum, 2024.

No Future, no Espresso? 84 | 85
R.Grüter et al.: Expected global suitability of coffee, cashew and avocado due to climate change. *Plos One*, 2022.

Alle gewinnen 86 | 87
D. Kroll et al.: Vergleich des CO_2-Fußabdrucks von Mineral- und Trinkwasser. GUTcert, 2020; UNEP: Food Waste Index Report, 2024; W. Willet et al.: Food in the Anthropocene: the EAT–Lancet Commission on healthy diets from sustainable food systems. *The Lancet*, 2019.

Vegetarische Sterne 90 | 91
Guide Michelin online, 2024.

Gesellschaftlicher Wandel

Weltuntergang?! 94 | 95
Zitat zur Gurtpflicht aus: *Spiegel*-Titel/ Soll und darf der liberale Staat die Auto-Bürger zum Überleben zwingen? *Der Spiegel*,1975; Zitat zum Millennium-Bug aus: Die Nacht, in der wir alle nochmal davon kamen. *Spiegel Online*, 2007;

Zitat zur Euro-Einführung aus: Mehrheit der Deutschen gegen den Euro. *Der Tagesspiegel*, 1998; Zitat zum Rauchverbot in Gaststätten aus: Mehrheit sagt: Das Rauchverbot muss ganz weg! *BILD.de*, 2008; Zitate zum Veggieday aus: Heftiger Widerstand gegen «Veggie Day» der Grünen. *Spiegel Online*, 2013 sowie: So lacht Deutschland über die Gaga-Idee der Grünen. *BILD.de*, 2013; Zitat zu veganer Currywurst aus: x.com; Zitat zum Heizungsgesetz aus: J.W. Schäfer: Der Heiz-Hammer sprengt den Sozialstaat! *BILD.de*, 2023; Zitate zum Verbrennerverbot aus: K. Lauk: Ein Sargnagel für Deutschlands Industrie. *Cicero.de*, 2023 sowie: Autos werden nach und nach aussehen wie auf Kuba. *Spiegel Online*, 2023; Zitat zum Tempolimit aus: C. Malorny: Mit einem Tempolimit auf Autobahnen schaffen wir in Deutschland unseren Wohlstand ab. *Businessinsider.de*, 2021.

Ich würde ja, aber die anderen ... 100 | 101
C. Betsch et al.: Planetary Health Action Survey. Uni Erfurt/RKI/SMC Germany, 2023; L. Hagemeyer, R. Faus, L. Bernhard: Vertrauensfrage Klimaschutz. Friedrich-Ebert-Stiftung/pollytix Strategic Research, 2024.

Kann Spuren von Klebstoff enthalten 102 | 103
ADAC; Polizeipräsidium Berlin.

Wenige Jahrzehnte später 104 | 105
Archiv *Der Spiegel*; eigene Auswertung.

Musik vergrault Klima-Twitter 106 | 107
C. H. Chang et al.: Environmental users abandoned Twitter after Musk takeover. *Trends in Ecology & Evolution*, 2023.

Elemente des Widerstands I 114 | 115
aeinstein.org; G. Sharp (2012): From dictatorship to democracy: A conceptual framework for liberation. *The New Press*, 2012.

Elemente des Widerstands II 116 | 117
L. Neubauer und A. Repenning: *Vom Ende der Klimakrise. Eine Geschichte unserer Zukunft*, 2019.

Du bist mehr als deine Einkaufsliste 118 | 119
CO_2-Rechner des Umweltbundesamtes; Fraunhofer-Institut für solare Energiesysteme; Mooratlas 2023 der Heinrich-Böll-Stiftung.

Klimaschutz ist ansteckend 120 | 121
J. F. Donges et al.: Divestment may burst the carbon bubble if investors' beliefs tip to anticipating strong future climate policy. *Arxiv*, 2019; C. Parkinson et al.: Pathways to Veganism: Exploring Effective Messages. Centre for Human Animal Studies, Edge Hill University, 2019; J. Rode und S. Müller: I Spot, I Adopt! Peer Effects and Visibility in Solar Photovoltaic System Adoption of Households. *SSRN*, 2021.

Wir sind hier, wir sind laut 122 | 123
Hörex Hör-Akustik; Landesamt für Natur, Umwelt und Verbraucherschutz Nordrhein-Westfalen; Verkehrsclub Deutschland; Viessmann

Politischer Wandel

Intro 126 | 127
C. Endt: «Klimaforscher müssen lernen zu reden». *Zeit Online*, 2013; M. Molina, D. J. Zaelke: A Climate Success Story to Build On. *New York Times*, 2012; B. Plumer, N. Popovich: Yes, There Has Been Progress on Climate. No, It's Not Nearly Enough. *New York Times*, 2021; H. Ritchie: *Not the End of the World*, 2024.

Klimapolitik: kritische Bilanz 128 | 129
NOAA, Earth System Research Laboratories. Global Monitoring Laboratory, 2024.

Das Autoministerium 130 | 131
Eintrag «Verband der Automobilindustrie», Lobbypedia.

Wie ein Klimagesetz entsteht 132 | 133
S. G. Carroll: EU-Länder stimmen final für Verbrenner-Aus nach 2035. Euractiv, 2023; G. Erbach: Revision of CO_2 emission performance standards for cars and vans, as part of the European Green Deal. European Parliament, 2024; Germany strikes deal with EU on combustion engine phase-out. Deutsche Welle/AP/Reuters/dpa, 2023; Informal meeting of environment ministers. Slovenian Precidency of the Council of Europe, 2021, archiviert via Wayback Machine; B. Koschalka: Poland seeking to build coalition against EU ban on petrol and diesel cars. Notes from Poland, 2022; J. Packroff: Wissing: Ohne E-Fuels keine Zustimmung zu Verbrenner-Aus. Euractiv, 2023; Plenary round-up, 2022; European Parliament; F. Pascale: Italy rejects ‹ideological› EU ban on combustion engines. Euractiv, 2023.

Verbote: schlechter Ruf, gute Bilanz 134 | 135
C. Domonoske: The World Has Finally Stopped Using Leaded Gasoline. Algeria Used The Last Stockpile. National Public Radio, 2021; M. J. McFarland, M. E. Hauer, A. Reuben: Half of US population exposed to adverse lead levels in early childhood. Proceedings of the National Academy of Sciences, 2022; C. Wahnbaeck: Was wurde aus dem Glühbirnen-Verbot? *Der Spiegel*, 2016; Umweltbundesamt: Energieverbrauch privater Haushalte, 2024; H. Tabuchi: California Tried to Ban Plastic Grocery Bags. It Didn't Work. *New York Times*, 2024; Ein Drittel weniger Unfälle dank Tempo 30. Tagesschau, 2024; Ozone hole set to close. *Space Daily*, 2019.

Gefahr für Leib und Kleben 136 | 137
Berliner Klima-Aktivistin zu achtmonatiger Haftstrafe ohne Bewährung verurteilt. RBB, 2023; Harte Strafe für deutschen Klimaaktivisten in London bestätigt. *Der Spiegel/dpa*, 2023; Haftstrafe nach Farbattacke. *Süddeutsche Zeitung/dpa*, 2023; D. Gayle: Just Stop Oil activist jailed for six months for taking part in slow march. *The Guardian*, 2023; Climate Activists In Italy Sentenced To Jail For Painting Senate. Barron's/AFP, 2023; Climate activists who targeted Vermeer sentenced to prison. Deutsche Welle/AFP/Reuters, 2022; Missbrauchs-Urteil gegen Priester abgemildert: Bewährungsstrafe. Katholische Nachrichtenagentur, 2024; «Reichsbürger» Peter Fitzek zu Haftstrafe verurteilt. MDR, 2023; Acht Monate Haft für Holocaust-Leugnerin. Deutsche Welle/EPD/dpa, 2016; J. Bolton: Bromley couple stole

from gym lockers to fund luxury lifestyle. *News Shopper*, 2024; Molly Quell: Dutch court convicts man who projected antisemitic message on Anne Frank museum. AP, 2023; C. Oliver: Michelin-starred chef jailed for serving raw norovirus-infected clams to wedding guests, causing diarrhea and vomiting. LBC, 2024.

In 21 Politiker:innen-Ausreden um die Welt 138 | 139

Zitat Xi Jinping aus: Xi Jinping: UN climate deal «must not be derailed». *Climate Change News*, 2017; Zitat Christian Linder aus: Christian-Lindner.de, 2021; Zitat Wang Yi aus: China calls on COP28 to conduct comprehensive assessment in achieving Paris Agreement, urging developed countries to fulfill commitments. *Global Times*, 2021; Zitat Friedrich Merz aus: «Die Welt geht morgen nicht unter», Friedrich Merz, CDU-Parteivorsitzender, zu Zukunftskongress der CDU. Tagesschau.de, 2023; Zitat Sri Mulyani Indrawati aus: H. Jong: Have coal, will use it: Indonesia's climate stance raises questions. *Mongabay*, 2023; Zitat Yasutoshi Nishimura aus: R. Aibara: Minister punches back against Japan's shaming over fossil fuels. *The Asahi Shimbun*, 2023; Zitat Cyril Ramaphosa aus: President Cyril Ramaphosa: 78th Session of United Nations General Assembly United Nations. gov.za, 2023; Zitat Wolfgang Kubicki aus: S. Ehlerding: Klimawandel und Bevölkerungswachstum: Warum Tönnies und Kubicki unrecht haben. *Tagesspiegel*, 2019; Zitat Narendra Modi: Climate Finance, Technology, extremly essential to fulfill aspirations of global South: PM Modi. *The Times of India*, 2023; Zitat Graham Stuart: F. Harvey: Oil and gas ‹not the problem› for climate, says UK's net zero minister. *The Guardian*, 2023; Zitat Prinz Abdulaziz bin Salman aus: T. Harris: Saudi Arabia says ‹absolutely not› to oil phaseout at COP28. *Japan Times*, 2023; Zitat Giorgia Meloni aus: E. Giordano und K. Mathiesen: Beset by fire and heat, Meloni's government flirts with climate denial. *Politico*, 2023; Zitat Gaston Browne aus: Small island nations won't tolerate empty promises on climate change. *Financial Times*, 2021; Zitat Donald Trump aus: x.com, 2012; Zitat Tina Bru aus: P-H. Deshayes: Norway sees oil in its future despite warnings. Phys.org, 2021; Zitat Recep Tayyip Erdoğan aus: Erdoğan calls activists and villagers in Akbelen Forest ‹marginals›. Duvar.english, 2023; Zitat Justin Trudeau aus: Trudeau: ‹No country would find 173 billion barrels of oil in the ground and leave them there›. CBC, 2017; Zitat Wojciech Dobrołowicz aus: R. Minder und B. Erling: Poland digs in to defy EU over lignite mine. *Financial Times*, 2023; Zitat Irfaan Ali aus: D. Hojnacki: Guyana's president pushes for ‹self-sufficiency› and a ‹balanced› approach to climate talks. Atlantic Council, 2023; Zitat Scott Morrison aus: Australia PM, criticised on climate, urges firms to curb costs. Reuters, 2021; Zitat Jair Bolsonaro aus: R. Pedroso and M. Reverdosa: Bolsonaro says reports of Amazon fires are a ‹lie.› Evidence says otherwise. CNN, 2022; Zitat Hilda Heine aus: N.Milne: «We can't close our eyes' to climate change», says Marshall Isles ex-president. Reuters, 2020.

Rechtsweg nicht ausgeschlossen 140 | 141

Bundesverfassungsgericht: Pressemitteilung Nr. 31/2021; Climate Change Litigation Databases; L. Clark: Climate activists end 2023 with major court wins. Climate Wire, 2023.

Das ist mein gutes Recht 142 | 143

Zitat Christian Lindner aus: Mobil in Deutschland Magazin, 2021; Zitat Friedrich Merz aus: Merz verteidigt Luxushobby Fliegerei gegen Kritik. *Spiegel Online*, 2022; Zitat Christoph Meyer aus: @Meyer_FDP/x.com, 2024; Zitat Markus Söder aus: csuauftiktok, tiktok.com, 2023; Bundesverfassungsgericht, 2021; bundestag.de.

Wirtschaftlicher Wandel

Intro 145

United Nations Department of Economic and Social Affairs, Population Division: World Population Prospects 2022.

Klima und Kontostand 146 | 147

Oxfam/Stockholm Environment Institute; Global Carbon Budget/Our World in Data.

Deutschlands schmutzigste Fabriken 148 | 149

C. Endt: Das sind Deutschlands schmutzigste Fabriken. *Zeit Online*, 2023; H. Hermann, L. Emele: Dirty Thirty. Emissionen des Industriesektors in Deutschland. WWF Deutschland, 2023.

Klimaleugnung in jeder Form 150 | 151

Lamb, W.F. et al.: ‹Discourses of climate delay›, Global Sustainability, 2020; Zitate Humble-Oil-Werbeanzeige, ExxonMobil-Werbeanzeige und BP-Werbekampagne aus: G. Supran und N. Oreskes: The forgotten oil ads that told us climate change was nothing. *The Guardian*, 2021; Zitat Michael O'Leary 2010 aus: L. Hickman: Michael O'Leary: Global warming is ‹horseshit› - and other insights. *The Guardian*, 2010; Zitat Fritz Vahrenholt aus: O. Stampf und G. Traufetter: Wir werden hinters Licht geführt. *Der Spiegel*, 2012; Zitat John Browne aus: We Take the Problem of Climate Change Seriously. *Der Spiegel*, 2006; Zitat Christian Sewing aus: Klimaschutz-Erklärung. Deutsche Bank AG, 2020; Zitat FIFA aus: FIFA World Cup Qatar 2022: Qatar presents the first carbon-neutral World Cup in history. The Consulate, 2022; Zitat Majid Jafar aus: S. Meredith: COP28 Oil CEO says blaming the energy industry for the climate crisis ‹like blaming farmers for obesity›. CNBC, 2023. Zitat Darren Woods aus: D. Noor und O. Milman: Fury after Exxon chief says public to blame for climate failures. *The Guardian*, 2024; Zitat Dominik von Achten aus: C. Busse: Ich fühle mich nicht als Klimasünder. *Süddeutsche Zeitung*, 2021; Zitat Sultan Al Jaber aus: Dr Sultan Al Jaber: Cleaner Fuel Goals Need Not Lead Nations Into Energy Poverty. World Green Economy Organisation, 2022; Zitat Jean Paul Prates sowie Zitat Amin Nasser aus: M. Parraga und A. Somasekhar: Big Oil executives push back against calls for fast energy transition. Reuters, 2024; Zitat Michael O'Leary 2023 aus: P. Prakash: Ryanair's CEO says consumers will always choose budget flights over environmental fears, as aviation has been wrongly made the ‹poster child› for climate change. *Fortune*, 2023; Zitat Clemens Tönnies aus: M. Hebben und D. Lenders: Treiber und Getriebene, *Lebensmittelzeitung*, 2023.

Einer repariert's, vier reißen's wieder ein 152 | 153
Ausgaben für den Umweltschutz. Umweltbundesamt, 2023; Umweltschädliche Subventionen in Deutschland. Umweltbundesamt, 2021.

Tanken für den Folterknast 154 | 155
Coppedge et al.: V-Dem Dataset v14, Varieties of Democracy (V-Dem) Project; U.S. Energy Information Administration, 2024; eigene Auswertung.

Sonne zum Spottpreis 156 | 157
H. Ritchie, P. Rosado, M. Roser: Energy. Our World in Data, 2023; Nemet, Farmer, Lafond, International Renewable Energy Agency.

Dein Lamborghini ist meine Lungenkrankheit 158 | 159
Armuts- und Reichtumsbericht der Bundesregierung, 2023; Agora Verkehrswende, 2023.

Zählt jeder Job gleich viel? 160 | 161
Beschäftigte im Bereich Erneuerbare Energien. Umweltbundesamt, 2024; Statistik der Kohlenwirtschaft e.V., 2024.

Gutes Klima, guter Job 162 | 163
A. Urban: Kündigungsgrund Klima? Umdenken ist gefragt. ZDF, 2024; Lufthansa Industry Solutions: Vom Lieferkettengesetz zum Lieferantenmanagement – Transparenz, Sicherheit, Effizienz. Whitepaper, 2022; Europäische Investitionsbank: 81 Prozent der jungen Deutschen achten bei der Jobwahl auf die Haltung des Arbeitgebers zum Klima, 2023.

Grünes Wachstum ist möglich 164 | 165
Weltbank/Global Carbon Budget/Our World in Data, 2023.

Technologischer Wandel

Intro 166 | 167
Eintrag «technologieoffen». *Duden*, 2024; Zitat Marc Jacobson aus: M. Jacobson: *No Miracles Needed*, 2023: S. XV; Zitat Bill McKibben aus: B. McKibben: The happiest number I've heard in ages. The Crucial Years. Substack, 2022.

Platz an der Sonne 170 | 171
H. Ritchie, M. Roser: Land Use. Our World in Data, 2019/2024; M. Victoria, N. Haegel, I.M. Peters, I. Kaizuka, K. Komoto, A. Smets: Solar Photovoltaics is ready to power a sustainable future. Perspective 5, 2021.

Tempo 300 172 | 173
C. Pfeiffer: Power-PV: Globale Photovoltaik-Revolution für den Klimaschutz – vom Megawatt zum Terawatt (Teil I). *PV Magazine*, 2021.

Fürs Klima rechnet sich das E-Auto 174 | 175
Y. Gimbert et al.: Analysis of electric car lifecycle CO_2 emissions. Transport & Environment, 2022.

Drehmoment 176 | 177
C. Endt et al.: Was ein Windrad genau leistet. *Zeit Online*, 2024; S. Jacobs: Warum die BVG ihre U-Bahnen nicht klimatisiert. *Tagesspiegel*, 2019; Apple: iPhone 15 - Technische Daten; S. Jary: iPhone batteries compared: Capacity and watt hours for every model. Macworld, Februar 2024; Apple iPhone 15 Battery test, DXOMARK, 2023; eigene Berechnungen.

Fast die Hälfte könnte weg 178 | 179
United Nations Conference on Trade and Development: Review of Maritime Transport 2023, New York: S. 12; Positionsdaten bereitgestellt von Spire Global Inc.

Die Wunderpumpe 180 | 181
Putting facts into perspective on hydrogen's role in the energy transition. Hydrogen Science Coalition; G. Flis, M. Deutsch: 12 Insights on Hydrogen. Agora Energiewende, Januar 2022.

Aber China! 182 | 183
Ember; CarbonBrief/Centre for Research on Energy and Clean Air; S&P Global Commodity Insights; Bloomberg New Energy Finance.

Wo die Energiewende schon vorankommt 184 | 185
A. Backhaus: Eine Insel voller Energie. *EWS Energiewende Magazin*, 2022; Climate Action Council of Australia: Bhutan is the world's only carbon negative country, so how did they do it?, 2017; Climate Analytics/ NewClimate Institute: Climate Action Tracker, 2024; R. Craig: First power at Lake Turkana. *Windpower Monthly*, 2018; Fraunhofer-Institut für Solare Energiesysteme: Energy Charts – Öffentliche Nettostromerzeugung in der europäischen Union; S. Hall: Uruguay is a sustainability success story – here's why. World Economic Forum, 2023; N. Gallagher Shannon: What Does Sustainable Living Look Like? Maybe Like Uruguay. *New York Times Magazine*, 2022; R. Hermann: Warum ein dänischer Bauer sein Haus mit Kuhmilch heizt. *Neue Zürcher Zeitung*, 2019; K. Sunder: The ‹solar canals› making smart use of India's space. BBC, 2020; US Department of Commerce – International Trade Administration: Uruguay Country Commercial Guide, 2024; M. Wiatros-Motyka et al.: Global Electricity Review 2024. Ember, 2024; World Economic Forum: Portugal ran only on renewable energy for over 6 days.